Albrecht/Bethke/Loock (Hrsg.) · Marketing für den Mittelstand

Albrecht/Bethke/Loock (Hrsg.)

Marketing für den Mittelstand

Konzepte und Fallstudien

GABLER

Die Deutsche Bibliothek – CIP-Einheitsaufnahme

> **Marketing für den Mittelstand :** Konzepte und Fallstudien /
> Oliver Albrecht ; Kai Bethke ; Friedrich Loock (Hrsg.) –
> Wiesbaden : Gabler, 1994
>   ISBN 3-409-13633-9
> NE: Albrecht, Oliver [Hrsg.]

Der Gabler Verlag ist ein Unternehmen der Verlagsgruppe Bertelsmann International.

© Betriebswirtschaftlicher Verlag Dr. Th. Gabler GmbH, Wiesbaden 1994
Lektorat: Ulrike M. Vetter

Das Werk einschließlich aller seiner Teile ist urheberrechtlich geschützt. Jede Verwertung außerhalb der engen Grenzen des Urheberrechtsgesetzes ist ohne Zustimmung des Verlags unzulässig und strafbar. Das gilt insbesondere für Vervielfältigungen, Übersetzungen, Mikroverfilmungen und die Einspeicherung und Verarbeitung in elektronischen Systemen.

Höchste inhaltliche und technische Qualität unserer Produkte ist unser Ziel. Bei der Produktion und Verbreitung unserer Bücher wollen wir die Umwelt schonen: Dieses Buch ist auf säurefreiem und chlorfrei gebleichtem Papier gedruckt. Die Einschweißfolie besteht aus Polyäthylen und damit aus organischen Grundstoffen, die weder bei der Herstellung noch bei der Verbrennung Schadstoffe freisetzen.

Die Wiedergabe von Gebrauchsnamen, Handelsnamen, Warenbezeichnungen usw. in diesem Werk berechtigt auch ohne besondere Kennzeichnung nicht zu der Annahme, daß solche Namen im Sinne der Warenzeichen- und Markenschutz-Gesetzgebung als frei zu betrachten wären und daher von jedermann benutzt werden dürfen.

Satzarbeiten: FROMM Verlagsservice GmbH, Idstein
Druck und Bindung: Lengericher Handelsdruckerei, Lengerich/Westfalen
Printed in Germany

ISBN 3-409-13633-9

Vorwort

Allein im deutschsprachigen Raum gibt es eine fast unübersehbare Anzahl an Marketing-Büchern. Manche Autoren setzen sich mit diesem Bereich wissenschaftlich auseinander. Andere suchen eine eher pragmatische Annäherung. Erstaunlich aber ist, daß sich bislang keiner von ihnen ausschließlich einer Wirtschaftsgruppe widmet, die die Politiker gern als das „Rückgrat der Wirtschaft" bezeichnen: dem Mittelstand.

Die Studentenvereinigung Marketing zwischen Theorie und Praxis (MTP) e. V. hat in den mittlerweile zwölf Jahren ihres Bestehens immer wieder gegenüber Wissenschaftlern und Praktikern angemahnt, sich intensiver mit dieser zentralen Wirtschaftsgruppe zu befassen. Die MTP Alumni, ein Zusammenschluß ehemaliger MTPler nach Studienende, sind selbst aktiv geworden. Für Studentinnen und Studenten aller Fachbereiche an Hochschulen und Universitäten haben sie einen Förderpreis ausgeschrieben. Sein Thema lautete: „Mittelstand und Marketing. Praxisnahe Konzepte mit Perspektiven". Daß der Förderpreis ein Erfolg wurde, verdanken die MTP Alumni vor allem den Unternehmen, die das Vorhaben mit Geldmitteln sowie mit Sach- und Dienstleistungen unterstützt haben. Ihnen möchten wir an dieser Stelle danken: Commerzbank AG, Privatbrauerei Diebels, Peacock Computer GmbH, Adolf Würth GmbH & Co. KG, Großversand Wenz. Ein besonderer Dank gilt der Deutschen Gesellschaft für Mittelstandsberatung (DGM) und dem Betriebswirtschaftlichen Verlag Dr. Th. Gabler. Beide waren uns bei der Durchführung inhaltlich und organisatorisch eine große Hilfe.

Der Förderpreis der MTP Alumni ist somit der Ursprung des vorliegenden Readers. Wir möchten damit zum einen auf den großen Informationsbedarf auf diesem Spezialgebiet hinweisen und zum anderen einen ersten Beitrag dazu liefern, diese Lücke zu schließen. Mit diesem Buch können und wollen wir keine generellen Regeln vermitteln. Dazu sind die unternehmensspezifischen Vorgänge zu vielschichtig und zu komplex. Wir wollen aber an Beispielen aufzeigen, wie sich mittelständische Unternehmen und Unternehmer in bestimmten Situationen verhalten und welche Lösungen sie für bestimmte Problembereiche gewählt haben. Das Buch ist daher untergliedert in drei Abschnitte. Der erste widmet sich den generellen Rahmenbedingungen des Themas. Im zweiten stellen die Autoren aus eher theoretischer Sicht Überlegungen über die vielfältige Einsetzbarkeit eines „Marketing" für den Mittelstand an. Der dritte Abschnitt ist pragmatischen Fallstudien vorbehalten. Hier schildern Unternehmer unterschiedlichster Branchen konkrete Fragestellungen und ihre Suche nach der geeigneten Antwort. Bereits diese kleine Auswahl ist für alle Mittelstands-Interessierten äußerst aufschlußreich und vielleicht sogar konkret hilfreich, zumal die Ideen und Überlegungen der Autoren auch auf andere mittelständische Branchen bzw. Unternehmen übertragbar sind.

OLIVER ALBRECHT
KAI BETHKE
FRIEDRICH LOOCK

Inhaltsverzeichnis

Vorwort V

Teil 1: Rahmenbedingungen

Mittelstand und Marketing 3
Oliver Albrecht, Kai Bethke, Friedrich Loock

1. Wo ist die Mitte? 4
2. Problemfelder im Mittelstand 4
3. Chancen mittelständischer Unternehmen 5

Flexibilität, die sich für den Mittelstand lohnt 9
Peter von Windau

1. Wettbewerbsdruck verstärkt sich 10
2. Hausgemachte Probleme 10
3. Falsche Ziele: Irrlichter durch Konzerndenken 11
4. Aufgabe: Besinnung auf echte Wettbewerbsvorteile 12
5. Es gibt produktive und unproduktive Komplexitätskosten 14
6. Das Entscheidungsverhalten bei Termin- und Änderungszusagen ist oft irrational 15
7. Die Zahlungsbereitschaft der Kunden hängt davon ab, welcher Nutzen erkannt wird 16
8. Flexibilitätsnutzen für den Kunden ermitteln 16
9. Flexibilität vorausschauend einplanen und kalkulieren 17
10. Flexibilität als wertvolles Produkt anbieten und fakturieren 17
11. Durch das „Produkt Flexibilität" für 15 Prozent Mehrkosten 25 Prozent mehr Nutzen stiften 17

Teil 2: Strategische Konzeptionen

Zuliefermarketing – Strategien zur Erhaltung der Wettbewerbsfähigkeit kleiner und mittelständischer Zulieferunternehmen 21
Thomas Baaken

1. Die Struktur der Zulieferindustrie in der Bundesrepublik Deutschland 22
2. Die Wettbewerbssituation der Endgerätehersteller 22
3. Das neue Beschaffungsverhalten der Endgerätehersteller 23

4. Marketing für Standardteile 26
5. Marketing für Module und Spezialkomponenten 27
6. Zusammenfassung 37

Kompetenzmarketing – Konzeptionelle Gestaltungsmöglichkeiten für mittelständische Investitionsgüterhersteller 41
Bernhard Lepsius

1. Einleitung 42
2. Kompetenz – ein neuer Denkansatz im Marketing 42
3. Grundlagen für die Entwicklung einer Kompetenz-Marketingkonzeption für mittelständische Investitionsgüterhersteller 48
4. Schlußbetrachtung 58

Nischenpolitik – Marktbehauptungsstrategie für klein- und mittelständische Unternehmen im Investitionsgütersektor 61
Michael G. Oehl

1. Einleitung 62
2. Grundlagen und Abgrenzung der Untersuchung 62
3. Die Nischenpolitik als Stratgeie der konzentrierten Marktbearbeitung 63
4. Die Produktpolitik klein- und mittelständischer Unternehmen in Marktnischen 65
5. Risiken und Gefahren der Nischenpolitik 68
6. Schlußbetrachtung 70

Integriertes Informationsmanagement – Strategischer Erfolgsfaktor für mittelständische Unternehmen 73
Thomas Völcker

1. Mittelständische Handelsunternehmen als besondere Problemfelder und Herausforderungen für ein adäquates Marketing 74
2. Informationsgrundlagen des Handels 74
3. Instrumente des integrierten Informationsmanagements im mittelständischen Handel 76
4. Herausforderungen eines integrierten Informationsmanagements zur langfristigen Erfolgssicherung des mittelständischen Handels 81

Sponsoring – Strategien für mittelständische Unternehmen 85
Uwe Veltrup

1. Bedeutung des Sponsoring als innovatives Kommunikationsinstrument für mittelständische Unternehmen 86
2. Besonderheiten beim Einsatz des Sponsoring durch mittelständische Unternehmen 87

3. Sponsoringstrategische Optionen für mittelständische Unternehmen	88
4. Implikationen für die Sponsoring-Praxis mittelständischer Unternehmen	96
5. Entwicklungperspektiven für den Einsatz des Sponsoring durch mittelständische Unternehmen	97

Teil 3: Fallstudien

Die Krise im Werkzeugmaschinenbau – Chancenpotentiale für die mittelständische Zulieferindustrie? ... 101
Walter Bickel, Andreas Wild

1. Die Krise als Chance?	102
2. Prozeßstufen erreichbarer Marktpotentiale	102
3. Beziehungsgeflecht zwischen Herstellern und Zulieferern	104
4. Innerbetriebliche Potentiale	105

CARPE DIEM – Die Entwicklung einer Marke für Nischenprodukte ... 109
Siegfried Peiker

1. Ausgangssituation	110
2. Positionierung	110
3. Die Marke	114
4. Das Produkt	117
5. Distribution	117
6. Kommunikation	119
7. Resümee	120

Die Zielgruppenwerkstatt – Der erfolgreiche Weg zur Umsetzung von Marketingstrategien für mittelständische Softwareunternehmen ... 121
Thomas Schildhauer, Sebastian Schmidt

1. Das Unternehmen	122
2. Marketing bei LIS – Vom Hauslieferanten der Lufthansa zum marktorientierten Unternehmen	123
3. Das Konzept der Zeilgruppenwerkstatt (ZGW)	124
4. Erste Erfahrungen	132

Dynamisches Umweltmarketing – Konzeption von TommySoftware ... 135
Michael R. Richter

1. Spezielle Beweggründe für TommySoftware	136
2. Dynamisches Umweltmarketing-Konzept	137
3. Darstellung der Projektbereiche	138

4. Der Ton macht die Musik	141
5. Finanzierungsmodell	142

Marketing eines Automobil-Händlers ... 143
Wolfgang Irrgang

1. Strukturen im Kfz-Gewerbe	144
2. Die Erwartungen des Herstellers – Stützkorsett oder Bremsklotz für das Händlermarketing?	145
3. Die Erwartungen der Verbraucher in Gegenwart und Zukunft	149
4. Ansatzpunkte für die Marketingkonzeption eines mittelständischen Autohauses	154

Erlebnisorientierter Möbelhandel – Der Weg in die Zukunft ... 163
Wolfgang Mayer

1. Situation	164
2. Sortiments- und Kundenstruktur	164
3. Präsentations-Layout	167
4. Einkauf/Beschaffung	168
5. Kommunikation	169
6. Distribution/Service	170
7. Fazit	171

Altersorientiertes Marketing bei Bettwäsche und Schlafdecken ... 173
Rainer Herding

1. Eine Textilfabrik im Wandel der Zeit	174
2. Konzeptionelle Ausrichtung	175
3. Gestaltungsraster des visuellen Marktauftritts	180
4. Kundenservice durch Flexibilität	185

Existenzgründung und Kapitalmarketing – Hinweise zur Konzeption ... 187
Felix Maria Roehl

1. Einleitung	188
2. Gute Ideen brauchen ein Konzept	188
3. Hilfe – ein Modell	191
4. Es geht ums Geld	191
5. Auch Finanzierung ist Marketing	197
6. Und der Haifisch, der hat Zähne ...	197
7. Der Staat hilft?	199

Wege aus der Krise – Marketing im Landmaschinenhandel 201
Wilhelm von Boddien

1. Marketing – eine Philosophie? 202
2. Innovation statt Imitation – strategisch und instrumentell 204
3. Marketing und Management 207
4. Neue Geschäftsfelder als Ausgleich und Ergänzung 208

**Der vagabundierende Konsument als Herausforderung
an ein modernes Zielgruppen- und Ressourcen-Management** 211
Alexander Mario Pfleger, Andreas Wild

1. Der „Konsument 2000" als Indikator für ein sich wandelndes
   Segmentierungsverhalten der Premiumanbieter 212
2. Internes Ressourcen-Management als strategischer Erfolgsfaktor 217

Ein Ausblick 221

Die Autoren 223

Stichwortverzeichnis 227

Teil 1
Rahmenbedingungen

Mittelstand und Marketing

Oliver Albrecht/Kai Bethke/Dr. Friedrich Loock

- Bedeutung des Mittelstandes für die Wirtschaft
- Typische Problembereiche
- Chancen und Stärken mittelständischer Unternehmen

Der Beitrag stellt die Bedeutung mittelständischer Unternehmen für die bundesdeutsche Wirtschaft heraus. Er zeigt die typischen Problemfelder in solchen Unternehmen und skizziert dann die Möglichkeiten, die bestehen, um sich erfolgreich im Wettbewerb zu behaupten. Damit bildet der Beitrag den Rahmen für die nachfolgenden Artikel.

Wo ist die Mitte?

Marketing im Mittelstand ist nicht die kleine Version eines „echten" Marketing. Es ist das individuelle Marketing aus Sicht des Mittelstandes. Er ist mit über 60 Prozent Anteil am Bruttoinlandsprodukt die wohl wichtigste Säule unserer Wirtschaft. Das Rad des Marketing muß für ihn nicht neu erfunden werden, es gelten grundsätzlich dieselben Gesetze wie für die Großunternehmen. Der Mittelstand agiert allerdings unter anderen Voraussetzungen. Diese unterscheiden sich von denen der Großen in bestimmten Bereichen der Theorie und der Praxis erheblich.

Der Mittelstand wird in der Marketing-Theorie fast nicht beachtet. Es gibt sehr wenige Lehrstühle, die sich nur oder zumindest auch mit den Problemen des Mittelstandes befassen. Wer an deutschen Universitäten Marketing studiert, hat nach bestandenem Examen Unternehmen wie Henkel, Procter & Gamble, Unilever, Nestlé usw. kennengelernt. Die Studenten wissen, wie sie Bedürfnisse erforschen, Packungstests und Imageclusters inszenieren, Millionen-Werbeetats auf TV und Publikumsprints verteilen, daß die Marke eine Persönlichkeit und die kleinste Steigerung der Marktanteile schon ein großer Erfolg ist. Genaugenommen lernen die Studenten nur das Absatzmarketing der Großunternehmen. Doch Marketing ist mehr.

Marketing gehört zu den Sozialwissenschaften. Diese befassen sich mit der Beziehung zwischen dem Menschen und der Gesellschaft. Im Gegensatz zu den Naturwissenschaften gibt es keine „Wenn-Dann"-Bedingungen. Die Marketingtheorie hat ein Instrumentarium entwickelt, Probleme systematisch und kontrollierbar zu lösen. Marketing ist eine Unternehmens-Führungs-Philosophie, die nicht nur aus schönen Packungen, imageschaffenden Slogans und TV-Spots besteht. Es ist ein ganzheitliches, systematisches, unternehmerisches Denken, das auf die Märkte gerichtet ist.

Problemfelder im Mittelstand

Für die Industrie, die Massenartikel herstellt, ist der Absatzmarkt der wichtigste Markt. Für den Mittelstand sind es daneben die Beschaffungsmärkte, ob Kapital, Personal, Technologie oder Roh-, Hilfs- und Betriebsstoffe. Darüber hinaus gibt es Problempunkte, die typisch für den Mittelstand sind, von deren Lösung seine Zukunft immer mehr abhängen wird. Der wichtigste Problempunkt ist der Mangel an strategischem Denken. Es werden noch viel zu viele zukunftswirksame Entscheidungen „aus dem Bauch" gefällt. Es fehlt oft an einer klaren Definition des Produkt-Markt-Konzeptes und einer rechtzeitigen Problemerkennung und Problemdefinition. Die Unternehmen verlieren sich in Einzelaktivitäten, die mit ihrem Leistungsspektrum nicht abgestimmt sind. Darunter leidet die Effizienz.

Die „Cash-Cows", durch die ein Unternehmen meist entstanden ist, werden nicht rechtzeitig durch neue „Stars" ergänzt. Gründe dafür sind eine geringe Marktkenntnis und das Nichterkennen von Markttrends. Obwohl die Export-Weltmeisterschaft für

Deutschland jahrelang durch den Mittelstand gewonnen wurde, trauen sich zahlreiche mittlere Unternehmen nicht, ihre vorhandenen Chancen auf alten und neuen Märkten im In- und Ausland zu nutzen. Teils, weil der Unternehmer die entsprechende Sprache nicht spricht oder weil er Kooperationen mit anderen scheut, aus Angst, ein Stück der Macht abzugeben. Vielen Branchen mangelt es bisher an Erfahrung, die andere, vor allem die Investitionsgüterhersteller, seit Jahren aufgebaut haben. Wir leben im europäischen Binnenmarkt, ausländische Produkte und Unternehmen kommen zunehmend nach Deutschland. Das Wettbewerbsfeld wird sich in den nächsten Jahren schnell verändern. Der Markt ist mit Europa größer geworden. Für den, der das nicht nutzt und nur Deutschland sieht, für den wird der Markt sehr viel enger werden. Durch eine systematische Anwendung der Marketinginstrumente könnten zielgerichtet Aktivitäten viel früher einsetzen. Leider ist das, was unter Marketing verstanden wird, in den Unternehmen nur in geringen Ansätzen vorhanden.

Ein weiteres Problemfeld ist die Leistungserstellung, durch die sich der Mittelstand oft in ungünstige Kostenpositionen manövriert. Es werden Aufträge angenommen, ohne vorher klare Vorgaben für sinnvolle Akquisitionen festzulegen. Kostentreibende Faktoren bleiben unbekannt, da effektive Kalkulationsinstrumente nicht eingesetzt werden. Durch fehlendes Problemverständnis und Mangel an Informationstechnologie findet kein Controlling statt. Die Konsequenz ist kein laufender Soll/Ist-Vergleich und eine unzureichende Liquiditätsplanung. Dies führt dazu, daß Abweichungen vom Plan zu spät erkannt werden und damit die Kreditlinien häufig voll ausgeschöpft werden müssen. Da eine Unsicherheit in Finanzierungsfragen besteht und der Eigenkapitalanteil tendenziell zu gering ist, da er nur aus versteuertem Gewinn geschaffen werden kann, können auch bei rentablen Unternehmen gefährliche Liquiditätslücken auftreten. Hinzu kommt, daß sich Personengesellschaften nicht über den Kapitalmarkt finanzieren können, sondern nur über die Bank, die Kreditkosten somit ungleich höher liegen.

Im Personalbereich fehlt es oft am nötigen Know-how. Das liegt daran, daß es im Mittelstand eine geringere Fluktuation gibt und an den entscheidenden Stellen oft langjährige Mitarbeiter sitzen. Da innerbetriebliche Schulungsmaßnahmen äußerst rar sind, werden das Wissen und die Erfahrung für den Einsatz der verschiedenen Instrumente nicht vermittelt. Andererseits finden wenige junge Manager den Weg zum Mittelstand, da gerade wegen dieser langjährigen Führungsmannschaft und den flachen Hierarchiestufen die Aufstiegsmöglichkeiten beschränkt sind. Dies führt oft zum Frust. Hinzu kommt noch, daß die effektive Arbeitszeit und die Sozialkosten für Deutschland ein Wettbewerbsnachteil sind. Die Tarifverträge werden immer nur mit dem Auge auf die Größten der Branche verhandelt. Dies trifft den Mittelstand in einigen Branchen doppelt. Einerseits haben sie mit den starren Tarifverträgen zu leben, die ihren größten Wettbewerbsvorteil, den sie gegenüber den Großen haben, gefährden: die Flexibilität. Andererseits wälzen die Großen ihre Zusatzkosten erst einmal auf die Zulieferer ab, siehe Automobilindustrie. Zulieferer sind fast ausschließlich mittelständisch.

Mittelständische Unternehmen werden von den Eigentümern geführt. Bei Mißerfolgen haften sie mit ihrem persönlichen Hab und Gut. Die schwierigste Aufgabe für sie ist es, einen fähigen und willigen Nachfolger zu finden. Dies ist eines der bezeichnenden

Merkmale des Mittelstandes. Hat er keine Nachfolger, muß er irgendwann verkaufen. Hat er einen, muß dieser auch den Willen haben, in das elterliche Geschäft einzusteigen. Ein neuralgischer Punkt ist das Vertrauen in den Nachfolger und das daraus resultierende Procedere der Übergabe. Fast noch schwieriger wird es, wenn mehrere Kinder willens und fähig sind, das Unternehmen zu leiten. Hier heißt es frühzeitig klare Regelungen treffen. Leider wird dies allzuoft versäumt. Beispiele, in denen durch Streit der Nachkommen oder durch Abfindungswünsche Unternehmen lahmgelegt wurden, sind zahlreich. Fälle wie Bahlsen oder Dornier machten jahrelang mehr Schlagzeilen durch ihre Grabenkriege als durch erfolgreiche Marktbearbeitung.

Der Mittelstand lebt mit dem Unternehmer. Er ist allgegenwärtig und tief in das Tagesgeschäft verstrickt. Dies verhängt vielen den Blick für die Zukunft, hindert sie daran, die Weichen richtig zu stellen. Fehlentscheidungen werden viel länger mitgeschleppt. Die Großen wechseln den Vorstand aus und damit bläst ein anderer Wind, der Unternehmer bleibt. Mit ihm bleiben die Ängste und oft auch eine Portion Starrsinn. Neue Märkte werden nicht bearbeitet, weil der Schuster zu oft nur bei seinen Leisten bleibt und die Zukunft nicht systematisch plant.

Ein zusätzliches Problemfeld ist die Politik. Große Unternehmen üben einen starken Einfluß auf die Entscheidungen aus. Sie haben in Bonn eigene Vollzeit-Lobbyisten. Der Mittelstand dagegen erfährt seine Würdigung nur in Sonntagsreden, weniger bei den Entscheidungsgrundlagen. Um den in Bonn produzierten Gesetzeswirrwar optimal für ihre Unternehmen zu nutzen, egal ob es um Steuerrecht oder das Abschöpfen von Subventionen geht, arbeitet die Großindustrie mit eigenen Rechts- und Steuerfachabteilungen. Ein mittelständischer Unternehmer kann derartige Aufgaben nicht delegieren. Er erfährt somit erst sehr spät, was er unter welchen Umständen, durch welche Tricks, hier und dort an Geldern erhalten oder sparen kann. Dabei vergeht kostbare Zeit.

Wenn Politiker ins Ausland fliegen, sind die Vertreter der Großen dabei. Sie stehen sozusagen am Buffet, der Mittelstand muß sich derartige Entrees selbst erarbeiten. Dafür gibt es eine Reihe von Institutionen und Verbänden, die mit Rat und Tat zur Seite stehen. Doch den ersten Schritt dazu muß der Unternehmer selbst machen. Manch einer wird überrascht sein, welche Möglichkeiten es gibt, die nötigen Informationen zu erhalten und die entsprechenden Kooperationspartner zu finden.

Eines ist sicher, es besteht Handlungsbedarf. Die Märkte verändern sich, täglich entwickeln sich neue Chancen. Deshalb ist es so wichtig, sich rechtzeitig umzusehen, ob Diversifikation und/oder Auslandsaktivitäten sinnvoll sind. Nach jahrelangem Aufschwung und satten Eigenentnahmen kommen immer wieder Jahre wie 1993, in denen Unternehmen reihenweise Konkurs anmelden müssen. Dann spüren Unternehmer den Unterschied zu ihren großen Brüdern: Wenn Stahlfürste oder Elektrogiganten ihren Dampfer an den Kai setzen, weil sie jahrelang die Zeichen nicht richtig gelesen und sich mehr an Subventionen als am Markt orientiert haben, eilt der Staat herbei. Doch wenn ein Mittelständler nicht mehr liquide ist, bringt ihm das höchstens noch eine Notiz in der Zeitung.

Chancen mittelständischer Unternehmen

Bisher haben die Unternehmen gut verdient. Viel wurde über die erfolgreichen Unternehmen dieses Genre geschrieben, die auf ihren Gebieten absolute Weltmarktführer sind und deren Namen rund um den Globus für das „Made in Germany" stehen. Namen wie Heidelberger und Würth genießen Weltruf. Betrachtet man darüber hinaus die Serie der „400 reichsten Deutschen", die das Wirtschaftsmagazin Forbes veröffentlicht, ertappt man den Mittelstand bei einem Stelldichein. Mit über 90 Prozent Anteil an den Genannten ist dies eher eine Veranstaltung für Gleichgesinnte.

Der Mittelstand hat gute Chancen, gesund in das nächste Jahrtausend zu gehen. Er muß sich auf seine Stärken besinnen, z. B. die Kundennähe. Der Mittelstand hat tendenziell viel persönlichere Beziehungen und kann sich so in die Probleme der Kunden viel besser hineinversetzen und maßgeschneiderte Produkte anbieten. Seine Innovationskraft ist unschlagbar. 80 Prozent aller Erfindungen und technischen Innovationen werden vom Mittelstand entwickelt. Auch wenn er größere Schwierigkeiten hat, diese zu vermarkten, ist dies eines der wichtigsten Potentiale. Durch die Eigentümerführung herrscht ein ganz anderer unternehmerischer Geist, die Beziehungen sind persönlicher. Die Mitarbeiterproduktivität ist höher, und bei gut geführten Unternehmen ist eine große Kostenflexibilität durch geringere Komplexitätskosten und kleinere Overheads vorhanden. Als der Vertrieb von Massenprodukten aufkam, geriet der Mittelstand ins Hintertreffen. Heute geht der Trend eindeutig zu individuellem Konsum und Qualität, jetzt kann der Mittelstand seine Tugenden wieder ausspielen.

Langfristig angelegtes strategisches Marketing-Denken wird eine Überlebensfrage für viele mittelständische Unternehmen werden. Darüber hinaus braucht der Unternehmer unterstützende Planungsinstrumente, die ihm helfen, sich erfolgreich in einer zunehmend dynamischen und wettbewerbsintensiven Umwelt durchzusetzen. Diese beiden Punkte sind in mittelständischen Unternehmen noch nicht sehr weit verbreitet. Nur wenn sie entsprechend zielorientiert eingesetzt werden, kann der Mittelstand seine Vorteile nutzen.

Flexibilität, die sich für den Mittelstand lohnt

Peter von Windau

- Mittelständische Wettbewerbsvorteile
- „Produkt: Flexibilität"
- Kostenerfassung
- Flexibilitäts- und Komplexitätskosten

Der Beitrag untersucht die Bedeutung des Wettbewerbsvorteils „Flexibilität". Die Kosten und der Nutzen, die aus Flexibilität für das mittelständische Unternehmen entstehen, werden einander gegenübergestellt. Dabei wird besonderes Gewicht auf die notwendige exakte Kostenerfassung gelegt, typische Probleme werden aufgezeigt und zugleich Lösungsmöglichkeiten dargestellt.

Ist der Mittelstand in Gefahr? Nicht ohne Grund hat der Mittelstand in den letzten 45 Jahren prosperiert. Einsatzbereitschaft, Überschaubarkeit, Kostenbewußtsein, Kundennähe, Zuverlässigkeit, Mitarbeitertreue, Innovativität und Flexibilität sind Beispiele für typische Wettbewerbsvorteile mittelständischer Betriebe.

Wettbewerbsdruck verstärkt sich

Doch Erfolg zieht Nachahmer an. So haben sich Großkonzerne in einige typische Mittelstandssegmente gedrängt (z. B. Kfz-Zulieferung, Brauereien, Nahrungsmittel, Beratung) und – schlimmer noch – damit begonnen, mittelständische Tugenden zu kopieren: Bildung dezentraler Einheiten (z. B. Elektrokonzerne), Produktindividualisierung durch neue Fertigungskonzepte (Maschinenbau und Kfz-Industrie) und kundennahes Marketing („rund um die Uhr gesprächsbereit").

Auch Konzerne aus USA und Fernost haben deutsche Mittelstandsmärkte entdeckt: Sie greifen mit Mengenstrategien an oder übernehmen gleich schlüsselfertig Mittelstandsunternehmen mit ihren Kunden. Die Anzahl der Anfragen ausländischer Konzerne, die deutsche Mittelstandsunternehmen zu kaufen wünschen, wuchs von 1989 bis 1991 um etwa die Hälfte.

Hausgemachte Probleme

Nicht immer konnten ehemals erfolgreiche Mittelständler ihre Position gegen den Wettbewerb erfolgreich absichern: In einer Phase der Hochkonjunktur wurden oft (kostenbedingte) Schwächen durch Wachstum kompensiert, fehlende Weiter- und Fortentwicklung durch Zukauf neuer Geschäfte und Unternehmen ersetzt. Weil sie eigene Erfolgsfaktoren nicht erkennen oder wahrhaben wollen, ahmen Mittelstandsunternehmen gelegentlich auch Konzerne nach: Diversifikation, die die Führungskapazität des Unternehmens überfordert, oder Mengenstrategie ohne Kapitalhintergrund und Distributionsstärke haben schon manchen ehemals blühenden Familienbetrieb in Schwierigkeiten gebracht.

Falsche Ziele: Irrlichter durch Konzerndenken

Die neuerdings propagierte Kampagne gegen Komplexitätskosten stellt – so sinnvoll der Kampf gegen Komplexität, Verzettelung und Bürokratie in Konzernen und ihren Über-Organisationen auch sein mag – eine weitere Gefahr für den Mittelständler dar:

Im (gut gemeinten) Bestreben, die Kosten für Variantenvielfalt, Terminzugeständnisse, Prioritätenänderungen und Dispositionsflexibilität zu minimieren, setzt er seine wichtigste Wettbewerbs-Stärke aufs Spiel: die Flexibilität! Durch Abbau von Wertschöpfungsstufen – also z. B. Zukauf ehemals selbst gefertigter Komponenten –, um Komplexitätskosten zu sparen, verliert er zusätzlich oft die Fähigkeit, auf individuelle Kundenwünsche einzugehen. In manchen Fällen wurde ein Lieferant sogar provoziert, als zusätzlicher Wettbewerber aufzutreten oder, durch Preisgabe des eigenen Know-hows, die eigene Position zu verraten.

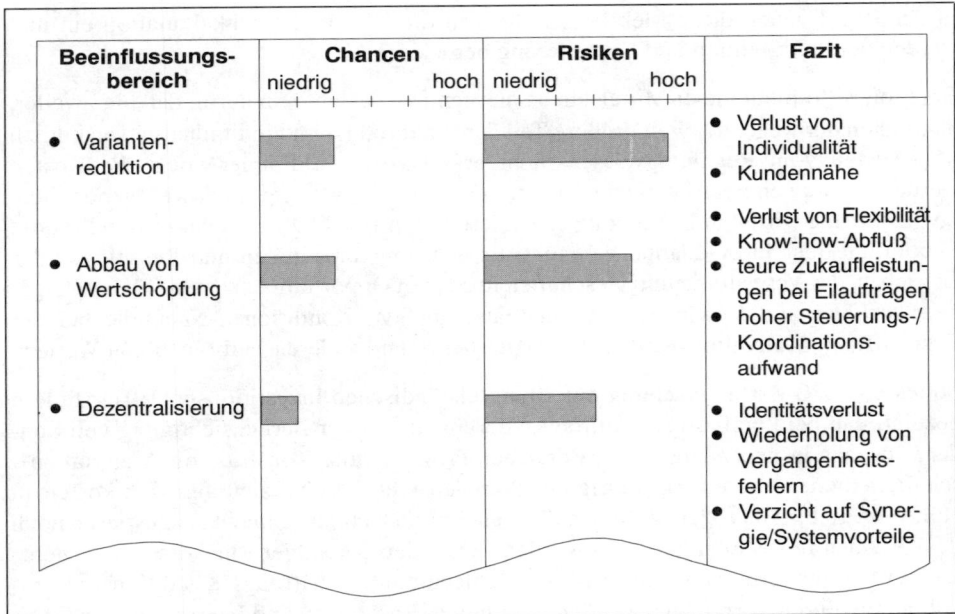

Abbildung 1: Pyrrhussieg Minimierung von Flexibilitäts- und Komplexitätskosten

Aufgabe: Besinnung auf echte Wettbewerbsvorteile

Wer als Mittelstandsunternehmen im Wettbewerb bestehen und Erfolg haben will, darf sich nicht auf Rezepte verlassen, sondern muß sich auf die ureigenen individuellen Stärken besinnen: *Flexibilität, Individualität und Innovation.* Er muß sie pflegen und ausbauen und sie ihrem Wert entsprechend gegen den Wettbewerb großer und unflexibler Anbieter verkaufen, den Aufwand richtig einschätzen und erfassen.

Flexibilität – also z. B. die Fähigkeit und Bereitschaft, auf extreme Terminforderungen oder gar kurzfristige Änderungen einzugehen, verursacht jedoch erhebliche Kosten. Individualität, die durch Variantenvielfalt oder Maßschneiderei geboten wird, ebenfalls. Einen Teil dieser Kosten weist unser Rechnungswesen auch aus, z. B. Überstunden-Zuschläge, Lohn- und Materialkosten für änderungsbedingte Mehr- und Nacharbeit, teilweise auch Mehrkosten durch kleine Losgrößen oder Handarbeit statt maschineller Fertigung.

In der Regel gehen diese Mehrkosten auch in die Vor- und Nachkalkulation ein und werden bei Preisstellung und Fakturierung berücksichtigt.

Ein großes Problem vieler Mittelstandsunternehmen besteht nun darin, daß ein zweiter, nämlich in der Regel der weit größere Teil der flexibilitäts- und individualitätsbedingten Mehrkosten vom Rechnungswesen nicht erfaßt wird. Schlimmer noch, die Kosten werden als notwendiges Übel empfunden, oft verdrängt oder gar nicht wahrgenommen. So gut wie nie wird ihre Entstehung analysiert und in eine klare Beziehung zum Produkt Flexibilität oder Individualität gebracht: Es geht um Kapazitäten und Ressourcen des Betriebes, der Verwaltung und Geschäftsleitung, um Opportunitätskosten (für entgangene Geschäfte und Gewinne), um Qualitätseinbußen, Konditionen-Nachteile bei der Beschaffung, Motivationsverluste von Mitarbeitrn und anderen Verbrauch von Werten.

So hat eine DGM-Untersuchung mit 20 mittelständischen Investitionsgüter-Herstellern gezeigt, daß bei kurzfristigen Auftragsänderungen und der Berücksichtigung von Sonderwünschen insbesondere in den Bereichen Projektierung/Konstruktion, Materialwirtschaft, Arbeitsvorbereitung, Fertigung, Vertrieb und Geschäftsleitung Mehrkosten in Höhe von 20 bis 40 Prozent anfielen, die weder verursachungsgerecht ausgewiesen noch dem Kunden in Rechnung gestellt wurden. Besonders seien hier Rüstkosten und Mehrarbeit in Projektierung und Konstruktion, schlechtere Beschaffungs-Konditionen, Kapitalbindung durch Vorräte und Zeitverzögerungen, Rüstkosten und Leerkosten von Fertigungskapazitäten sowie Kommunikations- und Steuerungsaufwand zwischen Kunde, Vertrieb, Geschäftsleitung und Fertigung genannt. Es zeigte sich darüber hinaus, daß ein Kostenträger, der gerade bei der im Mittelstand üblichen starken Kundenorientierung mit hohem Kostenanteil zu Buche schlägt, in den Rechnungswesen-Systemen fehlt: Der Kostenträger für das Durcheinander. Kosten für Rückfragen, kurzfristige Orientierungslosigkeit einzelner Leistungsträger, Krisenbesprechungen, Ausschuß und Fehldisposition sowie Belastungen und Verunsicherungen von anderen Kunden und Lieferanten werden nicht erfaßt, zugeordnet und schon gar nicht verursachungsgerecht weiterberechnet.

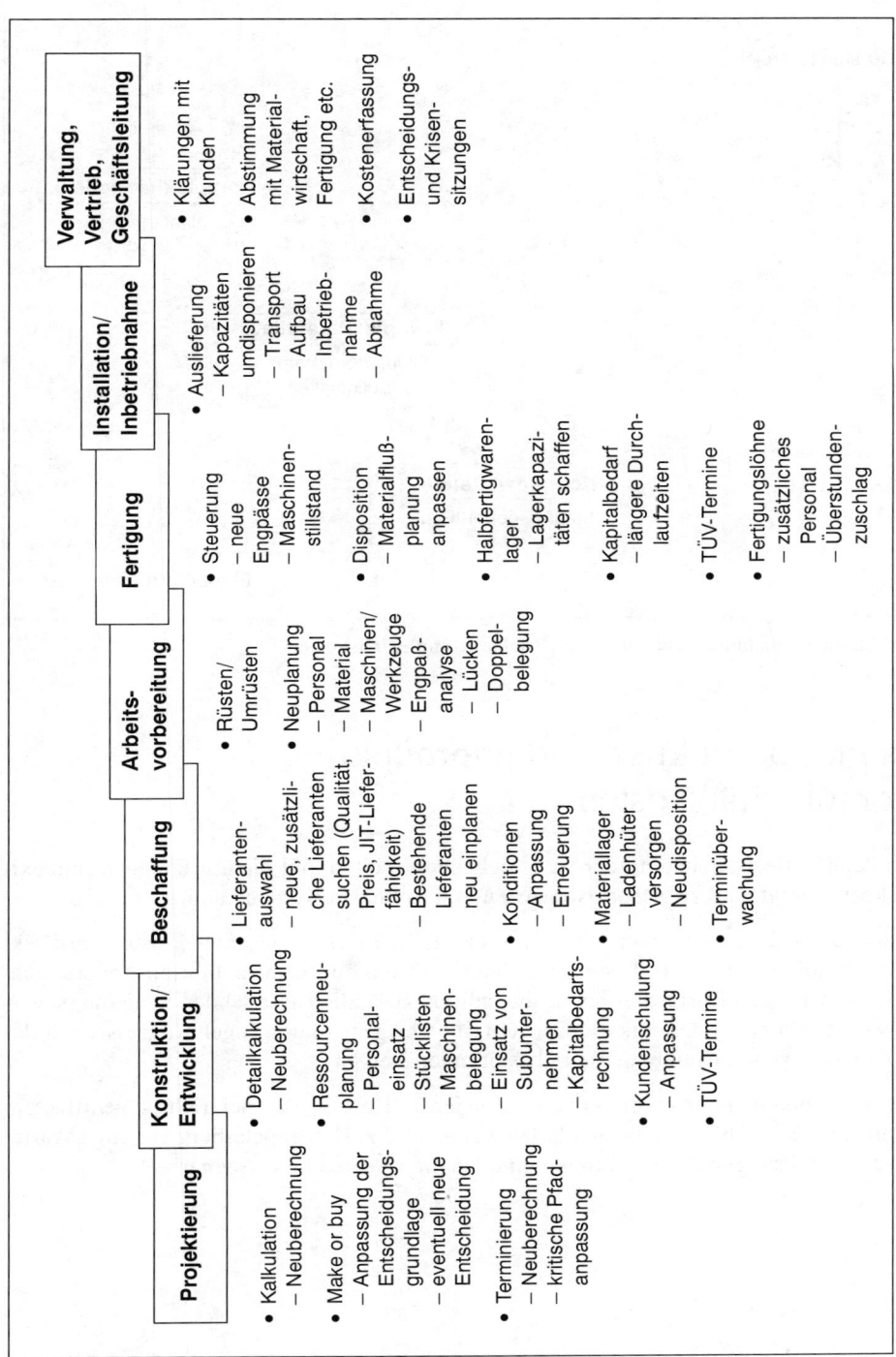

Abbildung 2: Mehrkosten bei Termin- oder Ausführungsänderungen

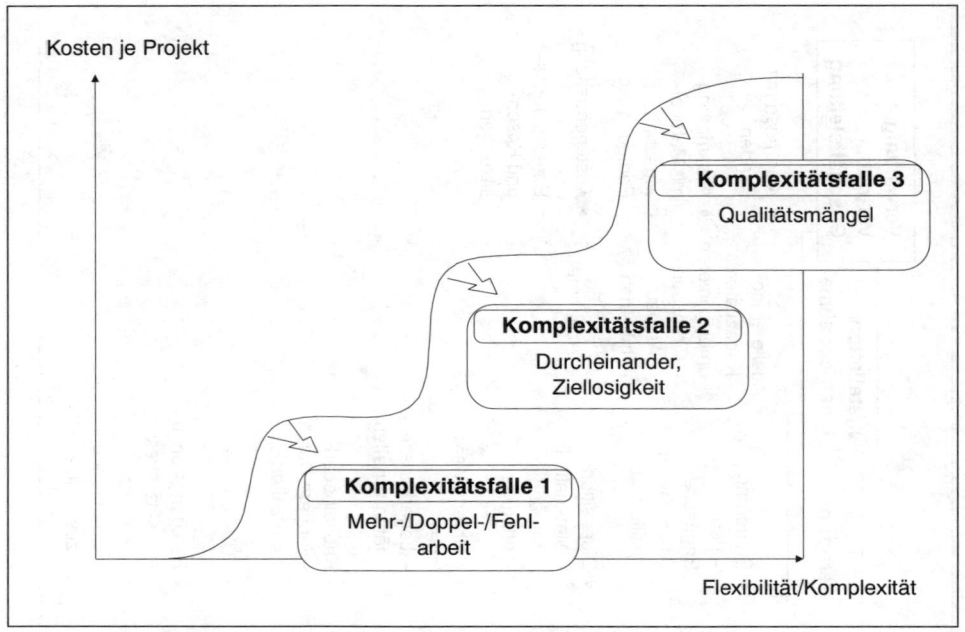

Abbildung 3: Nicht bekannte und nicht erfaßte Komplexitätskosten

Es gibt produktive und unproduktive Komplexitätskosten

Die detaillierte Betrachtung der beschriebenen erfaßten und nicht erfaßten Komplexitätskosten zeigt, daß zwischen zwei Arten unterschieden werden kann:

- zum einen den produktiven, also den zur Erstellung der erwünschten Leistungen direkt notwendigen, also z. B. Lohn- und Materialkosten für die ausgeführten Änderungen, Leerkosten und Rüstkosten sowie die indirekt zusätzlich anfallenden Steuerungs-Verwaltungs- und Kommunikationskosten (die übrigens in der Regel progressiv mit der Zahl der Änderungen bzw. Betriebsstörungen steigen);

- zum anderen den unproduktiven, also jenen Kosten, die bei richtig geordnetem planmäßigen Ablauf nicht angefallen wären, also z. B. Doppelarbeit, unnötige Wartezeiten, falsch gewählte Prioritäten und Qualitätskosten bzw. Nacharbeit.

	Beispiel: Mittelständisches Kesselbauunternehmen	
	bekannte Kosten	unbekannte Kosten
produktive Kosten	→ Überstunden-Zuschläge → Vergabe an Subunternehmer → Material-Mehrkosten → Kalkulation und Terminierung	→ Kommunikation mit Kunden, Vertrieb, Arbeitsvorbereitung, Konstruktion, Fertigung → Verwaltungsaufwand bei Änderungen → Make-or-Buy-Verhandlungen → Finanzierungsmehrkosten
unproduktive Kosten	→ Nacharbeit → Maschinenleerzeiten → Personal-Leerlauf → Doppelarbeiten	→ Entsorgung von Ladenhütern → Nachdenkpausen bei Betriebsunterbrechung → Fehlerkosten → Motivationsverlust durch verschobenen Urlaub und Durcheinander

Abbildung 4: Flexibilitätskosten sind zum großen Teil unbekannt und unproduktiv

Das Entscheidungsverhalten bei Termin- und Änderungszusagen ist oft irrational

Ein interessantes Bild ergab die Befragung der für die jeweiligen Kosten Verantwortlichen: In den seltensten Fällen wurde die Zusage von Änderungs- oder Terminflexibiliät an den Kunden von den für die Folgekosten Verantwortlichen gegeben oder mit ihnen vorher abgestimmt. Auch fiel die Entscheidung über bestimmtes Flexibilitätsverhalten in der Regel unabhängig von den hierfür anfallenden (meist größtenteils unbekannten) Komplexitätskosten. In vielen Fällen fehlte eine Verknüpfung zwischen Flexibilitätsleistung und Konditionen völlig. Dies ist umso erstaunlicher, als sich die bei der DGM-Stichprobe ermittelten produktiven Komplexitätskosten für eine einzige Änderung durchschnittlich mit ca. 15 Prozent der Gesamtkosten ergaben (teilweise geschätzt). Bei gleichzeitig mehreren Änderungen im Betrieb erhöhen sich die Mehrkosten sogar überproportional, da die Abläufe des Betriebes zunehmend durcheinander geraten.

Die Zahlungsbereitschaft der Kunden hängt davon ab, welcher Nutzen erkannt wird

Die Befragung der belieferten Kunden (meist Anlagenbauer) wiederum ergab in den meisten Fällen durchaus die Bereitschaft, für Flexibilitätsleistungen auch zu bezahlen. Auch die reine Vorhaltung – d. h. also nur die Bereitschaft, erforderlichenfalls Ausführungs- oder Terminänderungen zu akzeptieren – wird in der Regel als geldwerter Vorteil akzeptiert, auch wenn entsprechende Änderungen bei der Abwicklung tatsächlich gar nicht anfallen. Die für den Fall versagter, also nicht erbrachter Flexibilitätsleistungen ermittelten Alternativkosten bzw. geldwerten Nachteile ergaben bei den untersuchten Abnehmern ein sehr unterschiedliches Bild. Je nach Art der Änderung bzw. Terminabweichung ergaben sich Werte von 5 bis 40 Prozent des jeweiligen Einkaufspreises, im Durchschnitt rund 25 Prozent (häufige Positionen: Montage-Leerlauf, Vertragsstrafen, Behinderung von Nachbargewerken, Auftragsverlust).

Flexibilitätsnutzen für den Kunden ermitteln

Die erste Aufgabe, die sich daher für den Anbieter stellt, ist die möglichst präzise *Abschätzung des geldwerten Vorteils*, der sich für den Abnehmer dadurch einstellt, daß der Lieferant auf Grund seiner mittelständischen Struktur in der Lage – und willens – ist, kurzfristige Änderungen und extreme Termine zu akzeptieren. Die Erfahrung zeigt, daß auch potentielle Abnehmer an dieser Abschätzung durchaus interessiert sind.

Flexibilität vorausschauend einplanen und kalkulieren

Die *zweite Aufgabe* besteht in der planmäßigen und bewußten Bereitstellung von Flexibilität. Es geht darum, unproduktive Komplexitätskosten, also Doppelarbeit, Wartezeiten, Maschinenstillstand u. a. durch geeignete Planungssysteme von der Projektierung bis zur Auslieferung zu vermeiden und Vorsorge zu treffen, daß Änderungen und Terminverschiebungen kontrolliert und ohne Störung anderer Aufträge ablaufen können. Der Erfassung aller Komplexitätskosten sollte besondere Aufmerksamkeit bei Vor- und Nachkalkulation gelten, die Steuerung dieser Kosten zur bewußt wahrgenommenen wichtigen Managementaufgabe werden.

Flexibilität als wertvolles Produkt anbieten und fakturieren

Die *dritte* und wohl wichtigste *Aufgabe* ist es, die eigene Flexibilität und ihren *geldwerten Vorteil* dem Abnehmer *zu erklären*.

Schon die Bereitschaft, erforderlichenfalls flexibel reagieren zu können, kann einen erheblichen Wettbewerbsvorteil darstellen und muß daher auch bei Preisvergleichen Berücksichtigung finden. Nur derjenige Abnehmer wird für die flexiblere – und damit wertvollere – Leistung einen höheren Preis bezahlen, der den geldwerten Vorteil für sein Geschäft erkennt.

Durch das „Produkt Flexibilität" für 15 Prozent Mehrkosten 25 Prozent mehr Nutzen stiften

Bei konsequenter Organisation sowie Angebots- und Preispolitik kann der Mittelstand sein „Produkt Flexibilität" erfolgreich im Wettbewerb einsetzen.

Bei den von der DGM untersuchten mittelständischen Investitionsgüter-Herstellern überstieg der Nutzen der gelieferten Flexibilität die (produktiven) Mehrkosten um rund 10 Prozent. In den meisten Fällen wurden die aufgewendeten Mehrkosten (in Höhe von rund 15 Prozent) nur teilweise oder gar nicht in Rechnung gestellt. In keinem Falle wurde die Flexibilitäts-Bereitstellung oder ein Anteil des Zusatznutzens für den Abnehmer im Angebot ausgewiesen oder in Rechnung gestellt.

Teil 2
Strategische Konzeptionen

Zuliefermarketing – Strategien zur Erhaltung der Wettbewerbsfähigkeit kleiner und mittelständischer Zulieferunternehmen

Prof. Dr. Thomas Baaken

- Situation Zulieferindustrie
- Beschaffungsverhalten Endgerätehersteller
- Probleme deutscher Zulieferer
- Bedeutung Preispolitik
- Strategieoptionen

Der Beitrag beschäftigt sich mit der veränderten Situation, die im Zuge der allgemeinen Rezession für die mittelständischen Zulieferer enstanden ist. Vielen Unternehmen macht das Anziehen der Preisschraube durch die Endgerätehersteller große Schwierigkeiten. Dieser Beitrag zeigt Lösungswege. Die hier für die Automobilzulieferer-Industrie beschriebenen Strategien können beispielhaft für andere Branchen gelten.

Die Struktur der Zulieferindustrie in der Bundesrepublik Deutschland

Als einer der wohl bedeutendsten Wirtschaftszweige in der Bundesrepublik Deutschland kann die bundesdeutsche Zulieferindustrie bezeichnet werden. Immerhin erwirtschaftet dieser – zu einem großen Teil mittelständisch strukturierte – Zweig ca. 400 Milliarden DM jährlich, was fast einem Fünftel des Sozialproduktes entspricht. Mit gut 30 000 Unternehmen muß der Zulieferindustrie in bezug auf das von ihr zur Verfügung gestellte Arbeitsplatzangebot, ihre Auswirkungen auf das Volkseinkommen und ihren Beitrag zur Sicherung der internationalen Wettbewerbsfähigkeit eine besondere Bedeutung beigemessen werden (vgl. Hamer, 1991, S. 65). Gerade in einer rezessiven Phase der Wirtschaft spüren die Zulieferer einen besonderen Druck aus dem Markt. Wettbewerbs- und Kostenzwänge der Endgerätehersteller werden direkt an den Zulieferer weitergegeben. Um so mehr sollten Veränderungen in diesem Markt registriert und analysiert werden, so daß die Unternehmen dieses Wirtschaftszweigs ihre strategische Ausrichtung überprüfen und gegebenenfalls situationsadäquat anpassen können.

Die Wettbewerbssituation der Endgerätehersteller

Da sich der Zuliefermarkt bisher als Käufermarkt dargestellt hat, ist leicht vorstellbar, in welchem Ausmaß sich verändernde Marktbedingungen bei den Herstellern der Endgeräte auf den Zuliefermarkt auswirken werden. Denn Tatbestand ist, daß die Verhandlungsspielräume in starkem Maße von den Endgeräteherstellern bestimmt werden.

Die zunehmende Internationalisierung des Wettbewerbs führt jedoch bei ihnen zu einem existentiellen Kostendruck. Gerade dieser Wettbewerb forciert aber den Prozeß der sich ständig verkürzenden Produktlebenszyklen. Die Zeiträume von der Markteinführung eines innovativen Produkts zum nächsten verkürzen sich dynamisch. Demgegenüber muß beachtet werden, daß die Konstruktions- und Entwicklungszeiten, die bei sehr komplexen Systemen notwendig sind um neue Technologien oder technologieintensive Produkte entstehen zu lassen, wachsen (vgl. Baaken, 1991, S. 202).

Die Folge ist ein dramatisches Wachstum der F & E-Aufwendungen, das nicht zuletzt den Cash-flow der Unternehmen erheblich belastet. Demnach ist neben der Notwendigkeit, daß die Endgerätehersteller eine Verbesserung ihrer Produktivität erreichen müssen, für eine Stärkung ihrer Wettbewerbsfähigkeit die Verkürzung der Produktentwicklungszeiten von essentieller Bedeutung. Diese darf allerdings nicht durch höhere F & E-Aufwendungen getragen werden.

Das neue Beschaffungsverhalten der Endgerätehersteller

Um diese Ziele erreichen zu können, liegt die Strategie der Endgerätehersteller in der Besinnung auf die eigenen Kernkompetenzen. Die angestrebten Ziele sollen über eine Verringerung der Fertigungs- und Entwicklungstiefe erreicht werden (vgl. o. V.: Verantwortung für Zulieferer, asw Heft 6/90, S. 74 und o. V., Inflation neuer Einkaufsinstrumente, asw Heft 6/90, S. 50). Im Idealfall würde ein Hersteller lediglich die Entwicklung, Montage und Vermarktung eines Gesamtsystems übernehmen; dies kann ausschließlich über tiefgreifende Veränderungen im Rahmen der Beschaffungsstrategien erreicht werden.

Eine künftig sehr bedeutende Strategie wird dabei die des „Modular-Sourcing" sein. Diese Beschaffunsstrategie ist gerade dort sinnvoll, wo die nachgefragten Module mit einer regelmäßigen, hohen Bedarfshäufigkeit nachgefragt werden und einen hohen Differenzierungsgrad aufweisen (vgl. Eicke/Femering, 1991, S. 52). Der Endgerätehersteller strebt dabei erhebliche Kostendegressionseffekte an, die durch folgende Faktoren ausgelöst werden:

– Verlagerung der Montagearbeiten einer Vielzahl von Teilen und Baugruppen auf den Zulieferer, wodurch sich die Produktionskosten reduzieren;

– Verlagerung der entsprechenden F & E auf den Zulieferer, wodurch sich die Entwicklungszeiten verkürzen, der Kapazitätsbedarf beim Endabnehmer verringert und dieser frühzeitig auf das Know-how des Zulieferer zurückgreifen kann;

– Einsparung von Lagerhaltungskosten durch die Forderung nach einer produktionssynchronen Belieferung.

Eine weitere, von ihrem Charakter her exakt entgegengesetzte Beschaffungsstrategie ist die des „Global Sourcing". Im Rahmen dieser Strategie wird die Beschaffungsentscheidung des Endabnehmers ausschließlich nach dem Minimalprinzip getroffen, was in diesem Fall bedeutet, daß ein Produkt in vorgegebener Qualität zum weltweit günstigsten Preis eingekauft wird (vgl. Goeudevert, 1991, S. 107). Insbesondere bei den Automobilherstellern findet diese Strategie eine weitverbreitete Anwendung. So ermittelt Ford in Köln mit Hilfe eines Zentralcomputers das jeweils günstigste Angebot auf den Zehntelpfennig genau. Betroffen von dieser Selektion sind die Zulieferunternehmen, die technisch ausgereifte Standardprodukte von geringer technologischer Komplexität anbieten.

Das Beschaffungsverhalten der Endabnehmer hat einen erheblichen Einfluß auf den gesamten Zuliefermarkt. Dabei zeigt sich ein deutlicher Trend zur Pyramidisierung in der Zulieferbranche (vgl. Abbildung 1, Seite 24), wobei die Positionierung eines Zulieferers innerhalb der entstehenden Pyramide im wesentlichen durch die technologische Komplexität seines Produktes und seines Problemlösungspotentials bestimmt wird. An der Spitze dieser Pyramide werden die Modulanbieter stehen, die sich zu den entscheidenden Problemlösern entwickelt haben. Sie bieten dem Endabnehmer die funktionsfähigen Module an, die dieser zur Vervollständigung seines Systems benötigt.

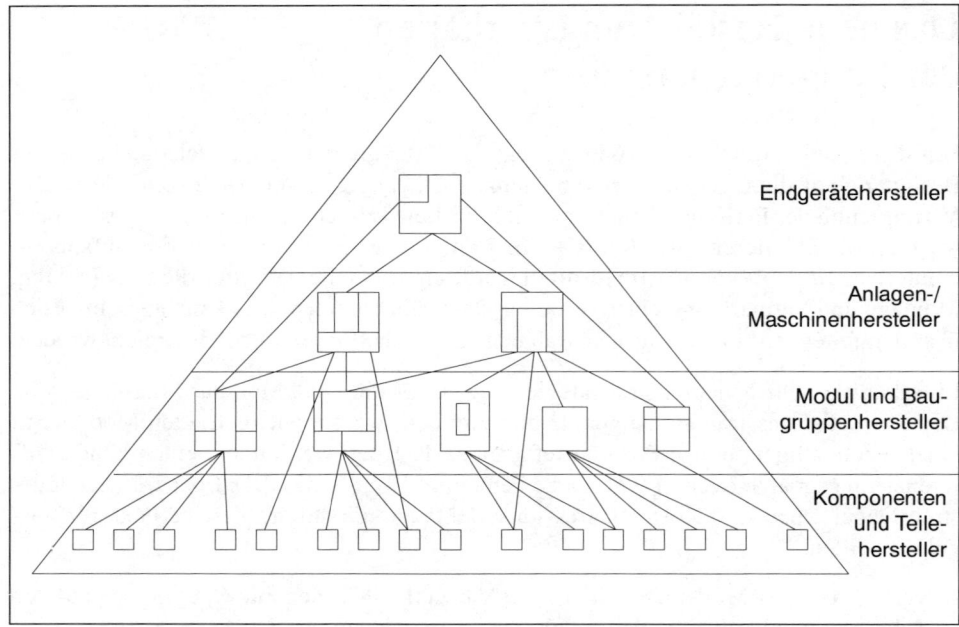

Abbildung 1: Pyramide des Zuliefermarktes

Es folgen die Anbieter von Spezialkomponenten und auf der untersten Stufe der Pyramide die Teileanbieter, deren Produkte sich durch eine sehr geringe technologische Komplexität und eine leichte Austauschbarkeit auszeichnen.

Die genannten Veränderungen in der Zulieferindustrie werden vor dem Hintergrund der Strategie des Modular-Sourcing zu einer neuen Wertigkeit der Abnehmer-Zulieferer-Beziehungen führen. Indem der Modulanbieter stark in den F & E-Prozeß des Herstellers von Gesamtsystemen integriert wird, kommt es zu einem wechselseitigem Know-how-Austausch und damit zu gegenseiten Abhängigkeiten. Auf dieser Basis strebt der Endabnehmer längerfristige Lieferbeziehungen an, was dem Zulieferer eine relativ hohe Abnahmesicherheit garantiert und ihn nicht dem üblichen Preiswettbewerb aussetzt. Darüber hinaus sind nunmehr für den Zulieferer die Investitionsrisiken überschaubar. Die Amortisation seiner ihm entstehenden Kosten wird zu einer kalkulierbaren Größe. Allerdings ist auch festzustellen, daß der Zulieferer noch stärker als bisher vom Endabnehmer abhängig ist und insbesondere dessen wirtschaftliche Probleme in einem starken Maße auf ihn einwirken werden.

Je näher ein Zulieferer am Sockel der Pyramide positioniert ist, desto mehr ist er globalen Beschaffungsstrategien ausgesetzt und muß sich dem internationalen Preiskampf stellen.

Darüber hinaus führt die veränderte Situation in der Zulieferbranche zu einem Wettbewerb um die entsprechenden Positionen innerhalb der Pyramide. Der intensive Kontakt zu den Endabnehmern wird nur noch den Modulanbietern zugute kommen. Hersteller von Baugruppen oder gar von Komponenten/Teilen werden in die Rolle von Sublieferanten abgedrängt und geraten damit in ein Feld, in dem marketingpolitische Spielräume immer kleiner werden. Für die Zulieferer wird sich daher zunehmend die strategische Kernfrage stellen, ob sie sich künftig in Richtung

– eines Modulanbieters oder
– eines Standard-/Teileanbieters

orientieren.

Die deutschen Automobilhersteller z. B. haben es sich zum Ziel gesetzt, mit wenigen, aber leistungsstarken Zulieferern zusammenzuarbeiten (vgl. auch Fieten, 1991, S. 29). Aufgrund der Vielzahl der zur Zeit bestehenden Zulieferverhältnisse wird es deshalb zu einem Selektionsprozeß kommen. Der einzelne Teilehersteller muß alle ihm zur Verfügung stehenden Marketinginstrumente einsetzten, um diesen Selektionsprozeß zu überleben. Ziel muß es sein, den Anforderungen der Automobilhersteller im höheren Maße gerecht zu werden, als die Wettbewerber. Es gilt somit einen Konkurrenzvorteil zu erlangen, der auf Seiten der Automobilhersteller als Abnehmer zu Präferenzen führt.

Die besondere Macht der Abnehmer kommt dadurch zum Ausdruck, daß diese durch ihre neuen Strategien eine Art Mindestanforderungskatalog an künftigen Zulieferer formuliert haben und die Zulieferer kaum die Möglichkeit haben, sich diesen Anforderungen zu entziehen. Die Erfüllung der Standards ist für den Teilehersteller eine notwendige,

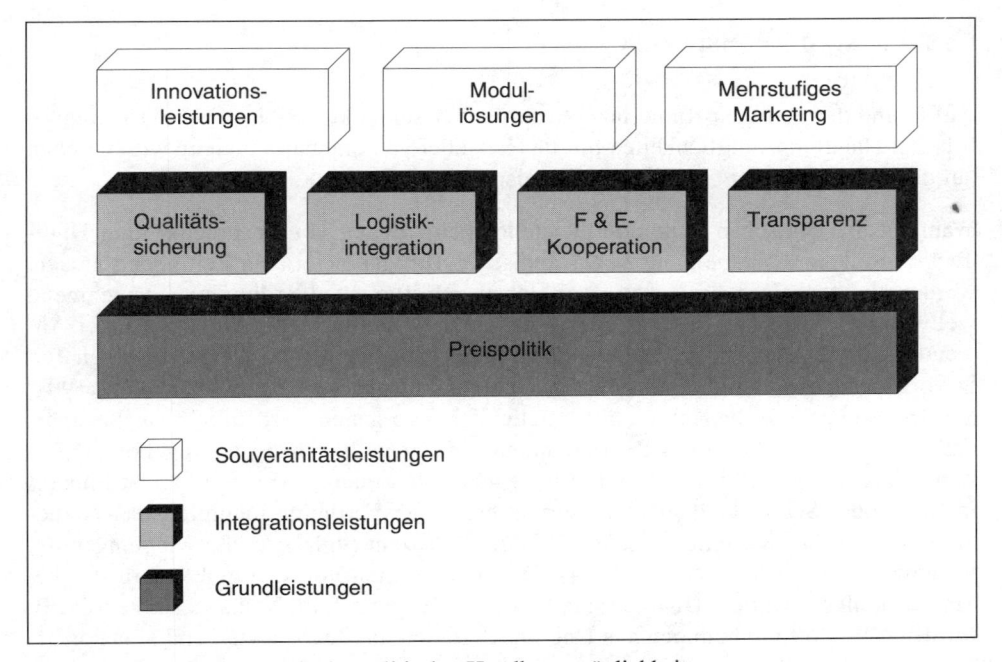

Abbildung 2: Das Feld marketingpolitischer Handlungsmöglichkeiten

jedoch keine hinreichende Bedingung, um Zulieferer zu werden oder zu bleiben. Erst der Grad der Erfüllung der geforderten Standards wird letztlich darüber entscheiden, wer als Zulieferer Akzeptanz findet.

Abbildung 2, Seite 25, zeigt das Feld marketingpolitischer Handlungsmöglichkeiten für die Zulieferindustrie:

Es setzt sich zusammen aus einer Grundleistung, Integrationsleistungen und Souveränitätsleistungen. Die Grundleistung bildet die Basis marketingpolitischer Handlungmöglichkeiten, während Integrationsleistungen darüber hinaus gehen und auf eine weitgehende Integration des Zulieferers in das System des Automobilherstellers zielen. Souveränitätsleistungen bilden die höchste Stufe marketingpolitischer Handlungsmöglichkeiten und dienen der Demonstration von Selbständigkeit und eigener Stärke. Abhängig von der Art des hergestellten Produktes stehen einem Zulieferer jedoch nur bestimmte Teile des Feldes marketingpolitischer Handlungsmöglichkeiten zur Verfügung.

Im folgenden werden die Handlungsmöglichkeiten bei Standardteilen von denen bei Modulen und Spezialkomponenten unterschieden. Dies geschieht am Beispiel der Automobilzulieferer, da sich dort Entwicklungen abzeichnen, die richtungsweisend für die Gesamtheit der Zulieferindustrie sind.

Marketing für Standardteile

Grundleistung Preispolitik

Auf Grund der geringen Know-how-Ansprüche beschränkt sich das Feld marketingpolitischer Handlungsmöglichkeiten für die Hersteller von Standardteilen im wesentlichen auf die Erbringung der Grundleistung Preispolitik.

Während die deutschen Automobilhersteller beim Bezug von anspruchsvollen High-Tech-Produkten den Übergang zu ausländischen Billiganbietern zur Zeit noch scheuen, werden die technisch einfachen, weithin ausgereiften Standardprodukte zunehmend weltweit beschafft. Die Beschaffungsentscheidung wird durch die Einkäufer unter Anwendung des betriebswirtschaftlichen Minimalprinzips getroffen. Ziel ist es, einen Teil in vorgegebener Qualität zum günstigsten Preis einzukaufen (vgl. Goeudevert, 1991, S. 107). Wie präzise die Automobilhersteller dabei vorgehen, verdeutlicht die Tatsache, daß bei Ford in Köln mittels Zentralcomputer das jeweils günstigste Angebot auf den Zehntelpfennig genau ermittelt wird (vgl. Linden/Rüssmann, 1988, S. 91). Der Einkauf in Dritt- oder Schwellenländern verspricht bei in der Fertigung lohnintensiven Standardprodukten Preisvorteile zwischen 20 und 40 Prozent (vgl. o. V.: Entwicklungshilfe, in: amz, 79. Jg., 1991, Nr. 9, S. 54). Dabei wird auch von diesen Ländern der bei Standardteilen erwartete Qualitätsstand immer häufiger erfüllt. Volkswagen kauft z. B. für den VW Golf Glühlampen aus Ungarn, Batterien aus Jugoslawien und Kunststoffbehälter aus Südafrika.

Auf Grund der überragenden Bedeutung des Preises bei der Beschaffungsentscheidung des Abnehmers stellt die Preispolitik für einen Hersteller von Standardteilen das einzige Marketinginstrument dar, um einen nennenswerten Konkurrenzvorteil zu erlangen. Nur ein geringerer Preis als beim Wettbewerber wird bei Einhaltung der vorgeschriebenen Qualität zu Präferenzen führen. Die zu betreibende Preispolitik ist eine passive Preispolitik. Der Grund dafür ist darin zu sehen, daß in der Regel ein Preisniveau vorgegeben ist, entweder durch die Preisvorstellungen des Automobilherstellers oder durch ein Konkurrenzangebot (vgl. Wüsthoff, 1988, S. 36). Ziel eines Herstellers von Standardteilen sollte es daher sein, sein eigenes Kostenniveau dem vorgegebenen Preisniveau anzupassen. Deshalb müssen die bundesdeutschen Teilehersteller alle vorhandenen Kostensenkungspotentiale mobilisieren, um im Wettbewerb mit Niedriglohnländern nicht zu unterliegen.

Um den in Deutschland sehr hohen Lohn- und Sozialkosten nicht zum Opfer zu fallen, steht die Fertigungsrationalisierung durch Automatisierung für deutsche Teilehersteller ganz oben auf der Liste der zu ergreifenden Maßnahmen. So sind auch einige Erfolge bei diesen Bemühungen zu verzeichnen. Die Produktion von Bosch-Kleinmotoren z. B. ist derart effizient geworden, daß kein Billigangebot aus Fernost mithalten kann (vgl. Linden, 1988, S. 96).

Grundsätzlich besteht jedoch Einigkeit darüber, daß sich auf Dauer nur mit der Produktion technologisch anspruchsvoller Teile die Preise erzielen lassen, die im Hinblick auf das hohe Kostenniveau am Standort Deutschland notwendig sind (vgl. Faulhaber, 1988, S. 7). Bei mittel- bis langfristiger Betrachtung ist es daher nötig, sich einer zweiten Kostensenkungsmaßnahme zu bedienen: der Verlagerung von Produktionsstätten für Standardteile ins kostengünstigere Ausland. Dabei können sich u. a. folgende Probleme ergeben: Kleine Unternehmen haben häufig noch keine Produktionsstätten im Ausland und scheuen die notwendigen Investitionen oder sind nicht in der Lage, diese zu tätigen. Große Teilehersteller haben zwar in der Regel parallel zu den deutschen auch ausländische Produktionsstätten, können aber aus Imagegründen und aus sozialpolitischer Verantwortung die traditionellen Produktionsstätten nicht ohne weiteres schließen und ins Ausland verlagern. Unter dem Druck sich massiv verschlechternder Erträge verlieren diese Gründe jedoch an Gewicht; dementsprechend wird Bosch, erstmals in seiner Geschichte, Produktionsstätten von Standardteilen in Deutschland schließen und die Produktion nach Portugal und Malaysia verlagern (vgl. Linden/Rüssmann, 1988, S. 37).

Differenzierungsversuche

Auf Grund des hohen Kostenniveaus in der Bundesrepublik Deutschland werden deutsche Hersteller von Standardteilen im weltweiten Vergleich meist nicht die Kostenführerschaft übernehmen können. Infolgedessen liegen die langfristigen betriebswirtschaftlichen Preisuntergrenzen häufig über denen ausländischer Anbieter. Ein Wettbewerb allein auf preispolitischer Ebene ist für diese Hersteller daher nicht erstrebenswert.

Ein am Standort Bundesrepublik produzierender Hersteller sollte deshalb aktiv nach Differenzierungsmöglichkeiten suchen, um sein Produkt aus der Masse der gleichartigen Teile hervorzuheben. Differenzierungsmöglichkeiten liegen weniger im Grundnutzen eines Standardteils, der in der Regel festliegt, sondern mehr im Bereich des sogenannten Zusatznutzens (vgl. Backhaus, 1992, S. 293). Die Erhöhung der Umweltverträglichkeit eines Produktes, z. B. durch Verwendung recycelter oder recyclingfähiger Materialien fällt in diesen Bereich und kann dazu beitragen, ein Produkt aus der Ebene gleichartiger Standardteile ein wenig hervorzuheben. Weitere Ansatzpunkte zur Differenzierung muß jedes Unternehmen aus seiner individuellen Situation heraus suchen.

Gelingt es dem Zulieferer, solche Differenzierungsmöglichkeiten zu finden und für sich zu nutzen, so kann er dazu beitragen, daß die Beschaffungsentscheidung nicht ausschließlich auf der preispolitischen Ebene getroffen wird und sich seine Wettbewerbssituation dadurch verbessert.

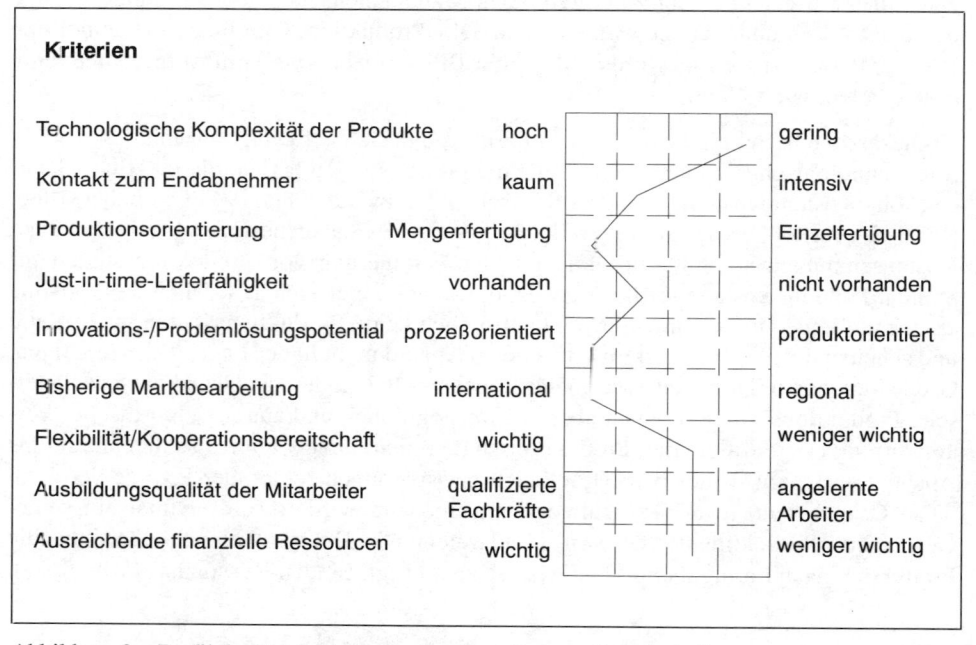

Kriterien

Kriterium	links	rechts
Technologische Komplexität der Produkte	hoch	gering
Kontakt zum Endabnehmer	kaum	intensiv
Produktionsorientierung	Mengenfertigung	Einzelfertigung
Just-in-time-Lieferfähigkeit	vorhanden	nicht vorhanden
Innovations-/Problemlösungspotential	prozeßorientiert	produktorientiert
Bisherige Marktbearbeitung	international	regional
Flexibilität/Kooperationsbereitschaft	wichtig	weniger wichtig
Ausbildungsqualität der Mitarbeiter	qualifizierte Fachkräfte	angelernte Arbeiter
Ausreichende finanzielle Ressourcen	wichtig	weniger wichtig

Abbildung 3: Profil der Erfolgsfaktoren der Hersteller von Standardteilen (Burghardt/Klein, 1989, S. 57)

Marketing für Module und Spezialkomponenten

Herstellern von Modulen und Spezialkomponenten steht das gesamte Feld marketingpolitischer Handlungsmöglichkeiten zur Verfügung. Sie haben die Möglichkeit, neben der Grundleistung Preispolitik auch noch Integrations- und Souvernitätsleistungen zu erbringen, um einen Wettbewerbsvorteil zu erlangen.

Grundleistung Preispolitik

Hersteller von Spezialkomponenten sehen sich zwar nicht einer derart massiven, weltweiten Konkurrenz ausgesetzt wie die Hersteller von Standardteilen; die Automobilhersteller sind jedoch bemüht, auch keine Monopolstellungen auf Seiten der Teilehersteller entstehen zu lassen. Einer drohenden Monopolisierung treten sie durch Förderung von Wettbewerbern entgegen, so daß auch auf dem Markt für Spezialkomponenten Wettbewerb unter den Anbietern herrscht und die Automobilhersteller unter mehreren Angeboten das günstigste auswählen können (vgl. Linden/Rüssmann, 1988, S. 26 f.). Die Preispolitik stellt daher auch für den Hersteller von Spezialkomponenten ein Marketinginstrument dar.

Da schon das erste wettbewerbsfähige Angebot eines Konkurrenten ausreichen könnte, um auch einen Hersteller von Spezialkomponenten zum Einstieg auf ein niedrigeres Preisniveau zu zwingen, sollten diese Hersteller prinzipiell genauso wie die Hersteller von Standardteilen vorhandene Kostensenkungspotentiale nutzen. Auch hier hat die Fertigungsrationalisierung hohe Priorität. Eine Verlagerung von Produktionsstätten ins Ausland ist dagegen aus preispolitischen Gründen nicht zwingend erforderlich, da aus Niedriglohnländern in der Regel keine Konkurrenz droht.

Beschaffungsentscheidungen bei Spezialkomponenten werden durch die Automobilhersteller jedoch nicht allein über den Preis entschieden. Daher stellt die Preispolitik für den Hersteller solcher Teile nur eines von mehreren Marketinginstrumenten dar, um einen Wettbewerbsvorteil zu erlangen. Im Unterschied zu den Herstellern von Standardteilen haben die Hersteller von Spezialkomponenten die Möglichkeit, über den Bereich der Grundleistung Preispolitik hinaus, durch bessere Leistungen in anderen Bereichen Präferenzen aufzubauen.

Integrationsleistungen

Durch die Erbringung von Integrationsleistungen fügt sich der Zulieferer in das System des Endgeräteherstellers ein und versucht sich durch eine möglichst weitgehende Erfüllung der Anforderungen von den Wettbewerbern zu differenzieren. Zu den Integrationsleistungen zählen die nachfolgend dargestellten Maßnahmen zur Qualitätssicherung, Logistikintegration, F & E-Kooperation sowie die Schaffung von Transparenz.

Qualitätssicherung

Der Kampf der Automobilhersteller um Marktanteile wird zunehmend in einem Qualitätswettbewerb entschieden. Diese Entwicklung findet ihren Ausdruck in der Erweiterung der Garantiezusagen; drei Jahre oder 100 000 Kilometer sind keine Ausnahme mehr.

Je stärker die Automobilhersteller die eigene Fertigungstiefe reduzieren, desto mehr liegt die Verantwortung für die Qualität des Endproduktes bei den einzelnen Zulieferfirmen (vgl. Backhaus, 1992, S. 298). Im besonderen Maße ist die Qualität des Automobils abhängig von der Qualtität der zugelieferten Spezialkomponenten. Diese technische anspruchsvollen Teile bergen auf Grund ihrer Komplexität ein größeres Qualitätsrisiko als Standardteile in sich und sind in der Regel maßgeblich für die Funktionsfähigkeit des Fahrzeugs. Insofern haben die Automobilhersteller allein schon aus absatzpolitischen Gründen ein besonderes Interesse an der Zusammenarbeit mit Teileherstellern, die einen entsprechenden Qualitätsstand garantieren können.

Neben veränderten Marktanforderungen sind es technisch-organisatorische Veränderungen in der Fertigung, die der Qualitätsicherung einen neuen Stellenwert zukommen lassen. Die Automatisierung der Montageprozesse bei den Automobilherstellern sowie neue logistische Konzepte wie das Just-in time-Konzept erfordern eine gleichbleibend hohe (Null-Fehler-) Qualität der zugelieferten Komponenten.

Zulieferer, die auch künftig wettbewerbsfähig bleiben wollen, müssen die Qualitätssicherung als Marketinginstrument begreifen, dessen Anwendung nicht nur Präferenzen schaffen kann, sondern zunehmend Voraussetzung ist, um als Zulieferer überhaupt in Frage zu kommen.

Durch Anwendung der Fehlermöglichkeits- und Einflußanalyse (FMEA) sollen Prozesse auf ihre Fehler- und Problempotentiale hin analysiert werden (vgl. Bieber/Sauer, 1981, S. 246). Qualität darf nicht mehr ex post in das Produkt hineingeprüft, sondern sie muß produziert werden. Die Prüftechnologien entwickeln sich weg von der persönlichen Kontrolle, hin zur EDV- und motivationsgestützten Qualitätssicherungsarbeit.

Die Einführung eines solchen Qualitätssicherungssystems bedeutet jedoch eine erhebliche finanzielle Belastung des Zulieferers. Neben den primären Systemkosten entstehen sekundäre Kosten im Bereich der Organisationsanpassung und Mitarbeiterqualifikation (vgl. Spengemann, 1991, S. 32). Insbesondere mittelständische Unternehmen werden Probleme haben, entsprechend qualifiziertes Personal zu bekommen bzw. vorhandene Mitarbeiter zur Weiterqualifikation freizustellen. Bedingt durch das preisrestriktive Einkaufsverhalten der Automobilhersteller wird eine Überwälzung der zusätzlich entstehenden Kosten auf die Verkaufspreise nicht möglich sein. Insofern führt die Einrichtung von Maßnahmen zur Qualitätssicherung einerseits zu einer Steigerung der Wettbewerbsfähigkeit, aber andererseits auch zu einer, zumindest kurzfristigen Verschlechterung der Ergebnissituation. Langfristig könnte sich dies jedoch durch ein höheres Auftragsvolumen sowie geringeren Ausschuß ändern.

Logistikintegration

Um ihre Wettbewerbsfähigkeit aufrechtzuerhalten, haben die deutschen Automobilhersteller neue Logistikkonzepte entwickelt. Ziel war es dabei, den aus dem Markt resultierenden Nachfrageschwankungen sowie der anwachsenden Variantenvielfalt unter Ausnutzung vorhandener Kostensenkungspotentiale gerecht zu werden (vgl. Bieber/Sauer 1991, S. 240).

Mit zunehmender Reduzierung der Fertigungstiefe seitens der Automobilhersteller wurde eine Integration der Teilehersteller in diese Logistikkonzepte erforderlich. Von ihren Zulieferern erwarten die Automobilhersteller immer häufiger eine produktionssynchrone Belieferung. Die Teile sollen, soweit sinnvoll, just-in-time (JIT), d. h. gerade zu dem Zeitpunkt angeliefert werden, zu dem der Automobilhersteller sie in der Produktion benötigt. Die Vorteile einer JIT-Beschaffung liegen für den Automobilhersteller in geringeren Kapitalbindungskosten für gelagertes Material, geringeren Kosten der Lagerverwaltung sowie in einem geringeren Raumbedarf (vgl. Fandel/François, 1989, S. 542). Die produktionssynchrone Beschaffung soll Bestandssenkungen bis zu 80 Prozent, Flächenreduzierungen bis zu 65 Prozent und Handlingskostenreduzierungen bis zu 50 Prozent ermöglichen (vgl. Wildemann, 1988, S. 1 f.).

Ziel der Automobilhersteller ist es jedoch nicht, das gesamte Zulieferspektrum produktionssynchron zu beschaffen. Sie suchen viel mehr die Teile heraus, deren just-in-time-Anlieferung einen erheblichen Beitrag zur Kostensenkung liefert. Mit Hilfe einer ABC-Analyse kann ermittelt werden, welche Teile für ein JIT-Konzept geeignet sind. Man bezeichnet Teile mit hohem und mittlerem Verbrauchswert als A- und B-Teile. Sie sind für eine JIT-Steuerung besser geeignet als C-Teile mit einem niedrigen Verbrauchswert, da A- und B-Teile bei einer Lagerung hohe Kapitalbindungskosten verursachen würden. Ergänzt wird diese ABC-Analyse um eine XYZ-Analyse, bei der die Teile in solche mit regelmäßigem, konstantem Verbrauch (X-Teile), mit schwankendem Verbrauch (Y-Teile) und unregelmäßigem Verbrauch (Z-Teile) eingeteilt werden.

Dem Zulieferer bieten sich grundsätzlich zwei verschiedene Möglichkeiten, eine geforderte JIT-Lieferfähigkeit zu erreichen:

– Er kann entweder ein ausreichend dimensioniertes Fertigproduktlager einrichten, aus dem der Automobilhersteller dann just-in-time abruft, oder er kann selbst auf JIT-Produktion umstellen (vgl. Kohnen, 1988, S. 56). Nur die Umstellung des Teileherstellers auf eigene JIT-Produktion würde dem JIT-Konzept in seiner engsten Definition, gekennzeichnet durch synchrone Fertigungsabläufe bei Automobilhersteller und Teilehersteller, entsprechen.

– Die Erreichung der JIT-Lieferfähigkeit durch JIT-Produktion bietet sich für einen Zulieferer vor allem dann an, wenn eine Lagerhaltung durch großvolumige, teure Teile in großer Modellvielfalt extrem kostenintensiv würde. Entsprechend erreicht der Sitzehersteller Keiper-Recaro seine JIT-Lieferfähigkeit durch eine eigene JIT-Produktion. Die Vielfalt von 30 000 verschiedenen Sitzvarianten macht die Lösung über ein Fertigproduktlager organisatorisch und wirtschaftlich nicht vertretbar (Zahl entnommen aus: Linden/Rüssmann, 1988, S. 99).

Eine besondere Problematik bei der JIT-Produktion variantenreicher Teile ergibt sich dann, wenn die geforderte Lieferzeit kürzer ist als die benötigte Durchlaufzeit. Dieses Problem läßt sich dadurch lösen, daß man die Logistikkette einteilt in eine kundenunabhängige Vorfertigung, in der ein größtmögliches Maß an Teilestandardisierung herrscht und in eine kundenabhängige Endmontage, in der erst die Variantenvielfalt entsteht (Linden/Rüssmann, 1988, S. 99).

Um eine produktionssynchrone Beschaffung zu ermöglichen, ist eine permanente Kommunikation zwischen Abnehmer und Zulieferer erforderlich. Die informationstechnische Vernetzung wird enger, Rechner der Zulieferer werden an die der Automobilhersteller angekoppelt und Lieferabrufe mit Hilfe der Datenfernübertragung (DFÜ) übermittelt. Die Autonomie des Teileherstellers nimmt dadurch weiter ab. Bei Erreichung der JIT-Lieferfähigkeit durch eine eigene JIT-Produktion wird die Fertigung des Zulieferers letztlich durch den Automobilhersteller gesteuert. Dadurch muß sich der Zulieferer sogar mit den Arbeitszeiten, Werksferien und Pausen an die Vorgaben des Abnehmers anpassen (vgl. Doleschal, 1989, S. 184).

Angesichts schwieriger werdender Verkehrsverhältnisse läßt sich eine produktionssynchrone Belieferung auf Dauer nur noch bei kurzen Transportwegen sicherstellen. Das erfordert eine Ansiedlung der eigenen Produktionsstätte oder des Fertigproduktlagers in räumlicher Nähe zum Abnehmer. Da die deutschen Automobilhersteller ihre Produktionsstätten zunehmend auch ins Ausland verlegen, müßten die Zulieferer ihnen dahin folgen. Durch die einseitige Ausrichtung auf eine bestimmte Produktionsstätte eines Automobilherstellers steigt das unternehmerische Risiko des Zulieferers jedoch stark an, denn er wird nunmehr abhängig von dem Absatzerfolg des einen, in der betreffenden Produktionsstätte gefertigten Fahrzeugtyps. Das Risiko steigt auch insofern, als eine Amortisation der Investitionen nur bei dauerhafter Zusammenarbeit möglich ist, die Gefahr der Auswechselung des Zulieferers durch den Automobilhersteller jedoch grundsätzlich immer gegeben ist. Eine Begrenzung dieses Risikos ist nur mit Hilfe der Vertragsgestaltung möglich. Der Teilehersteller sollte daher auf eine entsprechend lange Laufzeit des Zulieferervertrags bestehen.

Die Logistikintegration ist ein Marketinginstrument, dessen Anwendung zwingend notwendig ist, um Zulieferer der Automobilhersteller zu bleiben. Teilehersteller, die sich besonders eng an den Bedürfnissen ihrer Abnehmer ausrichten, wie z. B. Keiper-Recaro, können eine Unique Selling Proposition (USP) erlangen, erkaufen sich diese Stellung jedoch durch einen weitgehenden Verlust ihrer Autonomie.

F & E-Kooperation

In der Vergangenheit war die Beziehung zwischen Automobilhersteller und Zulieferer meist dadurch gekennzeichnet, daß der Automobilhersteller bei Modellneuerungen die Entwicklungsarbeit leistete, während der Zulieferer anschließend nach dessen Plänen das gewünschte Teil fertigte. Dadurch wurde das bei den Zulieferern vorhandene Know-how nicht optimal ausgenutzt und die Entwicklungszeiten waren vergleichsweise lang.

Unter dem Druck kürzer werdender Produktlebenszyklen sowie stärkeren Technologiewettbewerbes wird dieses konsekutive Verfahren der Produktentwicklung mit seinen Nachteilen zugunsten eines integrativen Entwicklungsprozesses aufgegeben. Bei diesem Simultaneous Engineering sollen die Teilehersteller von Anfang an in die gemeinsame Entwicklung eines neuen Modells mit einbezogen werden und die Entwicklung der von ihnen zugelieferten Komponente vollständig übernehmen.

Bei der Selektion geeigneter Zulieferer wird daher auch darauf geachtet, ob der Teilehersteller in der Lage ist, die erwarteten Leistungen im Bereich F & E zu erbringen. Die F & E-Kooperation wird zu einem Marketinginstrument des Teileherstellers, dessen konsequente Anwendung Präferenzen erzeugen kann, dessen Ignorierung jedoch mit Sicherheit das Ausscheiden aus dem Zulieferverhältnis bedeutet.

Für die Zulieferer ergeben sich durch diese Forderung nach Kooperation im Bereich F & E neue Problemfelder: Die kleinen Teilehersteller – 35 Prozent dieser Zulieferer haben weniger als 100 Beschäftigte – haben sich häufig ausschließlich darauf konzentriert, das vom Automobilhersteller gewünschte Produkt nach seinen Vorgaben herzustellen (Zahlen entnommen aus: Doleschal, 1989, S. 39 f.). Sie sind meist nicht in der Lage, eigene F & E zu betreiben und werden daher kaum noch als Direktlieferanten der Automobilhersteller in Frage kommen, es sei denn, sie würden mit anderen kleinen Zulieferern im Bereich der F & E kooperieren.

Die größeren Teilehersteller dagegen haben auch schon in der Vergangenheit eigene F & E-Abteilungen betrieben. Entwicklungen wie die des ABS gehen im wesentlichen auf sie zurück (vgl. Sabel u. a., 1991, S. 213). Diese Teilehersteller sind prinzipiell in der Lage, das für gemeinsame Entwicklungsvorhaben notwendige Know-how einzubringen. Doch auch sie sehen sich neuen Anforderungen gegenüber: Durch die zunehmende Verkürzung der Produktlebenszyklen werden die Teilehersteller immer größere Summen in den Bereich F & E investieren müssen. Nach Expertenmeinung können Unternehmen mit einem Jahresumsatz unter zwei Milliarden DM den notwendigen Kapitalbedarf nicht mehr alleine bewältigen (vgl. Landgraf, 1991, S. 28).

Auch das Risiko steigt für den Teilehersteller. Ob sich die hohen Investitionen jemals amortisieren werden, hängt davon ab, ob das Endprodukt (Automobil) am Markt angenommen wird und ob es auch lange genug erfolgreich bleibt. Darauf hat der Zulieferer aber keinen Einfluß. Um den hohen Anforderungen in Zukunft noch gerecht werden zu können und um das Risiko zu begrenzen, sollten die Zulieferer untereinander Kooperationen und strategische Allianzen im Bereich F & E eingehen. Als Vorbild kann die Kolbenschmidt AG mit einem Konzernumsatz von rund einer Milliarde DM gelten (Zahlen entnommen aus: Linden/Rüssmann, 1988, S. 107). Neben zahlreichen schon bestehenden F & E-Gemeinschaften richtet sich ihr jüngstes Engagement auf die gemeinsame Entwicklung von Airbag-Systemen mit dem Automobiltechnik-Bereich der Siemens AG (vgl. o. V.: Bündelung der Kräfte bei Airbag-Systemen, in: Handelsblatt, 1991, Nr. 177, S. 20).

Auch parallele Entwicklung bei Automobilhersteller und Zulieferer erfordert eine permanente Kommunikation zwischen den Partnern. Die Automobilhersteller fordern ihre

Zulieferer daher verstärkt auf, solche CAD/CAM-Systeme einzusetzen, die einen Austausch der Konstruktionsdaten mittels DFÜ ermöglichen (vgl. Becker, 1988, S. 61). Durch eine Ausrichtung der eigenen Konstruktionssysteme auf die des Automobilherstellers kann der Zulieferer einen Wettbewerbsvorteil erlangen. Er sollte sich je doch bewußt sein, daß er sich diese Präferenzen durch eine steigende Abhängigkeit erkauft.

Transparenz

Je mehr der einzelne Zulieferer integraler Bestandteil im Entwicklungs- und Fertigungsprozeß eines Automobils wird, desto stärker hängt die Effizienz des Gesamtablaufs von seinem Leistungspotential ab. Die Automobilhersteller haben daher ein ausgeprägtes Interesse daran, sich schon bei der Auswahl eines geeigneten Lieferanten ein Bild von dessen Leistungsstärke und seiner finanziellen Lage zu machen (vgl. Burt, 1990, S. 74). Das Informationsbedürfnis besteht jedoch nicht nur in der Auswahlphase, sondern permanent und bezieht sich auf nahezu alle Unternehmensbereiche des Zulieferers. Die Forderung nach Offenlegung der Kalkulation trifft den Zulieferer am empfindlichsten, ist jedoch für den Automobilhersteller notwendig, um z. B. die Angemessenheit der Preise zunehmend komplexer und spezieller werdender Komponenten beurteilen zu können.

Teilehersteller, die diesen Bedürfnissen ihrer Abnehmer entgegen kommen und die Schaffung von Transparenz bewußt als Marketinginstrument einsetzen, werden dadurch ihre Wettbewerbsposition im Vergleich zu Konkurrenten, die sich verschlossen geben, verbessern können. Allerdings ergeben sich diese Präferenzen auch auf Kosten eines erheblichen Autonomieverlustes. Kritiker weisen darauf hin, daß der übermächtige Abnehmer bei genauer Kenntnis der erfolgsrelevanten Parameter den Druck auf die Zulieferer noch dosierter einsetzen wird. Angesichts der Tatsache, daß die Kosten für fremdbezogene Teile einen erheblichen Teil der Gesamtkosten eines Automobilherstellers ausmachen und nahezu alle betonen, wie notwendig es sei, die im Einkauf vorhandenen Kostensenkungspotentiale zu nutzen, scheint diese Warnung nicht unrealistisch zu sein. Es ist somit zu erwarten, daß die Automobilhersteller, sobald sie die Kostenstrukturen und die Fertigungsabläufe des Zulieferers analysiert haben, diesem unter Hinweis auf vorhandene Rationalisierungspotentiale Preissenkungen abverlangen werden, um ihre eigene Wettbewerbsfähigkeit zu erhöhen. Der Teilehersteller sollte daher, wenn er die Schaffung von Transparenz als Marketinginstrument einsetzen möchte, die Kostenrechnung entsprechend gestalten, d. h. Kosten einfließen zu lassen, die der Automobilhersteller nicht als verminderbar darstellen kann.

Souveränitätsleistungen

Durch die Erbringung von Souveränitätsleistungen demonstriert der Teilehersteller Selbständigkeit. Er reagiert nicht mehr nur auf die Forderungen seiner Abnehmer, wie bei der Erbringung von Integrationsleistungen, sondern er agiert (vgl. Backhaus, 1992, S. 310).

Der Teilehersteller versucht sich unentbehrlich und damit weniger leicht austauschbar zu machen. Als Mittel dazu können Innovationsleistungen, Modullösungen und mehrstufiges Marketing dienen.

Innovationsleistungen

Mit Innovationsleistungen beabsichtigt der Zulieferer seinem Abnehmer einen Wettbewerbsvorteil auf dessen Absatzmarkt zu sichern. Um dieser Absicht gerecht zu werden, sollte es sich bei der Innovation um eine echte Innovation handeln, d. h. das entwickelte Teil sollte nicht nur neu für den Zulieferer und dessen Abnehmer, sondern vor allem neu für den Absatzmarkt sein. Der Teilehersteller kann auf diesem Wege einen gewissen Machtausgleich erreichen, indem er der Nachfragemacht des Automobilherstellers seine eigene Kreativität und Innovationsfähigkeit entgegensetzt.

Bei der Vermarktung solcher Innovationen können sich jedoch Schwierigkeiten ergeben, wenn durch die Integration der Neuentwicklung in das Automobil erhebliche Veränderungen an anderen Bauteilen erforderlich werden. Solche Veränderungen lassen sich bei laufender Produktion in der Regel nicht realisieren. Erst wenn das Endprodukt ohnehin erheblich verändert wird, meist zum Zeitpunkt eines Modellwechsels, wird der Automobilhersteller bereit sein, solche Innovationen zu integrieren, sofern ihm der daraus resultierende Nutzen groß genug zu sein scheint.

Dem Zeitmanagement kommt dabei eine große Bedeutung für den Erfolg einer Innovationsleistung zu. Der Zulieferer muß die Serienentwicklung seiner Innovation bereits abgeschlossen haben, bevor der Kunde mit der Serienentwicklung beginnt.

Modullösungen

Bei der Produktion eines Automobils fallen Arbeitsgänge an, die sehr viel Montagezeit beanspruchen, weil erst eine Vielzahl von Einzelteilen zu einem komplexen Bauteil (Modul) zusammengeführt werden muß, bevor ein Einbau in das Automobil möglich ist. Die Einzelteile werden zu einem geringen Teil vom Automobilhersteller selbst hergestellt, zum größeren Teil von verschiedenen Zulieferern bezogen, wodurch eine aufwendige Beschaffungsorganisation notwendig wird und das Problem entsteht, daß jeder einzelne Zulieferer nur für die Qualität und Funktionsfähigkeit des von ihm gelieferten Einzelteils verantwortlich ist, während allein der Automobilhersteller das Risiko für das Zusammenwirken aller Modulbestandteile trägt (vgl. Freund, 1990, S. 73).

Diese für den Automobilhersteller unbefriedigende Situation bietet einem der beteiligten Zulieferer die Möglichkeit, eine Unique Selling Proposition zu erlangen, indem er dem Automobilhersteller die Zulieferung des von ihm komplett montierten Moduls anbietet und sich somit vom Teilehersteller zum Modullieferanten entwickelt. Ein solcher Modullieferant tritt dann als Direktzulieferer des Automobilherstellers auf, während die übrigen Zulieferer in die Rolle eines Sublieferanten abgedrängt werden.

Obschon der Zukauf eines Moduls anstelle vieler Einzelteile den Zielen der Automobilhersteller stark entgegenkommt, ging die Initiative für das bisherige Angebot von Modulen überwiegend von der Zulieferindustrie aus. Jeder einzelne Zulieferer sollte deshalb von sich aus prüfen, ob auch er Modullieferant werden könnte und bei Vorliegen der notwendigen Voraussetzungen dem Automobilhersteller ein entsprechendes Angebot machen, bevor ihm ein anderer Zulieferer zuvorkommt.

Die mit dem Status eines Modullieferanten einhergehenden Vorteile sind vielfältig (vgl. zu den Vorteilen: Eicke/Femering, 1991, S. 65). Durch eine Ausdehnung des Lieferumfangs erschließen sich dem Modullieferanten neue Umsatz- und Gewinnpotentiale und die Zusammenarbeit mit dem Automobilhersteller wird enger und partnerschaftlicher, gekennzeichnet durch ein zunehmend gegenseitiges Abhängigkeitsverhältnis. Darüber hinaus wird der Preisdruck reduziert durch das Angebot komplexer Problemlösungen anstelle leicht substituierbarer Teilleistungen. Den noch bestehenden Druck des Automobilherstellers kann er an seine Sublieferanten, die auch im Ausland angesiedelt sein können, weitergeben.

In den Genuß dieser Vorteile kann aber nur der Zulieferer kommen, der den erhöhten Anforderungen an einen Modullieferanten gerecht werden kann. Ein Modullieferant muß in der Lage sein, die komplette Entwicklungs-und Qualitätsverantwortung für das Modul zu übernehmen.

Mehrstufiges Marketing

Unter mehrstufigem Marketing sollen absatzpolitische Maßnahmen verstanden werden, die auf eine den unmittelbaren Abnehmern nachfolgende Marktstufe gerichtet sind. Der Schaffung von Präferenzen auf nachgelagerten Stufen einen Nachfragesog zu erzeugen, der den unmittelbaren Abnehmer veranlaßt, eine Beschaffungsentscheidung zu seinen Gunsten zu treffen (vgl. Rudolph, 1988, S. 34). Dadurch kann der Zulieferer seine Position in der Produktionskette sichern und dazu beitragen, leicht substituierbar zu sein.

Schwierigkeiten können sich bei mehrstufigen Marketingaktivitäten durch mögliche Widerstände der Automobilhersteller ergeben, die sich durch solche Aktivitäten in ihren eigenen Marketing-Konzeptionen behindert und bei ihren Beschaffungsentscheidungen eingeengt fühlen. Um einer derartigen Einengung zu entgehen, untersagen die Automobilhersteller ihren Zulieferern häufig eine Markierung der zugelieferten Teile, wodurch diese im Automobil für den Endverbraucher nicht mehr identifizierbar sind und mehrstufige Marketingaktivitäten erheblich behindert werden (vgl. Engelhardt/Gunter, 1981, S. 195).

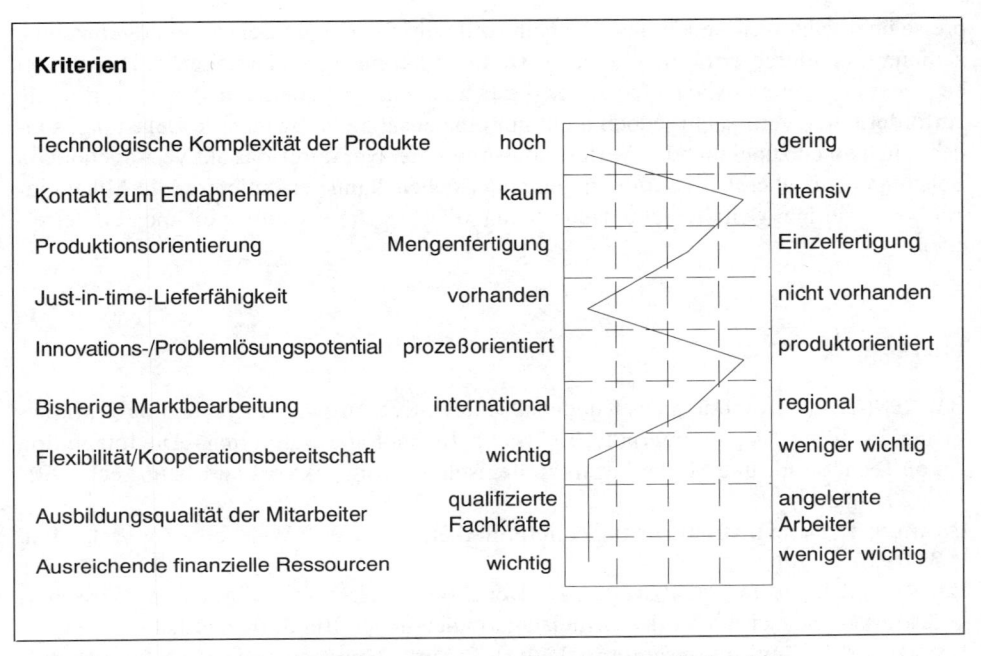

Kriterien			
Technologische Komplexität der Produkte	hoch		gering
Kontakt zum Endabnehmer	kaum		intensiv
Produktionsorientierung	Mengenfertigung		Einzelfertigung
Just-in-time-Lieferfähigkeit	vorhanden		nicht vorhanden
Innovations-/Problemlösungspotential	prozeßorientiert		produktorientiert
Bisherige Marktbearbeitung	international		regional
Flexibilität/Kooperationsbereitschaft	wichtig		weniger wichtig
Ausbildungsqualität der Mitarbeiter	qualifizierte Fachkräfte		angelernte Arbeiter
Ausreichende finanzielle Ressourcen	wichtig		weniger wichtig

Abbildung 4: Grundlegende Anforderungen an den Komponenten-/Teileanbieter (Burghardt/Klein, 1993, S. 57)

Zusammenfassung

Die zahlreichen Veröffentlichungen in der Wirtschaftspresse zur angespannten Lage der mittelständischen Zulieferindustrie haben ihre Daseinsberechtigung. Zulieferer sehen sich mit den ständig wachsenden Anforderungen der Endgerätehersteller konfrontiert. Der Grad der Erfüllung dieser Anforderungen dient als Auswahlkriterium in einem Selektionsprozeß, dessen Ziel es ist, auf deutlich weniger, aber sehr leistungsstarke Zulieferer zurückzugreifen. Dessen Marketingpolitik sollte deshalb darauf ausgerichtet sein, diesen Selektionsprozeß zu überstehen, indem er den Anforderungen im höheren Maße gerecht wird, als die Wettbewerber. Seine Chancen dieses Ziel zu erreichen, sind verschieden groß. Gefährdet sind vor allem deutsche Hersteller von Standardteilen auf Grund des hohen Kostenniveaus in der Bundesrepublik. Um sich einem in der Regel wenig vorteilhaften direkten Preisvergleich entziehen zu können, sollten solche Hersteller versuchen, ihr Produkt durch Differenzierung aus der Masse gleichartiger Teile hervorzuheben. Da der Endgerätehersteller bei Spezialkomponenten nicht nur das Produkt selbst benötigt, sondern vor allem auch das spezielle Know-how des Zulieferers sowie seine Bereitschaft zur Kooperation, ist für einen deutschen Hersteller von Spezialkomponenten die Gefahr, „ausselektiert" zu werden, wesentlich geringer. Die Erfüllung der Anforderungen verursacht jedoch zusätzliche Kosten, die nicht auf die Verkaufspreise überwälzt werden können. Deshalb sollte die finanzielle Belastung des einzelnen Zulieferers dadurch erträglich gemacht werden, daß mehrere Hersteller, z. B. auf dem besonders kostenintensiven Gebiet der F & E, zusammenarbeiten. Die Anpassung an die Anforderungen verursacht jedoch nicht nur eine zusätzliche finanzielle Belastung, sondern auch einen zunehmenden Verlust an Autonomie. Nur durch das aktive Angebot von Leistungen, die über die Anforderungen hinausgehen, kann der Zulieferer die Abhängigkeit gegenseitiger gestalten und dadurch eine relativ sichere Wettbewerbsposition erreichen.

Literatur

BAAKEN, T., Qualifizierung des Kunden als integrative Aufgabe im Technologie-Marketing, in: Töpfer, A., Sommerlatte, T. (Hrsg.): Technologie-Marketing – Die Integration von Technologie und Marketing als strategischer Erfolgsfaktor, Landsberg/Lech 1991, S. 201–220.

BAAKEN, T., Neue Instrumente im Zuliefermarketing, in: W & V – Werben & Verkaufen, 39/1992; S. 136.

BAAKEN, T./BURGHARDT, P./KLEIN, A., Der Zuliefermarkt im Umbruch, in: Wirtschaft & Markt – Zeitschrift für den Mittelstand in den neuen Bundesländern, 12/92, S. 58.

BACKHAUS, K., Investitionsgütermarketing, 3. Aufl., München 1992.

BECKER, W., Neue Unterrehmensstrategien in der Beschaffungspolitik von Großunternehmen, in: Zuliefermarkt im Wandel, Herbstpräsentation 1988 Gesamthochschule Kassel, S. 38–66.

BIEBER, D./SAUER, D., „Kontrolle ist gut! Ist Vertrauen besser?" „Autonomie" und „Beherrschung" in Abnehmer-Zulieferbeziehungen, in: Mendius, Hans Gerhard/Wendeling-Schröder, Ulrike (Hrsg.): Zulieferer im Netz – Zwischen Abhängigkeit und Partnerschaft, Köln 1991, S. 228–254.

BÖHMER, R., Globaler Druck, in: Wirtschaftswoche, 1989, Nr. 15, S. 143–146.

BURGHARDT, P./KLEIN, A., Dem veränderten Einkaufsverhalten anpassen, in: Beschaffung aktuell, 1993, Nr. 4, S. 55–57.

BURT, D., Hersteller helfen ihren Lieferanten auf die Sprünge, in: Harvardmanager, 1990, Nr. 1, S. 72–79.

DOLESCHAL, R., Just-in-Time-Strategien und betriebliche Interessenvertretung in Automobil-Zulieferbetrieben, in: Altmann, Norbert, u. a. (Hrsg.): Systemische Rationalisierung und Zulieferindustrie, Frankfurt/Main, New York 1989, S. 155–205.

EICKE VON, H./FEMERLING, C., Modular Sourcing, in: Baumgarten, Helmut/Ihde, Gösta (Hrsg.): Schriftenreihe der Bundesvereinigung Logistik, Bd. 24, München 1991.

ENGELHARDT, W. H./GUNTER, B., Investitionsgütermarketing, Stuttgart 1981.

ERIKSEN, K., Das Marktverhalten der Automobilhersteller auf den Kfz-Teile-Märkten der Bundesrepublick Deutschland, in: Jürgensen, Harald/Kantzenbach, Erhard (Hrsg.): Wirtschaftspolitische Studien 82 aus den Instituten für Europäische Wirtschaftspolitik und für Industrie und Gewerbepolitik der Universität Hamburg, Göttingen 1990.

FANDEL, G./FRANCOIS, P., Just-in-Time-Produktion und -Beschaffung Funktionsweise, Einsatzvoraussetzungen und Grenzen, in: Zeitschrift für Betriebswirtschaft, 59 Jg., 1989, S. 531–544.

FAULHABER, P./SCHMITT, H., Der intelligente Zulieferer, in: Blick durch die Wirtschaft, 1988, Nr. 226, S. 7.

FIETEN, R., Erfolgsstrategien für Zulieferer, Wiesbaden 1991.

FREUND, H., Der Systemlieferant in Verantwortung für Entwicklung und Qualität, in: Beschaffung aktuell, 1990, Nr. 9, S. 72–76.

GOEUDEVERT, D., Die Rolle der Zulieferindustrie angesichts der weltweiten Wettbewerbsverschärfung, in: Mendius, Hans Gerhard/Wendeling-Schröder, Ulrike (Hrsg.): Zulieferer im Netz – Zwischen Abhängigkeit und Partnerschaft, Köln 1991, S. 99–110.

HAMER, E., Zulieferdiskreminierung: Machtwirtschaft statt Marktwirtschaft, in: Menius H.G., Wendeling-Schröder, U. (Hrsg.): Zulieferer im Netz – Zwischen Abhängigkeit und Partnerschaft, Köln 1991, S. 65–80.

KOHNEN, B., Just in time – Eine strategische Herausforderung für die Zulieferer, in: Thexis, 5 Jg., 1988, Nr. 2, S. 56–60.

LANDGRAF, R., Siemens und Mannesmann sind als neue Großaktionäre im Gespräch, in: Handelsblatt, 1991, Nr. 198, S. 28.

LINDEN, F. A./RÜSSMANN, K. H., Die Faust im Nacken, in: Manager Magazin, 18 Jg., 1988, Nr. 8, S. 88–109.

LINDEN, F. A./RÜSSMANN, K. H., Fin de siècle, in: Manager Magazin, 21 Jg., 1991, Nr. 8, S. 25–37.

o. V., Bündelung der Kräfte bei Airbag-Systemen, in: Handelsblatt, 1991, Nr. 177, S. 20.

o. V., Entwicklungshilfe, in: amz, 79 Jg., 1991, Nr. 9, S. 54.

o. V., Mehr Verantwortung für Zulieferer, in: Absatzwirtschaft, 1990, Nr. 2, S. 74–80.

RUDOLPH, M., Marketing bei mehrstufigen Absatzmärkten, in: Thexis, 5. Jg., 1988, Nr. 2, S. 34–37.

SABEL, C. F./KERN, H./HERRIGEL, G., „Kooperative Produktion", in: Mendius, Hans Gerhard/Wendeling-Schröder, Ulrike (Hrsg.): Zulieferer im Netz – Zwischen Abhängigkeit und Partnerschaft, Köln 1991, S. 203–227.

SPENGEMANN, J., Durch statistische Kontrolle Prozeßsicherheit garantiert, in: Handelsblatt, 1991, Nr. 224, S. 32.

WILDEMANN, H., Produktionssynchrone Beschaffung, München 1988.

WÜSTHOFF, P., Die stillen Leiden der Kfz-Komponentenindustrie, in: amz, 79 Jg., 1988, Nr. 7–8, S. 36–38.

Kompetenzmarketing – Konzeptionelle Gestaltungsmöglichkeiten für mittelständische Investitionsgüterhersteller

Bernhard Lepsius

- Wettbewerb im Investitionsgütersektor
- Strategische Positionierung
- Kompetenz als Wettbewerbsvorteil
- Instrumente des Kompetenz-Marketing

Der Beitrag hebt die Bedeutung der strategischen Ausrichtung der Unternehmensplanung für mittelständische Investitionsgüterhersteller hervor. Dabei geht es um die Konzentration der Fähigkeiten und Fertigkeiten der Unternehmung auf bestimmte Bereiche: Spezielle Kompetenzen in der gesamten Marketingstrategie bilden den Kern der Überlegungen. Ohne eine solche Konzentration könnten die Unternehmen im Wettbewerb nicht bestehen.

Einleitung

Viele mittelständische Investitionsgüterhersteller sind in den letzten Jahren unter Druck geraten. Einer ihrer traditionellen Wettbewerbsvorteile, die Ausrichtung auf besondere Kundenwünsche, ist durch technische Entwicklung und Marktentwicklungen in vielen Branchen verlorengegangen. Eine Ursache dafür ist die allgemeine Individualisierung der Nachfrage, die auch Großunternehmen dazu gezwungen hat, ihre Leistungen kundenspezifisch anzubieten (vgl. Bauer, H., 1991, S. 158). Moderne Fertigungstechnologien ermöglichen Variantenvielfalt und die Berücksichtigung besonderer Kundenwünsche trotz hohem Automatisierungsgrad. Mittelständische Unternehmen haben zudem oft Kostennachteile aufgrund geringerer Economies of scale. Sie können daher offensichtlich weder durch Produktdifferenzierung im klassischen Sinn noch durch Kostenführerschaft Wettbewerbsvorteile erreichen. Für mittelständische Investitionsgüterhersteller bietet sich hier als Antwort der Aufbau besonderer Problemlösungskompetenzen an (vgl. Winter, 1987, Backhaus, 1990, Weis, 1990, Teece/Pisano/Shuen, 1990, Prahalad/Hamel, 1991).

Auch Nachfrager von Investitionsgütern stoßen auf zunehmende Schwierigkeiten. Sie müssen sich bei einer Beschaffung oftmals für Güter entscheiden, die aufgrund ihrer komplexen Beschaffenheit und einem hohen Dienstleistungsanteil vor dem Kauf nur erschwert auf ihre Vorteilhaftigkeit überprüft werden können. Vielfach kann die Qualität erst in Verbindung mit Erfahrungen, oder sogar nach dem Kauf nicht umfassend beurteilt werden (vgl. Backhaus, 1990, S. 362 ff.). Es fällt daher bei solchen Investitionsentscheidungen umso mehr Gewicht auf einen Indikator, der für das Leistungsvermögen des Herstellers steht (vgl. Backhaus/Weiss, 1989, S. 111), die Kompetenz.

Tatsächlich sehen Investitionsgüteranbieter seit einiger Zeit die Bedeutung von Kompetenz bei der Darstellung von Unternehmen und Leistungen. Schlagworte, wie „Kompetenz von morgen" (ICL Anzeigenserie Industriemagazin 1988), „Kompetenz für EDV-Gesamtlösungen" (Mannesmann Kienzle, Hannover Messe Industrie 1989, zitiert nach Weiss, 1990, S. 1) oder „Kompetenz in Logistik und Informationstechnik" (Heyde + Partner, Direct-Marketing Aktion, 1991) zeigen dies. Kommunikation von Fähigkeiten ist jedoch nur ein Teil einer Kompetenzorientierung von Unternehmen. Eine Kompetenzausrichtung kann im gesamten Marketing von Investitionsgüterherstellern verankert sein und mit Hilfe einer Kompetenz-Marketingkonzeption geplant und umgesetzt werden (vgl. Raffée, 1989, S. 5).

Kompetenz – Ein neuer Denkansatz im Marketing

Beiträge der betriebswirtschaftlichen Literatur, die sich mit der Kompetenz von Unternehmen beschäftigen, können bezüglich ihres Denkansatzes grob nach zwei Richtungen unterschieden werden: Eine Richtung geht von der Vorstellung aus, daß die Kompetenz eines Unternehmens auf objektiv im Unternehmen vorhandenen Fähigkeiten, Fertigkeiten, Kenntnissen u. ä. beruht. Diese Elemente der Unternehmenskompetenz zu identifizieren, strategisch aufzubauen und effektiv zu nutzen, steht im Vordergrund solcher Beiträge. Die zweite Forschungsrichtung läßt sich von der Erkenntnis leiten, daß Kompetenz dem Unternehmen von außen zugesprochen werden muß, d. h. von den für das Unternehmen relevanten Bezugspersonen. Es geht also hierbei um die subjektive Wahrnehmung der Kompetenz eines Unternehmens.

Unternehmenskompetenz

Arten und Bereiche der Unternehmenskompetenz

In der Managementliteratur lassen sich Ansätze zur Systematisierung unternehmensspezifischer Kompetenzen nach ihrer Art und nach Unternehmensbereichen unterscheiden. Ein geeigneter Rahmen zur Darstellung von Arten und Bereich der Unternehmenskompetenz bietet die Portersche Wertkette (vgl. Porter, 1989, S. 59 und S. 62) (Abbildung 1).

Die Auffassung, daß „distinctive competencies" in Funktionsbereichen geformt werden, besteht schon seit längerer Zeit (vgl. Hitt/Ireland, 1986, S. 402; Andrews, 1971). Untersuchungen über den Zusammenhang von perzipierten unverwechselbaren Kompetenzen und Unternehmensstrategien zeigen unter anderem Stärken und Schwächen bezüglich

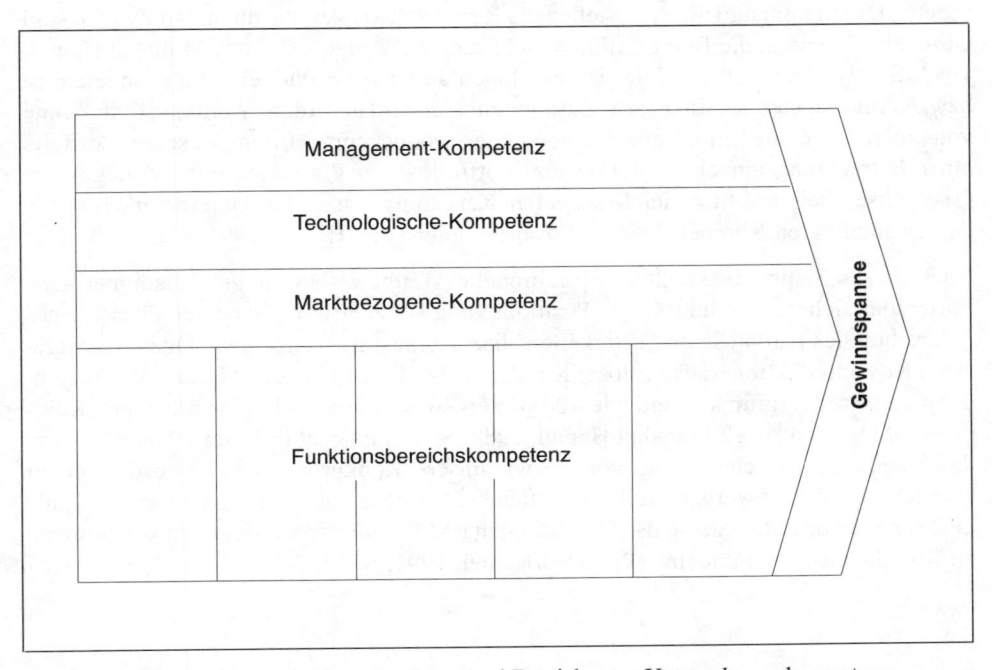

Abbildung 1: Die „Kompetenzkette" – Arten und Bereiche von Unternehmenskompetenz

der Kompetenzbereiche Management, Finanzen, Marketing/Verkauf, Marktforschung Produktentwicklung, Technik, Produktion, Distribution, Rechts- und Personal (vgl. Snow/Herebiniak, 1980, S. 321, S. 326 f.).

Eine jüngere Studie unterteilt in drei wesentliche Arten von Unternehmenskompetenz (vgl. SubbaNarasimha, 1990, S. 18; Hitt/Ireland, 1985, S. 274). Die technologische Kompetenz bezieht sich auf die Entwicklung von Produkten und Produktionsprozessen. Kenntnisse und Fähigkeiten im Bereich der Grundlagenforschung oder Entwicklungen in technischen Prozessen sind hier gleichermaßen subsummiert. Marktbezogene Kompetenzen werden als generalisierte Fähigkeiten zum Ermöglichen eines Austausches von Gütern und Dienstleistungen beschrieben. Eine sinnvolle Erweiterung wäre hier das Betrachten von Kompetenzen bei der Marktausrichtung aller Unternehmensfunktionen. Managementkompetenzen bestimmen das Potential einer Firma, mit Hilfe effektiver Organisationsarrangements Firmenziele zu verwirklichen. Darunter fallen z. B. Fähigkeiten, die für günstige Voraussetzungen beim Erlernen und effektiven Kanalisieren genannter Kompetenzen im Unternehmen sorgen.

Kernkompetenzen als strategische Ausrichtung von Unternehmen

Weitere Erkenntnisse für die Beurteilung der Wettbewerbsfähigkeit von Unternehmen aufgrund vorhandener Kompetenzen liefern Beiträge von Hamel und Prahalad. Sie schlagen vor Unternehmen, insbesondere diversifizierte Konzerne, als großen Baum zu sehen: „Der Stamm und die Äste stellen die Kernprodukte dar, die dünneren Zweige sind Geschäftseinheiten, die Blätter, Blüten und Früchte die Endprodukte" (Prahalad/Hamel, 1991, S. 69). „Genährt" wird das Unternehmen durch seine Wurzeln, die Kompetenzen bzw. Kernkompetenzen. In diesem Zusammenhang wird gefordert, Wettbewerb im Sinne von „interfirm competition" anstelle von „inter-product competition" zu sehen. Anstelle einer Betrachtung einzelner Märkte und Portfolios von Produkten oder strategischen Geschäftseinheiten sollten sich Manager an Kernkompetenzen des Unternehmens sowie daraus ableitbaren Kompetenzportfolios orientieren (vgl. Hamel, 1991, S. 83).

Nach dieser Sichtweise stellt das traditionelle Wettbewerbsstrategie-Paradigma nach Porter, das sich auf Produkt/Markt-Positionierung konzentriert, die letzten Phasen eines „Marathon des Aufbaus von Fertigkeiten" dar: Herausforderungen wie Qualitätssteigerung, Kostenreduktion, rückhaltloser Kundendienst, Eintritt in neue Märkte oder Verjüngung von Produktgruppen sind wie 400-Meter-Zwischenspurts in einem langen „Kompetenz-Marathon" (vgl. Prahalad/Hamel, 1989, S. 94). Es geht in Unternehmen also um die Frage: „An welcher Stelle können wir unsere Konkurrenten beim Aufbau neuer Quellen für Wettbewerbsvorteile überflügeln?" Solche Quellen sind in erster Linie „Fähigkeiten des Managements, Technologien und Produktionsfertigkeiten konzernweit zu Kompetenzen zu bündeln" (Prahalad/Hamel, 1991, S. 69).

Wahrnehmung von Kompetenz

Kompetenzimage

Betrachtet man die unternehmensexterne Sicht von Kompetenz, so stößt man auf die Bedeutung der ‚Zubilligung von Kompetenz' und damit deren Wahrnehmung und Beurteilung durch einzelne Bezugsgruppen. Insbesondere Personen, die sich mit einem Unternehmen wenig auseinandergesetzt haben, beurteilen Kompetenz anhand eines groben Eindrucks, der sich am Image des Unternehmens orientiert. Auch eine Kompetenzwahrnehmung mit umfassenden Informationsverarbeitungsprozessen wird durch den meist unbewußten Einfluß des Image geprägt. Die deshalb durchgeführten Imagekampagnen haben um so mehr Langfristwirkung, je genauer sie konzeptionell auf die gewachsene Unternehmenskompetenz abgestimmt sind.

Wahrnehmung von Kompetenz durch Investitionsgüterabnehmer

Die Kompetenzwahrnehmung und -beurteilung von Investitionsgüterabnehmern konnte für den Bereich Fertigungsautomatisierung recht differenziert dargestellt werden. Vierundvierzig Kriterien wurden ermittelt, die aus Sicht der Nachfrager Indikatoren für die Kompetenz von CIM-Anbietern darstellen (vgl. Weiss, 1991, S. 71 ff.; vgl. auch Backhaus, 1990, S. 369). Abbildung 2, Seite 46, gibt eine Übersicht einzelner Kriterien und übergeordneter Dimensionen.

Eine weitere Befragung nach deren Wichtigkeit ergab eine überdurchschnittliche Bewertung solcher Kriterien, die die Kompetenz des Anbieters für Dienstleistungen und für die Systeme selbst betreffen. Ebenso wurde eine hohe Bedeutung Kriterien zugeschrieben, die Fachwissen und Erfahrung sowie das Innovationsverhalten und Überlebensperspektiven des Anbieters beschreiben (vgl. Weiss, 1991, S. 90). Die Vielschichtigkeit mit der die Kompetenz eines Unternehmens – bewußt oder unbewußt – beurteilt wird fordert also eine Sorgfalt bei der Planung von Herstelleraktivitäten mit dem Zweck einer angestrebten Wahrnehmung.

Bedeutung eines zielgerichteten Kompetenz-Marketing

Aus den bisherigen Überlegungen läßt sich eine in Abbildung 3, Seite 47, dargestellte Systematik entwickeln. Die skizzierten Elemente und deren Zusammenhänge zeigen auf, wo ein Kompetenz-Marketing zielgerichtet ansetzen sollte. Die Kompetenz eines Unternehmens wird im wesentlichen durch personelle, finanzielle und Informationsressourcen geprägt. Dabei werden langfristig angelegte Kernkompetenzen sowie kurz- und mittelfristig wirkende Problemlösungskompetenzen geformt, die sich in Kompetenzarten und Kompetenzbereichen niederschlagen. Ein gewinnorientiertes Unternehmen ist natürlich bestrebt, die Kompetenz zum Kunden in erster Linie über bezahlte Leistungen zu transferieren. Dennoch kann es förderlich sein, Kompetenzen in Form von Know-how

Systemstruktur	Anpassungs-fähigkeit	Dienstleistungs-angebot	Gegenwärtige Marktstellung des CIM-Anbieters	Zukünftige Marktpräsenz	Nachweis der Leistungs-fähigkeit
• Durchgängige Software	• Eignung für Unternehmensgröße	• Einführungsdienstleistungen	• Marktverbreitung	• Finanzkraft	• Referenzen
• Betriebssystem	• Offenheit und Modularität der Systemarchitektur	• Integrationsdienstleistungen	• Generalunternehmer	• Größe	• Systemeinsatz bei Unternehmen – mit ähnlichen Organisationen – der gleichen Branche
• problemloser Datentransfer	• problemloser Datentransfer	• Pflege und Wartung	• Herkunftsbranche	• Zahl der Mitarbeiter	
• (Mit-)Arbeit an Standards	• Hardware-unabhängigkeit	• Breite des Schulungsangebots	• Anwendungsbezug	• Hardware-unabhängigkeit	• Automatisierung der eigenen Fertigung
• Übersichtlichkeit	• Flexibilität des Systems	• Qualität der Schulungen	• Größe	• Erfahrung mit Systemen	• Demonstrations-zentrum
• Offenheit der Systemarchitektur	• Angebot von Integrations-dienstleistungen	• Erfahrung mit Systemen	• Zahl der Mitarbeiter	• Bestehen in Zukunft	• Demonstration an eigener Fertigung
• Modularität der Systemarchitektur	• Ausmaß der Bürokratie	• Erfahrung bei Beratung	• räumliche Nähe des Anbieters	• (Mit-)Arbeit an Standards	• Messe
• Angebotspalette	• Demonstration an eigener Problemstellung	• Erfahrung mit Schulungen	• Kommunikation auf gleicher Sprachebene	• Entwicklungspolitik	• Druckschrift
	• Kommunikation auf gleicher Sprachebene	• Qualität der Mitarbeiter	• Ausmaß der Bürokratie	• Betriebssystem	• Informationen befreundeter Unternehmen
	• Fachwissen	• Fachwissen	• Bekanntheit		

Abbildung 2: Struktur der Beurteilungsdimensionen von Kompetenz

oder Erfahrungswerten vorab zu übermitteln, z. B. im Zusammenhang mit einer Angebotsabgabe. Solch ein Kompetenztransfer – übrigens auch der Aufbau eines Kompetenzimages – kann eine wertvolle Investition darstellen. Neben dem Kunden sind selbstverständlich auch Anspruchsgruppen wie Eigentümer, potentielle Mitarbeiter oder die gesellschaftlichen Umwelt als Adressaten einer Investition zu sehen.

Es sei an dieser Stelle nochmals betont, daß Tätigkeiten im Rahmen von Leistungs- und Wertschöpfungsprozessen – bzw. Porters Wertkette – erst durch grundlegende Kompetenzen für den Aufbau langfristiger Wettbewerbsvorteile sorgen. Kostenvorteile oder Differenzierung drohen ständig durch die sich verändernde Umwelt obsolet zu werden. Erst eine Sicherung langfristiger Kernkompetenzen ermöglicht ein rasches und schlagkräftiges Agieren auf Märkten.

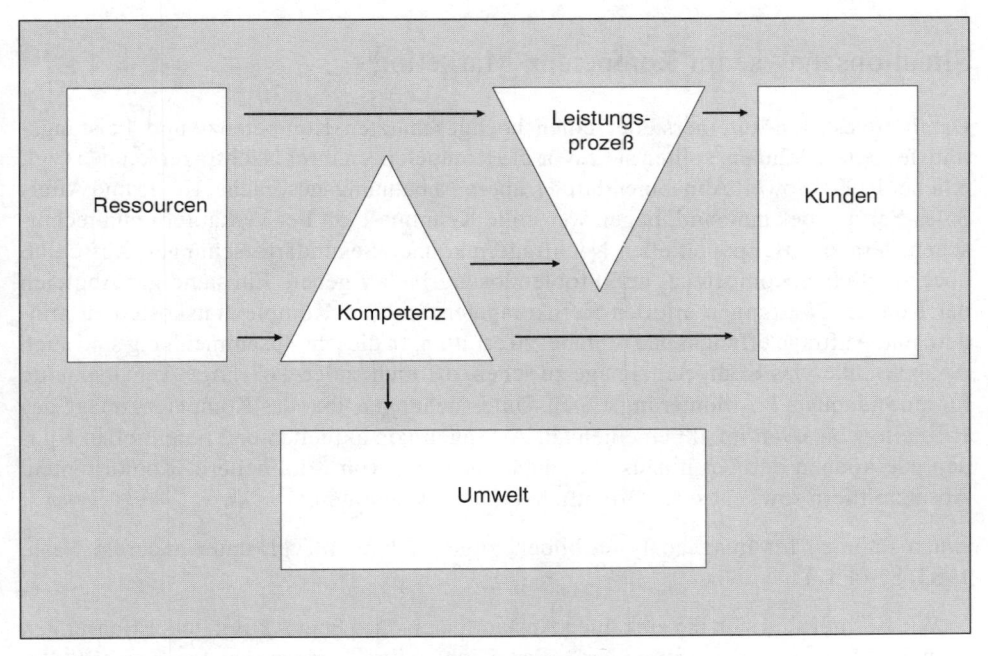

Abbildung 3: Kompetenz in Unternehmens-Umwelt-Beziehungen

Grundlagen für die Entwicklung einer Kompetenz-Marketingkonzeption für mittelständische Investitionsgüterhersteller

Um zu erfahren, welche Bedeutung den genannten Kompetenzüberlegungen zugesprochen wird, wurden bei einer Detail-Untersuchung Gespräche mit Inhabern, Geschäftsführern und leitenden Angestellten mittelständischer Unternehmen geführt. Im Rahmen von drei Konzeptionsebenen im Marketing soll im folgenden aufgezeigt werden, welche Möglichkeiten für mittelständische Investitionsgüterhersteller bestehen, ein kompetenzorientiertes Marketing zu betreiben.

Situationsanalyse im Kompetenz-Marketing

Damit Investitionsgüterhersteller einen hochgeschätzten Kompetenz- und Leistungstransfer liefern können, sollten sie zuvor die Kompetenzen ihrer Nachfrager kennen (vgl. Kliche, 1990). Soweit Abnehmer durch frühere Anbahnungsgespräche, Käufe und After-Sales-Service bekannt sind, liegen wertvolle Kenntnisse oft bei Verkäufern und technischen Beratern. Bei potentiellen Nachfragern können Sekundärforschungen Aufschluß über möglichen Kompetenz- und Problemlösungsbedarf geben. Ein ständiger Abgleich der Kundenerwartungen mit den Kernkompetenzen hilft, Komplexitätskosten zu mindern und Aufträge effizient und rentabel zu erfüllen. In diesem Zusammenhang sind auch Analysen über das Kompetenzimage zu sehen, die nicht zuletzt wichtige Anhaltspunkte für eine adäquate Positionierung bieten. Untersuchungen über das Kompetenzimage des Herstellers basieren im allgemeinen auf Aussagen von aktuellen und potentiellen Kunden; sie können darüber hinaus aber auch Aussagen von Mitarbeitern, Konkurrenten, Absatzmittlern sowie aus der Öffentlichkeit berücksichtigen.

Einen Rahmen für Imageanalysen bilden folgende Fragen (vgl. unter anderem Nash, 1983, S. 44 f.):

– Wie bewußt sind sich die einzelnen Auskunftspersonen über Aktivitäten, Erfahrungen und Fähigkeiten des Herstellers? Entsprechen ihre Kenntnisse der Realität? Wo besteht Interesse an zusätzlicher Information?

– Welche Rolle spielt das Unternehmen für die Auskunftsperson? Inwieweit basiert das Image auf der Art der Beziehung zum Unternehmen?

– Welche Konkurrenten werden dem Unternehmen durch einzelne Bezugsgruppen zugeschrieben, und welche Kompetenzen werden bei diesen vermutet?

– Nach welchen Kriterien urteilen die Auskunftspersonen? Wie ist die relative Bedeutung dieser Kriterien? Haben sich die Kriterien in der Vergangenheit verändert oder ist eine Verschiebung für die Zukunft zu erwarten?

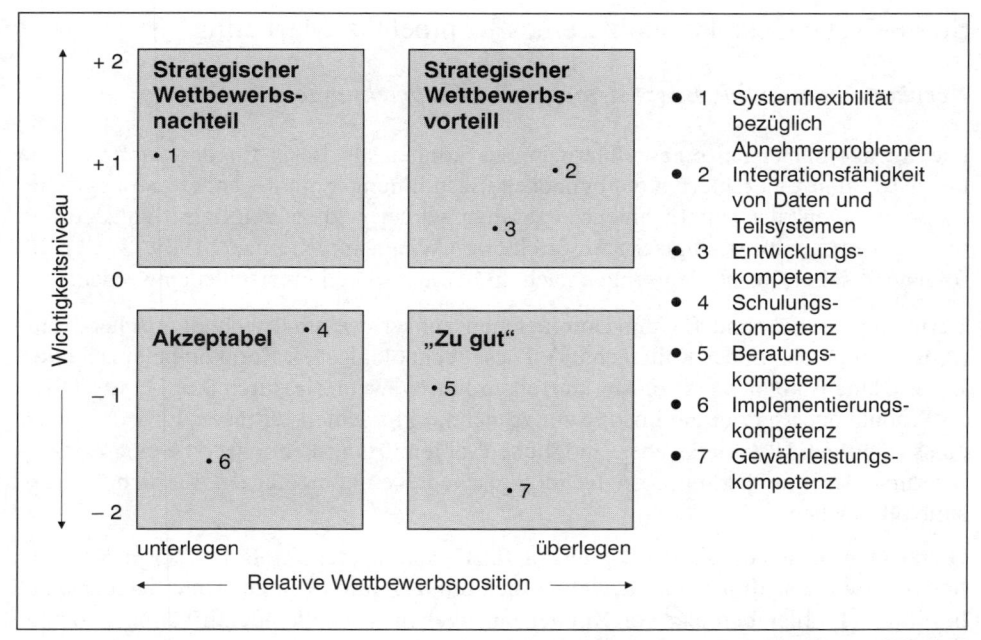

Quelle: In Anlehnung an Sebastian/Simon, 1989, S. 94

Abbildung 4: Wettbewerbsvorteilsmatrix auf Basis der Beurteilung von Kompetenzkriterien

– Über welche Informationsquellen wird das Image in einzelnen Bezugsgruppen geprägt? Wie glaubwürdig werden diese Quellen eingeschätzt?

– Welche Vorstellungen existieren über die Zukunft des Unternehmens sowie der gesamten Branche? Welche Stellung sollte in den Augen der Bezugspersonen das Unternehmen in seiner ökonomischen und sozialen Umwelt einnehmen?

Wesentliche Teile der Auswertungen solcher Antworten können in Form eines allgemeinen Kompetenz-Anforderungsprofils (Wichtigkeit von Kompetenzkriterien) sowie in Wettbewerber-Beurteilungsprofilen (relative Wettbewerbsposition des Herstellers) dargestellt werden. Integriert ergeben diese eine Wettbewerbs-Vorteils-Matrix (Abbildung 4). Der Kriterienkatalog wird je nach Geschäftsfeld des betrachteten Herstellers verschieden ausfallen.

Strategische Gesichtspunkte eines Kompetenz-Marketing

Kernkompetenzen als Basis strategischer Stoßrichtungen

Die Kernkompetenzen eines Unternehmens können als Basis für das „defining the business" und einer hiermit verbundenen Bestimmung grundlegender „strategischer Stoßrichtungen" des Unternehmens angesehen werden (vgl. zu den Begriffen „defining the business" und „strategische Stoßrichtung" Wiedmann/Kreutzer, 1989, S. 74). Im folgenden sollen Kernkompetenzen nach drei Dimensionen unterschieden werden.

Kernkompetenzen sind für ein Unternehmen zunächst einmal technologischer Natur (z. B. Kompetenz in der Kältetechnik). Diese technologischen Kernkompetenzen eines Unternehmens können erst zu Markterfolgen führen, wenn sie durch ihre Manifestation als Produkt oder Service zur Lösung von Abnehmerproblemen beitragen. Es bedarf daher eines ständigen Überblicks über „mögliche Problemlösungsbereiche", die eine Konkretisierung der Entwicklung von technologischen Kernkompetenzen für den Kunden sinnvoll machen.

Hieraus ergibt sich die zweite Dimension für Kernkompetenzen. Bei dieser marktorientierten Kompetenzdimension handelt es sich um das Vermögen des Unternehmens, auf bestimmte Problembereiche von Kunden einzugehen – „Kundenidentifikations-Kompetenz" (vgl. unter anderem Nash, 1983, S. 44 f.). Hierzu zählt zum einen die Fähigkeit, sich in Probleme einzudenken bzw. -fühlen, denen Kunden sich bereits ausgesetzt sehen und zum anderen die Fähigkeit, frühzeitig zukünftige Kunden-Problembereiche aufzugreifen.

Die Managementkompetenz wiederum sorgt erstens für die interne Kommunikation von Kenntnissen und zweitens für eine Steigerung der Bereitschaft und Sensibilität (a) von marktorientierten Mitarbeitern, sich über technologische Möglichkeiten des Unternehmens bewußt zu werden und (b) von technologieorientierten Mitarbeitern Marktgegebenheiten und Entwicklungen zu verinnerlichen. Die Dimension der Managementkompetenz beschreibt die Fähigkeit der Organisation, stets erstens ein kollektives Lernen und zweitens eine effektive Nutzung vorhandener Kompetenzen zu gewährleisten.

Der entscheidende Unterschied zu üblichen Sachzielkonzeptionen ist, daß bei einem Denken in Kernkompetenzen nicht bestehende Produkte und Dienstleistungen im Mittelpunkt der Betrachtung stehen (zu alternativen Sachzielkonzeptionen vgl. Wiedmann/Kreutzer, 1989, S. 74 f.). Ebenso werden keine Abgrenzungen eines bestehenden Marktes vorgenommen. Vielmehr geht es darum, anhand eines möglichst offenen Denkrasters neue Produkt- und Serviceideen zu gewinnen und Märkte neu zu definieren. Produkte werden relativ schnell obsolet. Kernkompetenzen dagegen entwickeln sich ständig weiter. Sie bilden so eine dynamische langlebige Grundlage für ein Bestimmen von strategischen Stoßrichtungen.

Kompetenzpositionierung

Alternativen einer Kompetenzpositionierung können zunächst anhand des Systemgeschäfts beschrieben werden: Anbieter, die eine Systemträgerschaft anstreben, positionieren sich mit einem breiten Produktprogramm, das aus einer Vielzahl von Komponenten und Teilsystemen besteht. Das Angebot von Komplettlösungen, die sich auf Leistungen aus einem Unternehmen stützen, fordert Forschung und Entwicklung in vielen Bereichen, um die Mindestanforderungen von Nachfragern bezüglich einer Fülle von Merkmalen und Funktionen gewährleisten zu können. Komponentenanbieter, die nur bestimmte Teilleistungen erbringen, haben dagegen ein relativ enges Produktprogramm. Sie übernehmen häufig technologische Schrittmacherfunktion und gelten als Spezialisten für zuverlässige Teillösungen. Damit sind sie jedoch auf eine gute Reputation der Systeme angewiesen und müssen eine Integrationsfähigkeit mit anderen Komponenten und Teilsystemen berücksichtigen.

Aus Integrationserfordernissen ergibt sich eine weitere Positionsmöglichkeit für sogenannte Integratoren, deren Kompetenz in der Erfahrung mit vielen heterogenen Kundenproblemen liegt. In ähnlicher Form zeigt Abbildung 5 Skalen und Positionen, die in den befragten Unternehmen genannt wurden.

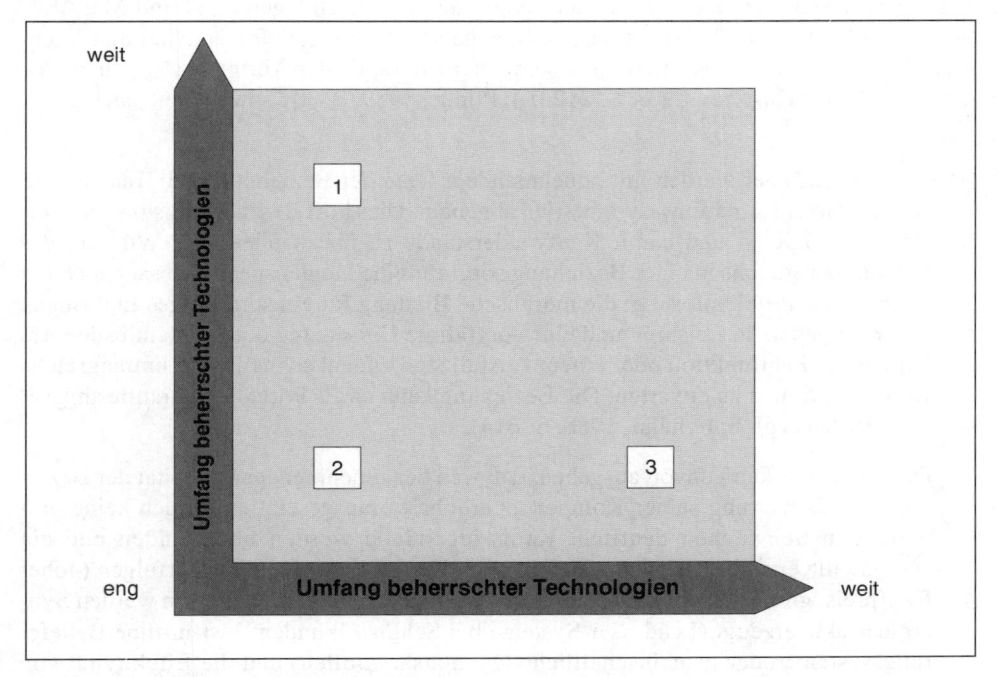

Abbildung 5: Optionen einer groben Kompetenzpositionierung

1. Mit speziellen technologischen Fähigkeiten werden Problemlösungen für einen breiten Kundenkreis mit sehr unterschiedlichen Problemen angeboten.

2. Mit speziellen technologischen Fähigkeiten werden Problemlösungen für einen schmalen Kundenkreis mit spezifischen homogenen Problemen angeboten.

3. Unter Rückgriff auf eine hohe Technologiebreite werden weitreichende Problemlösungen für einen schmalen Kundenkreis in homogenen Problemsituationen angeboten.

Beziehungs-Management

Die Gestaltung von Geschäftsbeziehungen hat im Investitionsgütermarketing einen besonderen Stellenwert (Kotler/Bliemel, 1992, S. 295 und Backhaus, 1990, S. 5, S. 285 und S. 425). Sowohl mit direktem Einfluss als auch indirekt über die Förderung eines Austausches von Kompetenzpotentialen stellt die Pflege solcher Beziehungen für Hersteller oft den wichtigsten Investitionsbereich. Neuerdings wird sogar ein „Beziehungs-Marketing" anstelle eines „Transaktions-Marketing" gefordert (vgl. Pinke, 1989, S. 309 sowie Hentschel, 1991, S. 25). In erster Linie werden dabei vertikale Beziehungen (Lieferant-Anbieter-Abnehmer) betrachtet. Aber auch horizontale (Werbe- oder Vertriebsgemeinschaften, F & E-Projekten) oder laterale Beziehungen (z. B. mit Marktforschungsinstituten und Presseorganen) sollten gepflegt werden. Für Hersteller und Nachfrager resultiert eine hohe Interaktionskompetenz in folgenden Vorteilen (vgl. einzelnen Punkten: Diller/Kusterer, 1988, S. 212 ff.); Plinke, 1989, S. 307 sowie Hentschel, 1991, S. 25):

a) Beim Nachfrager werden mit zunehmendem Grad der Beziehung und Transfer von Kompetenz Informationsasymmetrien abgebaut. Dies hilft Beschaffungsunsicherheiten zu reduzieren und damit Kaufwiderstände zu überwinden. Die Wirkung des Potentialausgleichs in einer Beziehung sorgt für eine kundenspezifisch sachgerechte Planung der Problemlösung; die moralische Bindung für ein sorgfältiges Einbringen von Kompetenz in Leistung und eine sorgfältige Umsetzung der Problemlösung. Im Falle einer Fehlfunktion oder einem Ausfall sind zudem schnelle und umfangreiche Kompensationen zu erwarten. Die Beziehung kann so als Form der Garantie angesehen werden (vgl. Spremann, 1988, S. 614).

b) Der Hersteller kann davon ausgehen, daß sich bei zunehmender Intensität der Beziehung die Bewertung seiner Kompetenz erhöht, vorausgesetzt es werden keine gravierenden Schwächen deutlich. Kaufwiderstände werden überwunden und ein „Goodwill" erzeugt. Dies kann sich in einer Kette von Verhandlungserfolgen (hoher Kaufpreis, große Anzahl von Transaktionen) niederschlagen. Weiterhin werden Synergieeffekte erzeugt (Lead-user-Systeme bei Schlüsselkunden, Just-in-time Belieferungssysteme oder gemeinschaftliche Qualitätskontrollen) und die Effektivität von Interaktionen erhöht (Ein Haus- und Hoflieferant spart viel Energie bei der Vorbereitung, Durchführung und Nachbereitung von Verhandlungsgesprächen oder Koordinationsmeetings). Darüber hinaus bildet ein guter Beziehungspartner stets das Potential für eine positive Referenz und damit das Einleiten von neuen Beziehungen.

Instrumente eines Kompetenz-Marketing

Leistungskompetenz

Ab dem Zeitpunkt der ersten Leistung kann man davon ausgehen, daß diese den Hauptanteil bei der Beurteilung der Kompetenz des Herstellers darstellt. Der Nachweis der Leistungskompetenz durch einzelne Maßnahmen soll im folgenden anhand von sechs wichtigen Faktoren (Abbildung 6) dargestellt werden.

a) *Qualität und Zuverlässigkeit der Kernleistung:*
   Der sachlichen und technisch-funktionalen Qualität des Produktes wird gerade im Investitionsgüterbereich nach wie vor eine besonders hohe Bedeutung zugesprochen (vgl. Backhaus, 1990, S. 298). Insbesondere wenn die Güter einen wesentlichen Einfluß auf die Qualität des bei dem Abnehmer gefertigten Endproduktes haben, stellen Qualitätssicherung und Qualitätsnachweis eine entscheidende Maßnahme im Kompetenzmarketing dar. Zum einen sind hier passive Maßnahmen zu nennen, die sich ausschließlich auf die Identifizierung von Qualitätsmängeln richten. Tiefer greifende Maßnahmen sind die eines aktiven Qualitätsmanagements. Sie zielen darauf ab, eine Verringerung der Ausschußquoten zu erreichen, indem mögliche Fehler bereits an der Quelle, z. B. bei der Konstruktion der Produkte, beseitigt werden.

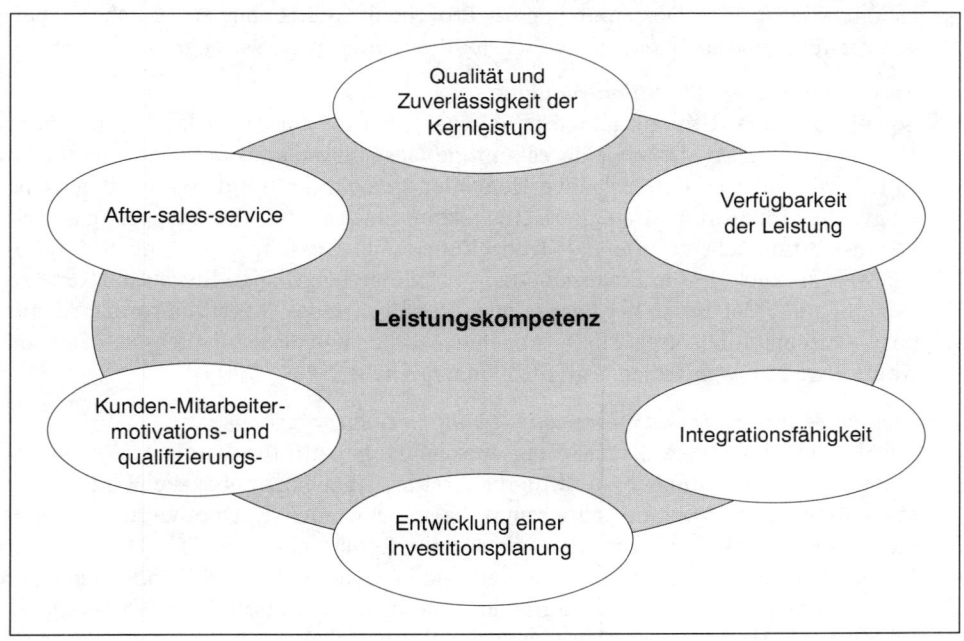

Quelle: Eigene Darstellung

Abbildung 6: Faktoren der Leistungskompetenz

b) *Verfügbarkeit der Leistung:*
Je mehr sich die Abnehmer auf *ihre* technologischen Kernkompetenzen konzentrieren und Zulieferanteile erhöhen, desto wichtiger ist für sie eine reibungslose Leistungserstellung. Damit wird besonders für den Hersteller von Komponenten der Lieferservice, also die Bereitstellung des richtigen Gutes zur richtigen Zeit am richtigen Ort (vgl. Pfohl, 1985, S. 12), ein wichtiger Faktor für den Nachweis seiner Leistungskompetenz. Wesentliche Rationalisierungspotentiale können hier durch unternehmensübergreifende Just-in-time-Logistik-Konzepte realisiert werden. Auch wenn für ein mittelständisches Unternehmen hohe Investitionskosten mit der Einrichtung eines solchen Konzeptes verbunden sind, so kann gerade bei Abnehmern, die bestrebt sind, Single Sourcing zu betreiben, auf diese Weise ein hoher Bindungsgrad erreicht werden.

c) *Integrationsfähigkeit:*
Die Vernetzung einzelner Produkte und Komponenten zu einem Gesamtsystem erfordert, daß Leistungen „gut zueinander passen" (vgl. Backhaus, 1990, S. 283). Einzelne Teilleistungen lassen sich bezüglich ihrer Integrationsfähigkeit anhand der Varianz ihrer Schnittstellen unterscheiden. Komponenten mit niedriger Schnittstellenvarianz werden beispielsweise für den Einbau in spezifische Aggregate entwickelt, sodaß sie nur zu diesen Einbaueinheiten passen. So konstruiert die Wotan GmbH Komponenten für nachfragerindividuelle Dreh- und Fräszentren. Produkte mit hoher Schnittstellenvarianz sind dagegen flexibel. Durch den Einsatz von Mikroprozessortechnik können z. B. Dosierpumpen der ProMinent GmbH ohne zusätzliche Signalverarbeitung innerhalb unterschiedlichster Produktionsprozesse angesteuert werden.

d) *Entwicklung einer Investitionsplanung:*
Sowohl bei langfristig ausgelegten Projekten als auch für Transaktionen mehrerer Investitionsobjekte, die auf eine zukünftige Gesamtsystemlösung abgestimmt sein sollen, empfiehlt es sich für einen Hersteller, gemeinsam mit dem Abnehmer eine langfristige Investitionsstrategie zu entwickeln. Eine gemeinsame Festlegung einzelner Investitionsschritte offenbart frühzeitig sowohl Leistungserwartungen des Abnehmers als auch dessen Finanzspielraum. Um eine langfristige Investitionskette zu sichern, sollte der Hersteller bereits in frühen Phasen des Investitionsprozesses für positive Rentabilitätseffekte beim Abnehmer sorgen und diese möglichst anhand von Kontrollwerten nachweisen (vgl. Strothmann/Kliche, 1989, S. 100).

e) *Kunden-Mitarbeitermotivations- und -qualifizierungsprogramme:*
Sobald eine komplexe Beschaffungsentscheidung getroffen wurde, sollte unterschiedlichen Einstellungen von Mitarbeitern des Abnehmers über die Wirkung der Investition durch Motivationsprogramme begegnet werden. Ein motiviertes übernehmen neuer Aufgaben bewirkt zum einen hohe Lernbereitschaft, Freude und damit Produktivität bei der Arbeit; des weiteren hat ein positives Arbeitsklima Wirkung auf die Akzeptanz der Investitionsschritte und damit auf die Entscheidung von Folgebeschaffungen. Mit ähnlicher Zielsetzung sind Spezialschulungen und Qualifizierungsprogramme, wie Bediener- oder Managementschulungen, durchzuführen.

f) *After-Sales-Service:*
Um Unzulänglichkeiten von bereits installierten Investitionsgütern (wenn möglich vorzeitig) zu begegnen, werden Leistungen im Rahmen eines After-Sales-Service erforderlich. Als reine Gewährleistungsdienste können Wartungen, Reparaturen und Ersatzteildiensten für ein mittelständisches Unternehmen als „notwendiges Übel" angesehen werden. Für ein Kompetenz-Marketing haben solche Leistungen jedoch weiterreichende Bedeutung: Durch Herstellerkontakte mit Mitarbeitern des Abnehmerunternehmens können mögliche Nachkaufdissonanzen abgebaut werden, die oft schon bei geringsten Erwartungsabweichungen auftreten und negativ auf die Kompetenzbeurteilung des gesamten Herstellerunternehmens wirken. Zudem kann der Hersteller durch Erfahrungen der Abnehmer lernen: Informationen über den Umgang mit der erbrachten Leistung erhöhen die Problemlösungskompetenz des Herstellers und bilden einen wertvollen Anregungs- und Ideenpool für Weiterentwicklungen.

Kompetenz-Kommunikation

Eine Kommunikation der Kompetenz des Investitionsgüterherstellerunternehmens sowie seiner Leistungskompetenz kann an die unterschiedlichsten Adressaten gerichtet sein. Lieferanten z. B. gilt es zu vermitteln, wie sie zur Leistungskompetenz des Herstellers beitragen sollten; bei möglichen Kooperationspartnern kann die Bereitschaft zu einer Zusammenarbeit erhöht werden; Bürgerinitiativen kann Kompetenz z. B. beim Ökologiebewußtsein aufgezeigt werden. In den meisten Fällen bewußter Kommunikation steht jedoch der Kunde im Mittelpunkt. Bei einer Darstellung einzelner Kommunikationselemente ist daher im folgenden die Kundenperspektive die entscheidende. Abbildung 7, Seite 56, verdeutlicht die wichtigsten Instrumente der Kompetenz-Kommunikation.

a) *Technische Beratung:*
Der technische Berater/Verkäufer kann durch seine Flexibilität, Informationen an die Bedürfnisse des Kunden anzupassen, als zentraler Träger der Kompetenzkommunikation angesehen werden. Sobald er spezifische Belange des Kunden kennt, kann er seine Fachkompetenz differenziert und bedarfsspezifisch kommunizieren. Fakten-Reagierer legen im allgemeinen Wert auf präzise Erläuterungen einzelner Merkmale der Leistungskompetenz. Image-Reagierer nehmen eine Aufzählung solcher Merkmale dagegen eher unbegründet zur Kenntnis (vgl. Strothmann/Kliche, 1989, S. 128 f.). Entsprechend wirkt die Unternehmenskompetenz als Unterstützung zur Leistungskompetenz bei Image-Reagierern eher durch die Ausstrahlung der Kultur des Herstellers, Kompetenzformulierungen und seinen Ruf. Eine buying-center-spezifische Kommunikation ermöglicht eine Ausrichtung auf unterschiedliche Mentalitäten und fachliche Interessen. Interaktionskompetenzen können so auf allen Beziehungsebenen bestmöglich genutzt, Fach- und Problemlösungskompetenzen optimal dokumentiert werden.

b) *Referenzen:*
Wenn Abnehmer die Leistungskompetenz des Herstellers anhand von Erfahrungen anderer Unternehmen beurteilen können bietet sich oftmals ein Besuch von Referenz-

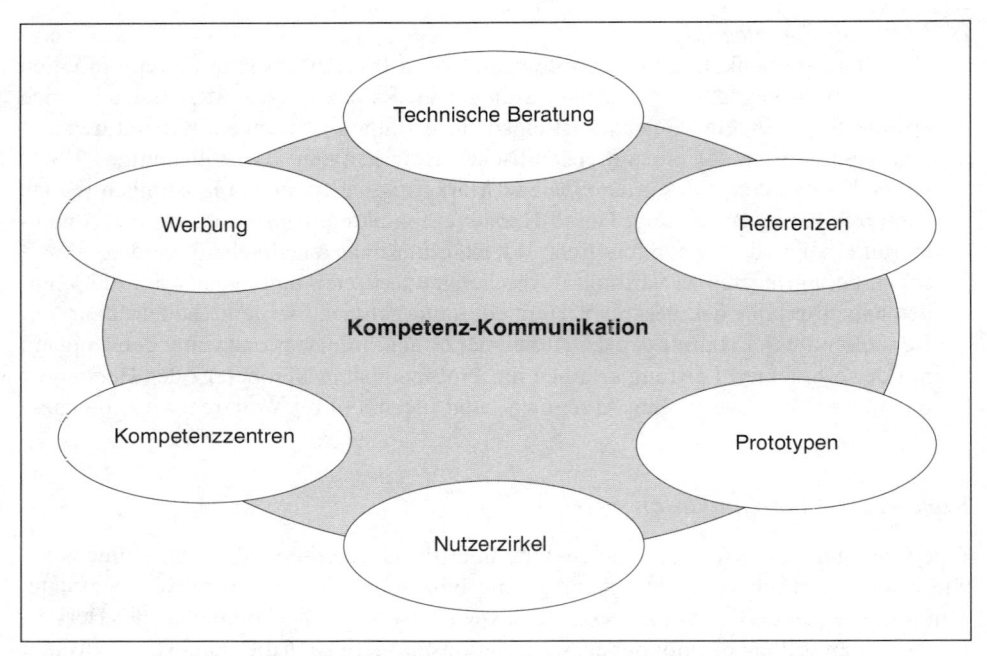

Abbildung 7: Instrumente der Kompetenz-Kommunikation

unternehmen an. Die Erfahrungen von Mitarbeitern des Referenzbetriebs sollten natürlich überwiegend positiv sein – Beschwerdeverhalten und Berichte aufgrund von Maßnahmen des After-Sales-Service geben hier wichtige Anhaltspunkte. Sowohl beim Verweisen auf Referenzen als auch bei deren Besichtigung ist stets darauf zu achten, daß der Nachfrager nicht den Eindruck erhält, ihm würde ein Paradebeispiel vorgeführt. Referenzen sind für Beschaffungsinteressenten gerade deshalb interessant, weil sie bestrebt sind, herstellerunabhängige Informationen zu erhalten (vgl. Strothmann/Kliche, 1989, S. 124).

c) *Prototypen:*
Wenn noch keine Referenzanlagen existieren, da die verlangte Problemlösung von dem Unternehmen bislang in keiner vergleichbaren Form erstellt wurde, so „können eventuell Prototypen zur Kompetenz-Kommunikation eingesetzt werden" (vgl. Backhaus, 1990, S. 380 f.). Neben der Erfüllung von Demonstrations-, Test- und Weiterentwicklungszielen kann der Prototyp auch für Schulungen der Mitarbeiter von Kunden verwendet werden. Problematisch ist jedoch gerade für mittelständische Unternehmen, daß erstens die Erstellung eines Prototyps viel Zeit und finanzielle Mittel in Anspruch nimmt und zweitens Produktionsabläufe für die Auftragsfertigung gestört werden können. Neue Entwicklungen erfolgen daher oft im Rahmen eines Auftrages von Schlüsselkunden.

d) *Nutzerzirkel:*
Während Nutzerzirkel in der Vergangenheit vorwiegend eine Art Nachfragerkonsortium darstellten – meist mit dem Zweck, Hersteller zur Behebung bestimmter Systemschwächen zu bewegen –, werden solche heute teilweise von Herstellern initiiert und gefördert (vgl. Baaken, 1990, S. 303). Ein regelmäßiges Zusammentreffen von Nutzern dient dem Austausch von Know-how und Erfahrungen sowie dem Abbau von Dissonanzen. Durch gezieltes Mitwirken des Herstellers können auch die Akquisition und der Transfer von Kompetenz effizienter gestaltet werden als über gleichzeitigen parallelen Austausch von Nachfragern mit ähnlichen Anliegen. Darüber hinaus können potentielle Abnehmer als neue Mitglieder oder Gäste eingeführt werden, wodurch Nutzerzirkel den Charakter einer Referenz erhalten (vgl. Strothmann/Kliche, 1989, S. 120).

e) *Kompetenzzentren:*
Bei Erfahrungs- oder Vertrauensgütern, für die keine Referenzen existieren, bietet sich zum Belegen des Kompetenzanspruchs die Konstruktion von „Funktionsmodellen" an (vgl. Backhaus, 1990, S. 381). Da deren Präsentation auf Messen und Ausstellungen jedoch nur periodisch erfolgt, werden sogenannte Kompetenzzentren eingerichtet. Sie dienen a) der Vermittlung von allgemeinen Informationen für Zielgruppen, die wenig Erfahrung mit Systemtechnologien haben oder in frühen Phasen des Kaufprozesses stehen, und b) der Dokumentation von spezifischer Lösungskompetenz beispielsweise im Bereich Schnittstellenhandling/Integrationsfähigkeit. Aufgrund des enormen finanziellen Ressourcenbedarfs werden solche Zentren vorwiegend von großen Unternehmen eingerichtet (vgl. Kleinaltenkamp/Rohde, 1988, S. 113). Dennoch nutzen mittelständische Unternehmen oft die Chance, sich mit Komponenten oder Teilsystemen an kooperativen Kompetenzzentren zu beteiligen.

f) *Werbung:*
Um eine gute Kompetenzwahrnehmung und -beurteilung zu erzielen, wurde in der Vergangenheit technisch-industrielle Werbung weitestgehend unter Verwendung technisch-ökonomischer Argumente gestaltet. Gerade komplexe Produkte jedoch, die oft nicht einmal existieren, sind kaum konkret zu beschreiben. In diesen Fällen kommt es vielmehr darauf an, die Kompetenz und Leistungsfähigkeit des Unternehmens zu vermitteln. Anstelle ausführlicher technischer Informationen gilt dann zunehmend die Betonung von Qualitätsaspekten und herausragender Leistungen in Forschung und Entwicklung. Generell ist Werbung im Investitionsgüterbereich nicht unmittelbar als kaufauslösendes Instrument konzipiert (vgl. Backhaus, 1983, S. 57). Um das notwendige Vertrauenspotential für die Vermarktung betreffender Investitionsgüter vertiefend aufzubauen, bedarf es vor allem persönlicher Kommunikationskanäle. Die zentrale Aufgabe der Werbung liegt somit vor allem darin, das Anbieterunternehmen im „Evoked Set" der Nachfrager zu verankern (vgl. Backhaus, 1990, S. 384 f.).

Schlußbetrachtung

Mittelständische Investitionsgüterhersteller haben tatsächlich Kompetenz als ihren wahren Wettbewerbsvorteil erkannt. Jedoch könnten technische, vor allem aber marktorientierte Kernkompetenzen gegenüber Kunden oft deutlich besser herausgestellt werden. Daher ist die Entwicklung einer Kompetenz-Marketingkonzeption sehr zu empfehlen. Dargestellt wurden Grundlagen und Optionen für Unternehmen auf den Ebenen der Situationsanalyse, der Unternehmensstrategien und der konkreten Maßnahmen. Den damit vorgegebenen Rahmen sollten mittelständische Investitionsgüterhersteller nun ausgestalten und auf ihre spezielle Situation übertragen.

Es ist zu erwarten, daß sich die Trends (solche Trends sind z. B. die Forderung „offener Systeme" und integrierbar Produkte oder der zunehmende Anteil von Vertrauensgütern im Investitionsgeschäft), die zur Bedeutung von Kompetenz im Investitionsgütermarketing beitragen, weiter verstärken. Anhaltspunkte dafür ließen sich auch in den Interviews erkennen. Auch die Wissenschaft trägt der zunehmenden Bedeutung des Themas Kompetenz Rechnung. In den USA bestehen aufgrund der Erkenntnis, daß Kompetenzen eine Grundlage für den Aufbau von Wettbewerbsvorteilen darstellen, sogar Bestrebungen, ein neues Paradigma (die „skills-based view of the firm"; vgl. z. B. Teece/Pisano/Shuen, 1990) für die Betriebswirtschaftslehre abzuleiten.

Literatur

BAAKEN, T., Technologie-Marketing, in: Kliche, Mario (Hrsg.): Investitionsgütermarketing – Positionsbestimmung und Perspektiven, Wiesbaden 1990, S. 289–309.

BACKHAUS, K., Der entscheidungs- und verhaltensorientierte Ansatz in der Investitionsgüterwerbung, in: Rost, Dankwart/Strothmann, Karl-Heinz (Hrsg.), Handbuch der Werbung für Investitionsgüter, Wiesbaden 1983, S. 41–64.

BACKHAUS, K., Zuliefer-Marketing – Schnittstellennanagement zwischen Lieferant und Kunden, in: Specht, Günter/Silberer, Günter/Engelhardt, Werner Hans (Hrsg.): Marketing-Schnittstellen – Herausforderungen für das Management, Stuttgart 1989, S. 287–304.

BACKHAUS, K., Investitionsgütermarketing, 2. Aufl., München 1990.

BACKHAUS, K., Investitionsgütermarketing für den Mittelstand, in: Droege & Comp. (Hrsg.): Zukunftssicherung durch Strategische Unternehmensführung – Perspektiven mittelständischer Unternehmen für die neunziger Jahre, Gütersloh 1991.

BACKHAUS, K./WEIBER, R., Systemtechnologien, Herausforderung des Technologiemarketing, in: Harvard Manager, 9. Jg., Heft 4/1987, S. 70–80.

BACKHAUS, K./WEISS, P. A., Kompetenz – die entscheidende Dimension im Marketing, in: Harvard Manager, 11. Jg., Heft 3/1989, S. 107–114.

BAUER, H. H., Strategische Herausforderungen mittelständischer Unternehmen, in: Droege & Comp. (Hrsg.): Zukunftssicherung durch Strategische Unternehmensführung – Perspektiven mittelständischer Unternehmen für die neunziger Jahre, Gütersloh 1991, S. 158–162.

BECKER, J., Marketing-Konzeption – Grundlagen des strategischen Marketing-Managements, 2. Aufl., München 1988.
BERTH, R., 73 mal Innovation, in: Harvard Manager, 10. Jg., Heft 1/1988, S. 92–97.
BEUTEL, R., Unternehmensstrategien international tätiger mittelständischer Unternehmen, Frankfurt/Bern/New York/Paris 1988.
DILLER, H./KUSTERER, M., Beziehungsmanagement – Theoretische Grundlagen und explorative Befunde, in: Marketing ZFP, Heft 3/1988, S. 211–220.
HAMEL, G., Competition for Competence and Inter-Partner Learning within International Strategic Alliances, in: Strategic Management-Journal, Vol. 12, 1991, S. 83–103.
HAMEL, G./PRAHALAD, C. K., Corporate Imagination and Expeditionary Marketing, in: Harvard Business Review, Vol. 69, Nr. 4, 1991, S. 81–90.
HENTSCHEL, B., Beziehungsmarketing, in: Das Wirtschaftsstudium, Heft 1/1991, S. 25–28.
HITT, M. A./IRELAND, R. D., Relationships among Corporate Level Distinctive Competencies, Diversification Strategy, Corporate Structure and Performance, Journal of Management Studies, Vol. 23, No. 4, 1986, S. 401–417.
HITT, M. A./IRELAND, R. D., Corporate Distinctive Competence, Strategy, Industry and Performance, in: Strategic Management Journal, Vol. 6, 1985, S. 273–293.
KLEINALTENKAMP, M./ROHDE, H., High-Tech-Marketing, Mit Kompetenzzentren Barrieren überwinden, in: Die Absatzwirtschaft, 31. Jg., Heft 11/1988, S. 106–115.
KLICHE, M., Zum Interaktionsansatz im Innovationsmarketing, in: Kliche, Mario (Hrsg.): Investitionsgütermarketing – Positionsbestimmung und Perspektiven, Wiesbaden 1990, S. 53–76.
KOTLER, P./BLIEMEL, F., Marketing Management, 7. Aufl., Stuttgart 1992.
KRONE, K., Die Schlüsselrolle der Komponenten, in: Die Absatzwirtschaft, 2S. Jg., Heft 4/1989, S. 28–32.
MEFFERT, H., Marketing – Grundlagen der Absatzpolitik, 7. Aufl., Wiesbaden, 1986.
NASH, M., The Organization's Image, in: Managing Organizational Performance 1983.
NIESCHLAG, R./DICHTL, E./HÖRSCHGEN, H., Marketing, 16. Aufl., Berlin 1991.
PFOHL, H. C., Logistiksysteme – Betriebswirtschaftliche Grundlagen, Berlin u. a. 1985.
PLINKE, W., Die Geschäftsbeziehung als Investition, in: Specht, Günter/Silberer, Günther/Engelhardt, Werner Hans (Hrsg.): Marketing-Schnittstellen – Herausforderungen für das Management, Stuttgart 1989, S. 305–325.
PORTER, M., Wettbewerbsvorteile, Frankfurt a.M./New York 1986.
PORTER, M., Wettbewerbsstrategie, Frankfurt a.M./New York 1987.
PRAHALAD, C. K./HAMEL, G., „Strategic Intent" – aber jetzt gegen die Japaner, in: Harvardmanager, 11. Jg., Heft 4/1989, S. 90–102.
PRAHALAD, C. K./HAMEL, G., Nur Kernkompetenzen sichern das Überleben, in: Harvard manager, 13. Jg., Heft 2/1991, S. 66–78.
RAFFÉE, H., Grundfragen und Ansätze des strategischen Marketing, in: Raffée, Hans/Wiedmann, Klaus-Peter (Hrsg.): Strategisches Marketing, 2. Aufl., Stuttgart 1989, S. 3–33.
SEBASTIAN, K.-H./SIMON, H., Wie Unternehmen ihre Produkte genauer positionieren, in: Harvard Manager, 11. Jg., Heft 1/1989, S. 98–97.

Snow, C. C./Herebiniak, L. G., Strategy, Distinctive Competence, and Organizational Performance, in: Administrative Science Quarterly, Vol. 25, June 1980, S. 322–336.

Spremann, K., Reputation, Garantie, Information, in: Zeitschrift für Betriebswirtschaft, 58. Jg. (1988), Heft 5/6, S. 613–622.

Strothmann, K.-H./Kliche, M., Innovationsmarketing – Markterschließung für Systeme der Bürokommunikation und Fertigungsautomation, Wiesbaden 1989.

Subbanarasimha, P. N., The Role of Technological Competence in Firm Performance: An Empirical Investigation, PhD Thesis, Faculty of the Stern School of Business, New York University, 1990.

Teece, D. J./Pisano, G./Shuen, A., Firm Capabilities, Resources, and the Concept of Strategy, Working Paper No. 90–8, Center for Research in Management, University of California at Berkeley, 1990.

Weiss, P. A., Kompetenz – ein Konstrukt für Risikoreduktion bei der Beschaffung von Systemtechnologien, Arbeitspapier des Betriebswirtschaftlichen Instituts für Anlagen und Systemtechnologien Münster, Nr. 12, 2. Aufl., Münster 1990.

Wiedmann, K.-P./Kreutzer, R., Strategische Marketingplanung – Ein Überblick, in: Raffée, Hans/Wiedmann, Klaus-Peter (Hrsg.): Strategisches Marketing, 2. Aufl., Stuttgart 1989, S. 61–141.

Winter, Sidney G., Knowledge and Competence as Strategic Assets, in: Teece, David J. (Hrsg.): The Competitive Challenge – Strategies for Industrial Innovation and Renewal, Cambridge, Massachusetts, 1987, S. 159–184.

o. V., Kompetenz neu vermessen, in: Die Absatzwirtschaft, 34. Jg., Heft 1/1991, S. 38–57.

Nischenpolitik – Marktbehauptungsstrategie für klein- und mittelständische Unternehmen im Investitionsgütersektor

Michael G. Oehl

- Situation in der Investitionsgüterindustrie
- Aufbau von Nischenstrategien
- Produktpolitik
- Wettbewerbsfaktoren im Rahmen der Nischenpolitik

Viele kleine und mittlere Unternehmen sind zunehmend gezwungen, ihre Ressourcen zu konzentrieren. Welche strategischen Optionen sich mit einer Nischenpolitik für eben solche Unternehmen anbieten und wie sie ausgestaltet werden können, zeigt dieser Beitrag.

Einleitung

Mehr als 95 Prozent aller Investitionsgüterproduzenten sind kleine und mittlere Unternehmen. Die einzel- und gesamtwirtschaftliche Wettbewerbsfähigkeit dieser Betriebe kann nur dann erhalten bleiben, wenn sie fortlaufend neue Ideen bezüglich des Marktangebots und der internen Leistungserstellung entwickeln sowie ihre Produkte den Erfordernissen des Marktes anpassen (vgl. Thom, 1987, S. 363). In einer langfristigen Perspektive überleben und entwickeln sich nur die Unternehmen, die eine klare strategische Ausrichtung besitzen und diese wirksam in operative Tätigkeiten umsetzen. Im Verlauf verschärfter internationaler Wettbewerbsbedingungen und eines erhöhten Konkurrenzdruckes, dem sich vor allem Klein- und Mittelbetriebe gegenübersehen, gewinnt die Entwicklung von Marktstrategien als Element der strategischen Orientierung der Unternehmen zunehmend an Bedeutung. Dies erfordert zunächst, eine Vorstellung darüber zu gewinnen, wie das Angebot der Unternehmung in Relation zu den Angeboten der Konkurrenz positioniert werden soll (vgl. Kotler, 1989, S. 88). Eine erfolgversprechende wettbewerbspolitische Ausrichtung kleiner und mittlerer Unternehmen des Investitionsgütersektors liegt in der Nischenpolitik. Hierbei erfolgt eine Konzentration auf eine spezifische Zielgruppe, auf ein spezielles Produktprogramm und/oder bestimmte geographische Gebiete (vgl. Breitung, 1990, S. 126). Diese Strategie basiert auf dem Gedanken, daß eine Unternehmung die ausgewählte Marktnische effektiver bearbeiten kann als die Wettbewerber, die den ganzen Markt oder die gesamte Produktpalette abdecken wollen (vgl. Schreyögg, 1984, S. 99).

Grundlagen und Abgrenzung der Untersuchung

Die Besonderheiten klein- und mittelständischer Unternehmen

Wegen der Vielzahl der Ausprägungen bereitet die Kennzeichnung von Klein- und Mittelbetrieben und deren Abgrenzung von Großunternehmen nach operationalen Kriterien erhebliche Schwierigkeiten (vgl. Zeitel, 1990, S. 25). Es existieren keine eindeutigen Abgrenzungskriterien, die über alle Industriezweige hinweg generell gültig sind (vgl. Rupp, 1988, S. 3; Seibert, 1987, S. 8). Die vorliegende Arbeit beschränkt sich in ihren Ausführungen auf ein Spektrum der Investitionsgüterindustrie mit bis zu 500 Mitarbeitern und einem Jahresumsatzvolumen bis 25 Millionen DM (vgl. Pfohl/Kesserwessel, 1990, S. 10). Diese Betriebe weisen charakteristische Merkmale und spezifische unternehmensinterne und -externe Besonderheiten hinsichtlich ihrer betrieblichen Fähigkeiten auf.

Die Unternehmensführung ist durch die Mitwirkung des Betriebsinhabers bei der Geschäftsausübung gekennzeichnet. Der Eigentümer-Unternehmer bestimmt durch die unmittelbare Teilnahme am Betriebsgeschehen die zentralen Richtlinien der Unternehmenspolitik und greift in die operationalen Betriebsabläufe direkt ein (vgl. Hoch, 1989,

S. 3 f.). Häufig fehlen eine produkt- oder marktbereichsbezogene Planung und Überwachung der Unternehmensaktivitäten oder sie sind gegenüber der funktionsbezogenen Führung zu wenig ausgeprägt (vgl. Rupp, 1988, S. 4).

Die Finanzierungsmöglichkeiten sind begrenzt, da diese Unternehmen in der Regel keinen oder nur beschränkten Zugang zum organisierten Kapitalmarkt haben, so daß eine sorgfältige Einteilung der wirtschaftlichen Ressourcen erforderlich ist. Es herrschen flexible Produktionsformen für Einzel- oder Kleinserienfertigung vor. Die F&E-Arbeit basiert fast ausschließlich auf bedarfsorientierter Produkt- und Verfahrensentwicklung. Im Absatzbereich sind diese Unternehmen auf die Deckung kleindimensionierter und individualisierter Nachfrage in einem räumlich und/oder sachlich sehr schmalen Marktsegment spezialisiert, außerdem bestehen enge Beziehungen zu speziellen Abnehmerbereichen (vgl. Pfohl/Kellerwessel, 1990, S. 19).

Der Bereich der Investitionsgüterindustrie

Investitionsgüter sind Sach- und/oder Dienstleistungen, „... die von Organisationen (Nicht-Konsumenten) beschafft werden, um mit ihrem Einsatz (Ge- oder Verbrauch) weitere Güter für die Fremdbedarfsdeckung zu erstellen oder um sie unverändert an andere Organisationen weiterzuveräußern, die diese Leistungserstellung vornehmen" (Engelhardt, 1981, S. 24).

Die Ausführungen dieses Beitrags beziehen sich im weiteren Verlauf auf kleine und mittlere Unternehmen des Investitionsgütersektors, die Anlagegüter in Einzelanfertigung oder kleinen Losgrößen herstellen und veräußern. Als Anlagen sollen alle langfristig investierten und dauerhaft dem Geschäftsbetrieb dienenden materiellen Vermögensgegenstände verstanden werden.

Die Struktur der Absatzmärkte von Anlagegütern weist typische Merkmale und spezifische Ausprägungen auf. Die Anzahl der Anbieter ist gering, dadurch ergibt sich für die Nachfrage eine hohe, zum Teil völlige Markttransparenz (vgl. Dichtl/Engelhardt, 1980, S. 147). Die Nachfrage nach Anlagegütern stellt eine abgeleitete Nachfrage dar, d. h., ihre Nachfrage hängt im wesentlichen von der Nachfrage der Produkte auf nachgelagerten Märkten ab, die mit Hilfe dieser Investitionsgüter hergestellt werden. Das Produktprogramm der Nachfrage determiniert deren Bedürfnisse und stellt eine Reihe kundenspezifischer Eingliederungsbedingungen an die Produktgestaltung der Anbieter (vgl. Gutenberg, 1979, S. 40).

Die Nischenpolitik als Strategie der konzentrierten Marktbearbeitung

Anforderungen an eine erfolgreiche Nischenstrategie

Eine Marktnische läßt sich definieren als ein sehr kleines und eng abgegrenztes Segment des Gesamtmarktes, bei dem ein bestehender Bedarf durch das vorhandene Angebot nicht oder nur unzureichend gedeckt wird. Der bestehenden Nachfrage steht entweder überhaupt kein Angebot („manifeste Marktnische") oder ein die Nachfrager nicht vollkommen befriedigendes Angebot („latente Marktnische") gegenüber (vgl. Spiegel, 1961, S. 102 f.). Die bereits eingeführten Produkte der Konkurrenten entsprechen nicht den Idealvorstellungen der Nachfrager, d. h. für bestimmte Bedürfnisse sind keine als geeignet empfundenen Produkte vorhanden (vgl. Tietz, 1975, S. 530).

Die Nischenstrategie beinhaltet eine gezielte Beschränkung der Marktaktivitäten auf ein (oder wenige) sehr eng gefaßte(s) Produkt-/Marktsegment(e). Indem das Angebot auf den spezifischen Segmentbedarf zugeschnitten ist, strebt die Nischenpolitik danach, durch eine qualitative Abgrenzung gegenüber den Wettbewerbern mit breiter angelegten Zielen am Markt etwas Einzigartiges zu schaffen, d. h. eine hohe Differenzierung zu erreichen. Mit Hilfe einer klaren Bestimmung und Abgrenzung der Marktaufgabe kann sich die Unternehmung auf die spezifischen Fähigkeiten konzentrieren, die für die wirksame Erfüllung der Abnehmerbedürfnisse von entscheidender Bedeutung sind.

Die taktischen Maßnahmen der Nischenstrategie unterscheiden sich im Grunde genommen nur unwesentlich von denen der Marktführerschaftsstrategie. Anstelle einer Kontrolle des Gesamtmarktes besteht das Ziel darin, in einer genau abgegrenzten Marktnische eine führende Wettbewerbsposition einzunehmen und damit Barrieren gegenüber Wettbewerbern zu errichten (vgl. Romer, 1988, S. 100). Diese betreffen den Aufbau von Eintritts- und den Abbau von Austrittsbarrieren für die Konkurrenten.

Umweltanalyse und Strategiekonzeption in Marktnischen

Kleine und mittlere Betriebe sind für Marktnischen prädestiniert: Eine Konzentration auf Segmente mit Wachstumspotential stellt insbesondere für diese Unternehmen einen geeigneten Ansatzpunkt dar, um den Risiken eines Verdrängungswettbewerbs, der aus der mangelnden Ressourcenausstattung dieser Betriebe resultiert, auszuweichen (vgl. Hinterhuber/Mak, 1983, S. 94). Klein- und Mittelbetriebe, die über ein spezialisiertes Produkt-, Produktions- oder Markt-Know-how verfügen, spielen eine besondere Rolle bei der Erschließung differenzierter Märkte durch ein technologisch orientiertes Angebot und die Berücksichtigung individueller Kundenbedürfnisse. Die erfolgreiche Umsetzung der Nischenstrategie erfordert von Klein- und Mittelbetrieben eine realistische Einschätzung und Beachtung der Marktbedingungen und der eigenen Stärken und Schwächen. Die nischenpolitischen Maßnahmen müssen deshalb von einer zielgerichteten Organisationsstruktur unterstützt werden. Dies gilt im besonderen Maße für den Aufbau eines leistungsfähigen Informationssystems, mit dem Veränderungen der Nachfrage frühzeitig erkannt werden können (vgl. Romer, 1988, S. 99). Dadurch ist es sogar möglich, durch eine Neugruppierung von Teilmärkten mit einer Exklusion wenig lukrativer, weil hart umworbener Kundengruppen nicht nur Rationalisierungseffekte, sondern auch eine Verbesserung der Gewinnsituation zu erreichen. Durch eine Neudefinition von Marktnischen bzw. eine Neupositionierung, bei der es gelingt, bisher unentdeckte Marktlücken zu erschließen, läßt sich für Nischenanbieter eine haltbare Führungsposition aufbauen (vgl. Meffert, 1985, S. 16).

Da vielversprechende Marktnischen mit ausreichend stabiler Nachfrage und nachhaltigen Gewinnaussichten mit hoher Wahrscheinlichkeit weitere Wettbewerber anlocken, ist für die Erfolgsträchtigkeit der eigenen Absichten in jedem Fall eine starke Konzentration aller Kräfte auf dasjenige Maßnahmenbündel erforderlich, das die eigenen relativen Stärken im Vergleich zur Konkurrenz am besten zur Geltung bringt (vgl. Romer, 1988, S. 100).

Bei stark expandierenden Märkten mit zunehmender Tendenz zu homogenen Produkten müssen kleine und mittlere Betriebe auch bei derzeit hohem Marktanteil über ein ausreichendes Unternehmenspotential verfügen, um den hohen Marktanteil auch langfristig halten zu können. Sie müssen in dieser Situation entscheiden, ob sie unter dem entstehenden Wettbewerbsdruck das Marktnischenwachstum mitvollziehen und ihre Kapazitäten erweitern wollen. Ansonsten ist eine strategische Ausrichtung auf neue, bisher unentdeckte und abschirmbare Marktnischen zu planen und zu realisieren. Das rechtzeitige Erkennen von Trendlücken oder neuen Entwicklungen sowie deren richtige Interpretation im Hinblick auf neue Chancen und Gefahren sind für die Zukunft klein- und mittelständischer Unternehmen von zentraler Bedeutung (vgl. Rupp, 1988, S. 153).

Die Produktpolitik klein- und mittelständischer Unternehmen in Marktnischen

Spezialisierung und Qualitätsorientierung als Produktkonzeption

Für Klein- und Mittelbetriebe, bei denen das Leistungsangebot traditionsgemäß ein zentrales Objekt unternehmenspolitischer Entscheidungen darstellt, ist die Produktgestaltung ein bedeutender strategischer Erfolgsfaktor. Viele Investitionsgüter werden nur in geringen Stückzahlen oder sogar nur einmal hergestellt, die Produktpolitik ist mithin oftmals sehr individuell ausgerichtet (vgl. Friedrich, 1984, S. 466). Klein- und Mittelbetriebe besitzen die Fähigkeit, individualisierte Leistungen zu erbringen. Ein wesentlicher Wettbewerbsvorteil für die Produktpolitik dieser Unternehmen besteht in ihrer vergleichsweise hohen produkt- bzw. produktionstechnischen Flexibilität. Sie besitzen die Fähigkeit, effizient auf unterschiedliche Anforderungsprofile der Kunden und auf technologische Veränderungen in der Produktumwelt einzugehen. Dies sind unabdingbare Voraussetzungen für eine schnelle Anpassung an Marktveränderungen (vgl. Pfohl, 1990, S. 149 f.; Rupp, 1988, S. 18 f.).

Kleine und mittlere Unternehmen müssen mit ihren Produkten systematisch bestehende Marktnischen aufspüren, d. h. erfolgreich segmentieren, und diese Marktnischen mit ihrem Angebot gezielt füllen, d. h. entsprechend positionieren (vgl. Kreikebaum, 1989b, S. 200). Dabei ist zu überprüfen, ob sich das betrachtete Segment durch die nachfolgend genannten spezifischen Merkmale als echte Marktnische vom Hauptmarkt für ähnliche Produkte unterscheidet:

Die Produktanforderungen und Wertvorstellungen der Abnehmer heben sich in wesentlichen Punkten von denjenigen des Hauptmarktes ab und werden durch die Produkte bzw. Anbieter im Hauptmarkt nicht oder nur ungenügend befriedigt. Das Produkt muß gegenüber den am Markt erhältlichen Standardlösungen einen signifikanten Vorsprung bezüglich der Individualität der Produkte, dem technologischen Know-how, der Problemlösung und/oder dem Kundenservice aufweisen (vgl. Kreikebaum, 1989a, S. 153). Außerdem sind die Abnehmer bereit, für die Erfüllung ihrer spezifischen Bedürfnisse einen höheren Preis zu zahlen als für die standardisierten Produkte, welche im Hauptmarkt angeboten werden: Bei Investitionsgütern kommt es den Nachfragern oft nicht auf den absoluten Preis an, sondern auf das Preis-/Leistungsverhältnis (vgl. Friedrich, 1984, S. 467).

Somit findet der Wettbewerb vorwiegend über angepaßte Qualität und innovative Problemlösungen statt. Die Produkte besitzen einen hervorstechenden Produktvorteil gegenüber den Produkten der Konkurrenz, mit dem man sich von einem engen Wettbewerbsverhältnis lösen und einen „monopolistischen Spielraum" für des eigene Marketing gewinnen kann (vgl. Link, 1988, 115 f.). Eine erfolgreiche Marktstrategie macht die eigene Marktposition gegenüber dem Wettbewerb resistenter, indem der Wechsel zur Konkurrenz aufgund des aufgebauten Goodwill unwahrscheinlicher wird und dadurch in der Regel die Kundentreue, die Wiederverkaufsrate und die Rentabilität steigt (vgl. Borschberg, 1990, S. 71; Kotler, 1989, S. 296).

Kleine und mittlere Unternehmen besitzen somit im Vergleich zu Großunternehmen bei der Bewältigung produktpolitischer Aufgaben durch die Spezialisierung und Qualitätsorientierung ihrer Produkte erhebliche Vorteile, die es in Marktnischen systematisch und gezielt zu nutzen gilt.

Die Produktinnovation als Faktor der Wettbewerbsfähigkeit

Innovationsaktivitäten bilden die Grundlage für wirtschaftliches Wachstum und Wettbewerbsfähigkeit. „Die technologische Innovation ist die wirtschaftliche Verwertung und Nutzung einer technischen Erfindung oder technologischen Know-hows; sie stellt sich als neues Produkt, neue Produktgeneration, neues System oder neues Verfahren dar" (Geschka, 1990, S. 157).

Technische Entwicklungen sind zugleich Grundlage als auch Funktion des vom Klein- und Mittelbetrieb mitgetragenen dynamischen Leistungswettbewerbs. Gerade in diesen Betrieben herrscht generell eine technologiebezogene Unternehmenskultur und ein hohes Innovationspotential vor. Aufgrund der qualitativen Strukturmerkmale sind sie in der Lage, erheblich schneller als Großbetriebe regionale Angebotslücken zu finden und auf Strukturveränderungen der Märkte durch Produktinnovationen zu reagieren, wobei sich der Wettbewerbsdruck positiv auf die Bereitschaft zu Innovationen auswirkt (vgl. Kreikebaum, 1989b, S. 200). Die Gründe liegen im wesentlichen in der starken Zentralisierung der Entscheidungen, in kurzen Informations- und Kommunikationswegen, im geringen Formalisierungsgrad der Arbeitsabläufe und in der engen Verbindung zu den Kunden (vgl. Hering, 1984, S. 120).

Da die Entwicklungszeiten bei der Umsetzung neuer Ideen verhältnismäßig kurz sind, werden die geplanten Aktivitäten reibungsloser im Unternehmen integriert. Die Innovationsvorhaben werden in der Regel auf einen erkannten Bedarf ausgerichtet, wodurch die Erfolgsraten relativ hoch sind (vgl. Geschka, 1990, S. 158 f.; Kreikebaum, 1989b, S. 200 f.; Zeitel, 1990, S. 37).

Die zielgerichtete Produktinnovation ist daher für Klein- und Mittelbetriebe bei der Bearbeitung von Marktnischen von großer Bedeutung. Mit innovativen Produkten können diese Unternehmen – zumindest vorübergehend – einem Teil des Preisdrucks ausweichen, der in großen Marktsegmenten typisch ist. Dies gilt insbesondere dann, wenn es für die Konkurrenten teuer und schwierig ist, die Innovatoren zu imitieren. Die Produktinnovation baut hohe Eintrittsbarrieren auf, wenn es gelingt, durch die Qualität der Produkte und die Verwendung neuer Technologien echte Problemlösungen für den Kunden anzubieten (vgl. Hinterhuber, 1982, S. 60). Dabei ist im Bereich des Innovationsmanagements eine Konzentration auf wenige, konsequent durchzuführende Projekte unabdingbar, um die Einführungsrisiken neuer Produkte soweit wie möglich zu begrenzen.

Im Rahmen der Nischenstrategie stehen kleine und mittlere Unternehmungen häufig vor dem Problem, daß das „echte" Innovationspotential im Bereich neuer Produkte begrenzt ist, deshalb sind vielfach Angebotsinnovationen Kern innovationsstrategischer Maßnahmen. Die Ansatzpunkte liegen hier in der Bildung kompletter Angebotspakete für spezifische Marktsegmente und/oder Absatzkanäle. Wesentliches Element ist dabei eine Profilierung durch kundendienst- und servicepolitische Maßnahmen. Funktionelle Dienstleistungen wie Wartungs- und Reparaturleistungen, Ersatzteilbesorgung und die laufende Betreuung des Kunden sind oft von entscheidender Bedeutung für den Kaufabschluß und die spätere Kundentreue (vgl. Albers, 1989, S. 103).

Risiken und Gefahren der Nischenpolitik

Klein- und Mittelbetriebe, die sich spezialisieren, befinden sich, hervorgerufen durch die eingeschränkte Stabilität von Marktnischen, in einer labilen Marktsituation. Grundsätzlich existieren zwei Risiken bei der Verfolgung der Nischenpolitik. Zum einen kann die Umsetzung der Strategie oder ihr Durchhalten mißlingen, zum anderen können strukturelle wirtschaftliche Verschiebungen und die Entwicklung der Branche den strategischen Vorteil, den die Strategie liefern soll, zunichte machen (vgl. Porter, 1988, S. 74).

Kleine und mittelständische Unternehmen können das Marktverhalten selten nachhaltig beeinflussen. Sie haben häufig einen viel zu geringen Informationsstand und ein unzureichendes Informationswesen, um die Konkurrenzstruktur und die Wettbewerbssituation untersuchen zu können, d. h. um Aufschlüsse über die möglichen Stärken und Schwächen im Markt zu gewinnen. Dieser Wettbewerbsnachteil ist unter anderem auf eine unzureichende oder sogar fehlende strategische Planung zurückzuführen, was zu einer grundsätzlich falschen Einschätzung der Bedarfslage auf dem angestrebten Absatzmarkt führen kann (vgl. Kreikebaum, 1989b, S. 196). Zur Lösung der technischen Probleme werden sehr häufig entsprechende organisatorische Regelungen getroffen, die Lösung der marktbezogenen Probleme wird dagegen in weit geringerem Maße durch strategische Maßnahmen abgestützt.

Eine generelle Schwachstelle in Klein- und Mittelbetrieben ist das unterentwickelte Marketing-Denken (vgl. Friedrich, 1985, S. 3). In vielen Unternehmen fehlt eine einheitliche Ausrichtung auf mittel- und langfristige Marketingziele. Zudem ist in den meisten Fällen keine produktgruppen- oder marktbereichsbezogene Denkweise oder Planung festzustellen. Somit fehlt die Grundlage für einen differenzierten Einsatz der Marketinginstrumente entsprechend den Entwicklungstrends und Zielsetzungen in den einzelnen Produkt-/Marktbereichen (vgl. Rupp, 1988, S. 108). Dies führt dazu, daß Klein- und Mittelbetriebe auf die persönliche und intime Kenntnis des schmalen Marktsegments vertrauen und sich zu stark auf die bearbeitende Marktnische konzentrieren. Globale Entwicklungen, die das gesamte Segment bedrohen, werden häufig zu spät wahrgenommen, so daß aufgrund der geringen Marktmacht, der beschränkten Ressourcen und der Spezialisierungsrichtung keine Zeit mehr für den systematischen Aufbau neuer Schwerpunkte bzw. Marktnischen bleibt (vgl. Becker, 1988, S. 250; Hoch, 1989, S. 54).

Risiken und Gefahren ergeben sich dann, wenn das Zielsegment strukturbedingt an Marktattraktivität verliert. Die Strategie wird zudem hinfällig, wenn die Nische infolge von Umweltveränderungen oder Konkurrenzverhalten am Markt keine Akzeptanz mehr findet (vgl. Porter, 1986, S. 347). Stellt somit einerseits die grundsätzliche Marktentwicklung für marktnischenorientierte Klein- und Mittelbetriebe eine Gefahr dar, so läßt sich andererseits eine Tendenz verstärkter Dezentralisierungsaktivitäten der Großunternehmen feststellen, die sich ebenfalls auf die Entwicklungsfähigkeit negativ auswirkt. Durch die Simulation klein- und mittelständischer Strukturen erreichen Großunternehmen die vom Markt geforderte Spezialisierung. Wenn größere Konkurrenten aus verwandten Marktbereichen in expansive Marktnischen eindringen, können sie dort aufgrund ihres überlegenen Unternehmenspotentials rasch eine dominierende Position einnehmen, was insgesamt die Wettbewerbsfähigkeit der Klein- und Mittelbetriebe stark gefährdet und die Konkurrenz wesentlich verschärft (vgl. Hoch, 1989, S. 70; Rupp, 1988, S. 132).

Hier zeigt sich die starke Abhängigkeit klein- und mittelständischer Unternehmen von bestimmten Marktnischen und Kunden, die ein erheblicher Risikofaktor für die klein- und mittelständische Wirtschaft ist. Zum Abbau dieses Risikos ist es notwendig, die strategische Situation des Kunden in die eigene Analyse miteinzubeziehen und die Abhängigkeit durch eine Ausdehnung der Geschäftstätigkeit auf neue Kunden, neue Märkte und/oder neue Produkte abzubauen. Dies erfordert gründliche Überlegungen über die zukünftigen Umweltbedingungen und die eigenen Stärken und Schwächen der Unternehmung, die nur durch eine entsprechende strategische (Marketing-)Planung als marktorientierte Unternehmensführung realisiert werden können und die Ausrichtung aller Unternehmensaktivitäten auf die Markt- und Absatzerfordernisse zum Ziel haben (vgl. Töpfer, 1984, S. 49). Nicht nur für Großunternehmen, sondern insbesondere auch für mittelständische Betriebe ist diese Ausrichtung des Marketing wesentlich zur Sicherung der Überlebensfähigkeit. Denn aufgrund der zum Teil überhaupt nicht vorhandenen bzw. geringen Ausgleichsmöglichkeiten zwischen verschiedenen Produkten/Produktgruppen wird eine fehlende strategische Produkt-/Marktorientierung bzw. falsche Marketingpolitik nicht nur negative Auswirkungen auf den Unternehmenserfolg haben, sondern relativ schnell existenzgefährdend sein (vgl. Wieselhuber/Töpfer, 1984, S. 2).

Um die Risiken und Gefahren für Klein- und Mittelbetriebe, die in Marktnischen operieren, möglichst gering zu halten, sind folgende strategische (Marketing-) Maßnahmen notwendig (vgl. Rühle von Lilienstern, 1989, S. 48; Rupp, 1988, S. 155 f.; Seibert, 1987, S. 27 f.):

- die organisatorische Umsetzung von Marketing-Strategien in den Unternehmen und ihre Anpassung an die Umwelt muß entwickelt bzw. forciert werden;
- systematische strategische Planungs- und Kontrollsysteme müssen eingeführt bzw. weiterentwickelt werden;
- die Weiterentwicklung oder Ergänzung des bestehenden Produkt-/Leistungsprogramms muß unter Einbeziehung der gegenwärtigen und zukünftigen Nachfragesituation analysiert und gegebenenfalls geändert werden;
- die Planung des Einsatzes von Zukunftstechnologie muß noch stärker intensiviert werden;
- es müssen Maßnahmen zur Beschränkung der eigenen Marktaustrittsbarrieren getroffen werden.

Schlußbetrachtung

Technologie und Wettbewerb unterliegen seit dem Beginn der achtziger Jahre einem Wandel, der die Wettbewerbsstruktur im Investitionsgütersektor drastisch verändert hat. In einer durch geringes Wachstum gekennzeichneten Umwelt, in der Unternehmungen um reduzierte Marktmengen kämpfen, ist kein Raum für mittelmäßige Anbieter von Produkten und/oder Dienstleistungen. Erfolgreich in dieser langsam wachsenden Umwelt werden nur die Unternehmen sein, die in Wachstumsbranchen operieren und/oder über eindeutige Wettbewerbsvorteile in Marktnischen verfügen (vgl. Hinterhuber, 1982, S. 293). Kleine und mittlere Unternehmen, die im Investitionsgütersektor tätig sind, werden ihre Anstrengungen vor allem darauf konzentrieren müssen, ein führender Wettbewerber in (einer) Marktnische(n) zu sein. In technologisch anspruchsvollen Marktbereichen, wo Klein- und Mittelbetriebe Pionierleistungen erbringen, haben diese Unternehmen aufgrund ihrer Stärken hohe Erfolgschancen. Strategische Erfolgsfaktoren im Wettbewerb sind hohe technologische Kompetenz, ein Image der Zuverlässigkeit, die Qualität der Produkte und die Dienstleistungen dieser Betriebe. Die technologische Weiterentwicklung in Richtung auf hohe Flexibilität und Komplexität von Anlagegütern wird diese Erfolgsfaktoren nur bestätigen (vgl. Zörgiebel, 1983, S. 241).

Im Beschaffungsverhalten vieler Unternehmer zeichnet sich ein Trend ab, der in zunehmendem Maße zu Qualitätsansprüchen, verbunden mit einem kritischen Kaufverhalten und der Forderung nach größerer Individualisierung der Güter führt. Gerade solche Entwicklungen lassen erwarten, daß auch in Zukunft anpassungsfähige und marktorientierte Klein- und Mittelbetriebe eine echte Wettbewerbschance haben werden (vgl. Rupp, 1988, S. 51). Bei der Suche nach geeigneten Marktnischen ist allerdings darauf zu achten, ob diese bisher von den Konkurrenten übergangen worden sind und aus welchen Gründen dies geschah.

Klein- und Mittelbetriebe sind daher gezwungen, die mit der Nischenpolitik verbundenen Chancen und Risiken ständig und systematisch zu analysieren. Der Markterfolg für Investitionsgüter läßt sich dabei nur mit einer langfristig angelegten Politik des strategischen Planung dauerhaft aufrechterhalten (vgl. Friedrich, 1984, S. 468).

Literatur

ALBERS, S., Kundennähe als Erfolgsfaktor, in: Albers, Söhnke (Hrsg.): Elemente erfolgreicher Unternehmenspolitik in mittelständischen Unternehmen. Unternehmenskultur, Kundennähe, Quasi-Eigenkapital; Ergebnisse des Lüneburger Mittelstands-Symposiums 1988: Stuttgart 1989, S. 101–122.

BECKER, J., Marketing-Konzeption. Grundlagen des strategischen Marketing-Managements, 2. Aufl., München 1988.

BORSCHBERG, E., Marketing für kleine und mittlere Unternehmen; Bern, Stuttgart 1990.

BREITUNG, A., Marketingstrategische und -taktische Veränderungen durch Einführung des europäischen Binnenmarktes, in: Bruhn, Manfred/Wehrle, Friedrich (Hrsg.): Eu-

ropa 1992. Chancen und Risiken für das Marketing, 2. Aufl., Oestrich-Winkel 1990, S. 121–129.
DICHTL, E./ENGELHARDT, W. H., Investitionsgütermarketing, in: das wirtschaftswissenschaftliche Studium, Jg. 9 (1980), Heft 4, S. 145–153.
ENGELHARDT, W. H., Investitionsgüter-Marketing. Anlagen, Einzelaggregate, Teile, Roh- und Ersatzstoffe, Energieträger; Stuttgart, Berlin, Köln, Mainz 1981.
FRIEDRICH, A., Marketing- und Managementberatungen in mittelständischen Industrieunternehmen. Eine Orientierungshilfe für Unternehmer und Berater, Berlin 1985.
FRIEDRICH, R., Strategisches Marketing in der Investitionsgüter-Industrie, in: Wieselhuber, Norbert/Töpfer, Armin (Hrsg.): Strategisches Marketing, 2.Aufl., Landsberg am Lech 1984, S. 464–475.
GESCHKA, H., Innovationsmanagement, in: Pfohl, Hans-Christian (Hrsg.): Betriebswirtschaftslehre der Mittel- und Kleinbetriebe. Größenspezifische Probleme und Möglichkeiten ihrer Lösung, 2.Aufl., Berlin 1990, S. 157–178.
GUTENBERG, E., Grundlagen der Betriebswirtschaftslehre, Band 2: Der Absatz, 16. Aufl., Berlin, Heidelberg, New York 1979.
HERING, E., Planung neuer Produkt-Markt-Bereiche unter besonderer Berücksichtigung der Realisierung in Klein- und Mittelbetrieben; Frankfurt am Main, Bern, New York, Nancy 1984.
HINTERHUBER, H. H., Wettbewerbsstrategie; Berlin, New York 1982.
HINTERHUBER, H. H./MAK, O. F., Strategische Alternativen in schrumpfenden Branchen, in: Harvard Manager, Jg. 5 (1983), Heft 4, S. 89–98.
HOCH, M., Strategische Planung in mittelständischen Unternehmungen, Pfaffenweiler 1989.
KOTLER, P., Marketing-Management. Analyse, Planung und Kontrolle, 4. Aufl., Stuttgart 1989.
KREIKEBAUM, H., Wettbewerbsanalysen für Marketing- Entscheidungen, in: Bruhn, Manfred (Hrsg.): Handbuch des Marketing. Anforderungen an Marketingkonzeptionen aus Wissenschaft und Praxis, München 1989a, S. 131–156.
KREIKEBAUM, H., Strategische Unternehmensplanung, 3. Aufl., Stuttgart, Berlin, Köln 1989b.
LINK, J., Moderne Planungsmethoden im Mittelstand. Praktische Beispiele und konzeptionelle Überlegungen, Heidelberg 1988.
MEFFERT, H., Zur Bedeutung von Konkurrenzstrategien im Marketing, in: Marketing-Zeitschrift für Forschung und Praxis, Jg. 7 (1985), Heft 1, S. 13–19.
PFOHL, H.-C., Marketing, in: Pfohl, Hans-Christian (Hrsg.): Betriebswirtschaftslehre der Mittel- und Kleinbetriebe. Größenspezifische Probleme und Möglichkeiten zu ihrer Lösung, 2.Aufl., Berlin 1990, S. 129–156.
PFOHL, H.-C./KELLERWESSEL, P., Abgrenzung der Klein und Mittelbetriebe von Großbetrieben, in: Pfohl, Hans-Christian (Hrsg.): Betriebswirtschaftslehre der Mittel- und Kleinbetriebe. Größenspezifische Probleme und Möglichkeiten zu ihrer Lösung, 2. Aufl., Berlin 1990, S. 1–23.
PORTER, M. E., Wettbewerbsvorteile. Spitzenleistungen erreichen und behaupten; Frankfurt am Main, New York 1986.

PORTER, M. E., Wettbewerbsstrategie. Methoden zur Analyse von Branchen und Konkurrenten, 5. Aufl.; Frankfurt am Main, New York 1988.

ROMER, K.-H., Strategische Unternehmensplanung in gesättigten Märkten. Eine Analyse eingeführter Konzepte unter besonderer Berücksichtigung des Bewertungs und Entscheidungsaspekts, München 1988.

RÜHLE VON LILIENSTERN, H., Mittel- und Kleinbetriebe auf der Suche nach neuen Märkten. Möglichkeiten und Empfehlungen zur Nutzung von Marktlücken und zur Sicherung des Markterfolgs, 3.Aufl., Berlin 1989.

RUPP, M., Produkt-/Marktstrategie. Handbuch zur marktsicheren Produkt- und Sortimentsplanung für kleine und mittlere Unternehmen der Investitionsgüterindustrie, 3. Aufl., Zürich 1988.

SCHREYÖGG, G., Unternehmensstrategie. Grundfragen einer Theorie strategischer Unternehmensführung; Berlin, New York 1984.

SEIBERT, S., Strategische Erfolgsfaktoren in mittleren Unternehmen; Frankfurt am Main, Bern, New York 1987.

SPIEGEL, B., Die Struktur der Meinungsverteilung im sozialen Feld. Das psychologische Marktmodell; Bern, Stuttgart 1961.

TÖPFER, A., Erfolgsfaktoren strategischer Marketingkonzepte in deutschen Unternehmen, in: Wieselhuber, Norbert/Töpfer, Armin (Hrsg.): Strategisches Marketing, Landsberg am Lech 1984, S. 49–67.

THOM, R., Innovationsmanagement in kleinen und mittleren Betrieben, in: das wirtschaftswissenschaftliche Studium. Jg. 16 (1987), Heft 7, S. 363–369.

TIETZ, B., Die Grundlagen des Marketing, Band 2: Die Marketingpolitik, München 1975.

WIESELHUBER, N./TÖPFER, A., Strategische Orientierung des Marketing. Überblick und Einordnung der Beiträge, in: Wieselhuber, Norbert/Töpfer, Armin (Hrsg.): Strategisches Marketing, Landsberg am Lech 1984, S. 1–14.

ZEITEL, G., Volkswirtschaftliche Bedeutung von Klein- und Mittelbetrieben, in: Pfohl, Hans-Christian (Hrsg.): Betriebswirtschaftslehre der Mittel- und Kleinbetriebe. Größenspezifische Probleme und Möglichkeiten zu ihrer Lösung, 2. Aufl., Berlin 1990, S. 24–42.

ZÖRGIEBEL, W. W., Technologie in der Wettbewerbsstrategie. Strategische Auswirkungen technologischer Entscheidungen am Beispiel der Werkzeugmaschinenindustrie, Berlin 1983.

Integriertes Informationsmanagement – Strategischer Erfolgsfaktor für mittelständische Unternehmen

Thomas Völcker

- Unternehmensplanung mit einer Analyse interner und externer Informationen
- Informationsmanagement-Instrumente
- Warenwirtschaftssysteme
- DPR-Methode

Der Beitrag betont die Bedeutung von internen Informationen mittels computergestützter Systeme. Es wird aufgezeigt, daß die systematische Nutzung unternehmensinterner Informationsquellen die Wettbewerbspositionen erheblich verbessern kann. Die beschriebenen Methoden werden exemplarisch für den Handel dargestellt, sind aber zweifellos für den gesamten Mittelstand von Interesse.

Mittelständische Handelsunternehmen als besondere Problemfelder und Herausforderungen für ein adäquates Marketing

Kleine und mittlere Unternehmen haben in jüngster Zeit zunehmend die besondere Bedeutung einer Marktorientierung begriffen. Eine marktorientierte Unternehmensführung hat in der Zeit austauschbarer und kurzlebiger Marktleistungen und somit gestiegenem Wettbewerbsdruck an Bedeutung gewonnen. Die Gruppe mittelständische Unternehmen, also kleinerer und mittlerer Unternehmen, die von einem selbständigen Inhaber geleitet werden, der mitarbeitet und das unternehmerische Risiko trägt, stellt eine maßgebliche Gruppe der deutsen Handelslandschaft dar. (In den alten Bundesländern allein gab es Ende 1988 knapp 160 000 Einzelhandelsunternehmen – mit einem Jahresumsatz von mehr als 250 000 DM – mit über 2,2 Millionen Beschäftigten; vgl. o. V., Zahlen zur wirtschaftlichen Entwicklung der Bundesrepublik Deutschland 1991, S. 89.) Insbesondere das mittelständische Handelsmanagement konzentriert sich häufig auf eine kurzfristige und intuitive „Ad-hoc"-Planung, Steuerung und Kontrolle der Unternehmensleitung, die sich stärker von dem sogenannten „Bauchgefühl" und der „Weisheit des Alters" leiten läßt, statt strategisch-analytischen Planungskonzepten zu folgen.

Es stellt sich die zentrale Aufgabe, die Chancen des mittelständischen Handels, wie die besondere Kundennähe, Innovationskraft und Kostenflexibilität, mit den Erkenntnissen und Erfahrungen der Forschung und Praxis großer marktorientierter Unternehmen zu verknüpfen, um durch ein langfristig angelegtes strategisches Marketing das Überleben mittelständischer Unternehmen zu sichern. In einer Phase der Vereinheitlichung der Sortimente und Preise und zunehmender Konzentration der Handelslandschaft ist dies nur möglich, wenn mittelständische Unternehmen ein integriertes Informationsmanagement betreiben (vgl. Bothe, 1990, S. 108 ff.).

Informationsgrundlagen des Handels

Strategischer und operativer Informationsbedarf des mittelständischen Handels

Die Strategie, verstanden als langfristiger globaler Verhaltensplan zur Zukunftssicherung, soll dauerhafte Erfolgspotentiale sichern und ausbauen. So liegen *strategische* Grundsatzentscheidungen im Handel im wesentlichen bei der Festlegung der Strukturvariablen. Strukturpolitische Entscheidungen und Maßnahmen bestimmen den Standort, die Größe, Warenbereiche und -gruppen sowie die entsprechenden Zielgruppen und die Bedienungsform (vgl. Heinemann, 1989, S. 63 f.).

Der Informationsbedarf schon bestehender Handelsunternehmen konzentriert sich primär auf Daten des *operativen* Handelsmanagements. Ziel ist die bestmögliche Ausschöpfung bestehender Erfolgspotentiale, die situations- und ablaufbezogene Aktionsmerkmale des Handels betreffen. Diese Leistungsmerkmale decken sich weitgehend mit den Marketinginstrumenten des mittelständischen Handelsbetriebes, d. h. mit der Sortimentspolitik, Servicepolitik, Preispolitik und Kommunikationspolitik, sowie der Verkaufsstättengestaltung und Warenpräsentation. Ein gezieltes konsumentennahes Handelsmanagement erfordert somit eine Vielzahl von unternehmensinternen und -externen Informationen. Besonders die schnelle Veränderung und Expansion der Handelssortimente (vgl. Tietz, 1983) zeigen den dringenden Bedarf an leistungsfähigen und differenzierten Systemen zur bestmöglichen Ausschöpfung der verschiedenen Informationsquellen (vgl. Heinemann, 1989, S. 63 f.; Irrgang, 1989, S. 17 ff.).

Informationsquellen des mittelständischen Handels

Zur Erhebung der vielfältigen Informationen stehen dem mittelständischen Handel ebenso zahlreiche Informationsquellen zur Verfügung. Man unterscheidet externe und interne Informationsquellen des Handels. Über 80 Prozent aller klein- und mittelständischen Unternehmen greifen auf externe Informationsquellen, wie *Gespräche mit Kunden und Herstellern, Messebesuchen* und *Tagungen* zurück (vgl. Munkelt, 1992, S. 33). Informationen aus öffentlichen Einrichtungen spielen eine eher untergeordnete Rolle und insbesondere *Fachverbänden* und *IHKs* wird als Informationsquelle eine relativ geringe Bedeutung beigemessen (vgl. ebenda). Als weitere externe Informationsquellen bieten *Marktforschungsinstitute* ein umfangreiches Angebot an individuellen Erhebungen und Studien über die Wettbewerbssituation und das Konsumentenverhalten. Sie sind jedoch in der Regel für den mittelständischen Handel zu teuer und/oder decken den individuellen Informationsbedarf nur in unzureichendem Maße. Kostbare Informationen bietet das *Beschwerdeverhalten* der Kunden, das jedoch in den seltensten Fällen als hilfreiche Anregung, sondern zumeist als unerwünschter Nebeneffekt angesehen wird. Da externe Informationsquellen dem Informationsbedarf des Mittelstandes meist nicht gerecht werden, zeigt sich die besondere Bedeutung, auf Möglichkeiten der internen Informationsversorgung zurückzugreifen. Das *interne Rechnungswesen* und die *Finanzbuchhaltung* sind normalerweise rein finanzwirtschaftlich für die GuV-Rechnung und Steuererklärung ausgelegt, sodaß zur marktorientierten Unternehmensführung weitere Informationsquellen erschlossen werden müssen. Hier bieten technische Neuerungen in besonderer Weise Möglichkeiten, die Innovationskraft mittelständischer Unternehmen zu verbessern.

Instrumente des integrierten Informationsmanagements im mittelständischen Handel

Aus dem großen Informationsvolumen, mit dem der Handel als „Transporteur von Ware und Information" umzugehen hat, folgt die Erfordernis, die Erfassung, Verarbeitung und Nutzung von entscheidungsrelevanten Informationen auf allen hierarchischen Ebenen zu koordinieren und auf die Ziele und Strategien des Handels abzustimmen (vgl. Bothe, 1990, S. 119). Mittelständische Unternehmen besitzen meist aufgrund persönlicher Mitarbeiterbeziehungen und weniger Instanzen eine größere Flexibilität, Handlungsempfehlungen schnell umzusetzen. Dazu ist es notwendig, zielorientiert neue Informationsquellen zu erschließen und diese auf die Bedürfnisse des Unternehmens und ihrer Mitarbeiter abzustimmen. So dient das integrierte Informationsmanagement einer systematischen Einbindung sämtlicher Informationsquellen und der Vernetzung der Informationsströme mit Hersteller und Kunden.

Computergestützte Warenwirtschaftssysteme

Ziele und Aufgaben computergestützter Warenwirtschaftssysteme

Kern der Informationstechnologien im Handel ist die Daten- bzw. Scannerkasse. Sie ermöglichen, durch Scanningsysteme (Scanner sind festinstallierte oder portable Lesegeräte, die den auf der Ware angebrachten EAN-Balken- oder Nummerncode lesen und elektronisch verarbeiten können) oder Artikelnummereingabe den Preis dem entsprechenden Artikel automatisch zuzuordnen und somit den Kassiervorgang zu beschleunigen und zu verbessern. In Verbindung mit ergänzenden Hardware-Konfigurationen (PC, Mobiler Datenerfassung MDE, Datenfernübertragung DFÜ) und einem Warenwirtschaftssystem bieten sich vielfältige Möglichkeiten, Rationalisierungspotential auszuschöpfen. Ein geschlossenes (d. h. Warenein- und -ausgang artikelgenau und lückenlos erfassendes) Warenwirtschaftssystem verknüpft absatzseitige Scannerdaten, handelsinterne Lagerbestände und beschaffungsseitige Informationen. Es kann bei einer größeren Artikelzahl nur wirtschaftlich arbeiten, wenn es computergestützt und möglichst in die Warenwirtschaftssysteme der wichtigsten Lieferanten integriert ist (vgl. Zentes, 1987, S. 612).

Neben einer Produktivitätssteigerung an der Kasse sind weitere *Rationalisierungsvorteile* (hard savings) bei der Abwicklung des täglichen Geschäftes zu verzeichnen: Der Wegfall der zeitraubenden und personalintensiven Preisumbezeichnung bei Preisänderungen oder -aktionen, Reduzierung der Kassierfehler und Preis-Manipulationsmöglichkeiten durch Kunden und Kassierpersonal helfen Kosten zu sparen (vgl. auch Zimmer, 1989, S. 22 f.). Desweiteren ergeben sich Rationalisierungspotentiale in der Disposition bzw. Administration durch die:

- Vereinfachung der Bestellabwicklung,
- Vereinfachung der Rechnungskontrolle und
- Durchführung permanenter Inventuren (vgl. Zentes, 1987, S. 609).

Diese artikelgenaue Warenwirtschaftssteuerung ermöglicht ein rechnergesteuertes Bestandsmanagement (vgl. Barth, 1988, S. 325). Mittelständische Händler können so ihren Sortimentsumfang und Lagerbestände reduzieren und Bestell- und Lieferrhythmen optimieren (vgl. Zentes/Hilgers, 1986, S. 89 f.). Desweiteren wird durch das sogenannte „informatorische Trading Up" die *Realisation „weicher" Vorteile* (soft savings) ermöglicht. Dies meint die Möglichkeit, die Entscheidungen im operativen und strategischen Bereich zu verbessern und somit Informationsvorsprünge durch die Aufdeckung innerbetrieblicher Stärken und Schwächen zu nutzen (vgl. Ahlert/Müller/Reinike, 1991, S. 11).

Zur operativen Entscheidungsunterstützung liefern CWWS vor allem Informationen bei:

- Listungs- und Eliminationsentscheidungen im Rahmen der Sortimentsstrukturpolitik,
- Entscheidungen über Sonderpreisaktionen und Konditionendifferenzierung,
- Entscheidungen über konkrete Warenplazierung und „Instorepromotions",
- Entscheidungen über zu bewerbende Waren- und Warengruppen (vgl. Barth, 1988, S. 332 ff.).

Auch können strategische Entscheidungen über die Entwicklung und Durchsetzung neuer Betreibungskonzepte mit Hilfe von CWWS-Daten unterstützt werden. Diese Informationen können als Wegweiser für den Vorstoß in neue Betätigungsfelder, wie neue Zielgruppen, neue Sortimentsbereiche oder Funktionskonzepte dienen (vgl. Ahlert/Müller/Reinike, 1991, S. 10 f.).

Erfolgsvoraussetzungen von Warenwirtschaftssystemen im mittelständischen Handel

Der Erfolg der Einführung eines computergestützten Warenwirtschaftssystem in einem mittelständischen Handelsbetrieb wird primär von drei Faktoren determiniert:

- Verfügbarkeit geeigneter Soft- und Hardwaresysteme,
- Wirtschaftlichkeit der Systeme und
- Eignung der personellen und managementtechnischen Voraussetzungen (vgl. Ahlert/ Müller/Vialon, 1991, S. 13).

Die rasante Entwicklung auf dem Gebiet der Informations- und Kommunikationstechnologien ist von drastisch sinkenden Hardware-Preisen bei gleichzeitiger Leistungssteigerung begleitet. Gleichzeitig werden Softwareprogramme benutzerfreundlich und flexibel an individuelle Ansprüche anpaßbar. Dennoch verursachen die marktgängigen Programme immer wieder erheblichen Zusatzaufwand bei der Systemeinführung (vgl. Ahlert/ Müller/Reinike, 1991, S. 6). Diese Probleme sind in der Regel auf eine Überforderung des mittelständischen Anwenders aufgrund der Komplexität und vielfältigen Möglichkeiten zurückzuführen (vgl. Willer, 1990, S. 107 f.). Verbesserte Systeme und die in den letzten Jahren drastisch gesunkenen Kosten für Computer haben dazu geführt, daß bereits die Realisation der „harten" Rationalisierungsvorteile die Einführung eines CWWS im mittelständischen Handelsbetrieb rechtfertigt. Wird die Realisation von „soft savings" hinzugerechnet, muß der Einstieg in die neuen Informationstechnologien als überfällig betrachtet werden (vgl. Ahlert/Müller/Reinike, 1991, S. 15 ff.).

Die einmalige aber aufwendige Erfassung und Eingabe der Systemparameter und Stammdaten unterliegt einem besonders hohen Zeit- und Personalbedarf; dieses sogenannte „Kosten-Bugwelle-Phänomen" in der Einführungsphase hindert meist Händler daran, einen höheren Nutzungsgrad (der Nutzungsgrad beschreibt als prozentualen Anteil die effektive Auslastung der maximalen technisch realisierbaren Möglichkeiten eines Systems) anzustreben. Mit steigendem Nutzungsgrad steigt jedoch der Erfolg eines CWWS. Ziel eines mittelständischen Anwenders sollte es deswegen sein, die volle Nutzung möglichst schnell zu erreichen, um frühzeitig mögliche Einsparungen zu erreichen.

Bei der Computerisierung eines mittelständischen Handelsbetriebes entstehen häufig soziale Barrieren, wie geringe Motivation und Mißtrauen der Mitarbeiter, die aus der Angst resultieren, vom Computer ersetzt zu werden und den Bedienungsanforderungen nicht gerecht zu werden (vgl. Müller/Prüfer, 1989, S. 71 ff.). Viele technische und organisatorische Hürden verlangen vom CWWS-einführenden Händler viel Überzeugungskraft gegenüber den Mitarbeitern und Durchhaltevermögen. So ist eine frühzeitige Information, Motivation und Schulung der Mitarbeiter unumgänglich (vgl. Wagner, 1983, S. 35 f.). Die Nutzung der vielfältigen Informationen, die ein computergestütztes Warenwirtschaftssystem liefern kann, hängt von der Qualifikation und der Bereitschaft der Mitarbeiter ab (vgl. Meffert, 1984, S. 564). Strukturelle Probleme eines mittelständischen Unternehmens lassen sich nicht durch die Einführung eines Warenwirtschaftssystems lösen; vielmehr ist ihre Bewältigung Voraussetzung einer effizienten Implementierung eines Systems zur Warenwirtschaftssteuerung (vgl. Willer, 1990, S. 107).

Methode der Direkten Produkt-Rentabilität (DPR)

Ziele und Vorgehensweise der DPR-Methode

DPR steht für Direkte Produkt-Rentabilität und bezeichnet mit diesem Namen (Direkte Produkt-Rentabilität ist keine – wie man vermuten könnte – Rentabilitätskennziffer, sondern die falsche Übersetzung des ursprünglichen Begriffs „Direct Product Profit(ability)", ein Ansatz der artikelorientierten Deckungsbeitragsrechnung für den Handel. Die Direkte Produkt-Rentabilität ergibt sich aus der Differenz zwischen der Nettospanne und den direkt zurechenbaren Artikelkosten des Handels. Jedem Artikel werden die Kosten definierter logischer Arbeiten, die bei einem Handelsunternehmen anfallen, zugerechnet. So berücksichtigt das Modell eine Vielzahl an Komponenten von Personal-, Raum-, Geräte- und Einrichtungskosten (vgl. Ruhland/Keß, 1990, S. 128 f.). In Verbindung mit Artikelinformation wie Regalplatzbedarf, Umschlaggeschwindigkeit und Handlingsaufwand läßt sich rechnergestützt die Profitabilität einzelner Waren pro Stück, pro Woche und/oder pro qm-Fläche ermitteln (vgl. Hambuch, 1989, S. 14 ff.).

Im zweidimensionalen Modell der Merchandising-Matrix mit den Achsen Umschlagshäufigkeit und Direkte Produkt-Rentabilität lassen sich die Artikel in „Gewinner", „Verlierer", „Schläfer" und „Unterforderte" mit jeweils unterschiedlichen Handlungsoptionen kategorisieren (vgl. Hambuch, 1988, S. 52 ff.). *Verlierer* müssen reduziert werden, es sei denn es gibt artikelübergreifende Erfordernisse wie Verbund- oder Imagewirkungen. *Unterforderte* müssen durch eine entsprechende Preisanhebung einen höheren Deckungsbeitrag erwirtschaften. Dies widerspricht häufig dem Ziel das Sortiment über beliebte Sonderangebote als niedrigpreisig zu profilieren. Natürlich läßt sich die Position der Unterforderten auch durch Kosteneinsparungen verbessern, wie es beispielsweise bei Waschmittelkonzentraten erfolgreich praktiziert wird. *Schläfer* liefern zwar gute, absolute Deckungsbeiträge, haben jedoch offensichtlich nicht die erforderliche Verbraucherakzeptanz. Eine werbliche Herausstellung kann ihre Position verbessern (vgl. Ruhland/ Keß, 1990, S. 131).

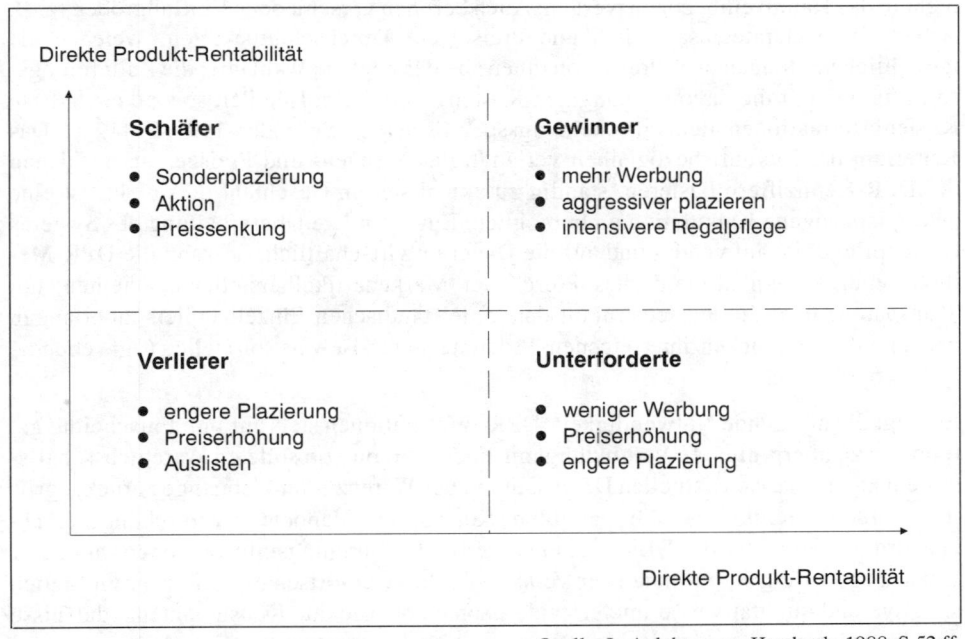

Schläfer	**Gewinner**
• Sonderplazierung • Aktion • Preissenkung	• mehr Werbung • aggressiver plazieren • intensivere Regalpflege
Verlierer	**Unterforderte**
• engere Plazierung • Preiserhöhung • Auslisten	• weniger Werbung • Preiserhöhung • engere Plazierung

Quelle: In Anlehung an: Hambuch, 1988, S.52 ff.

Abbildung 1: Merchandising-Matrix

Neben einer Erhöhung der Kostentransparenz und einer permanenten Profitkontrolle können DPR-Informationen die vielfältigen Entscheidungen des Einzelhandels erleichtern: Im Rahmen der Sortimentssteuerung, des Ladendesigns und der Warenlogistik kann die Qualität der Entscheidungen des Händlers verbessert werden. Die Berechnung vertikaler und horizontaler Regalwertigkeiten wird erleichtert, und bei der Frage nach Zweitplazierungen ist der Handel nicht mehr ausschließlich auf Kenngrößen wie Umsatz oder Spannen angewiesen (vgl. Hambuch, 1987, S. 42 f.). Für Einkaufsverhandlungen stehen Argumente zur Verfügung, die nunmehr auf detaillierten Kosteninformationen basieren. So kann die DPR-Methode zur Ent-Emotionalisierung des Verhältnisses zwischen Industrie und Handel beitragen (vgl. Hallier, 1987, S. 44).

Erfolgsvoraussetzungen der DPR-Methode im mittelständischen Handel

Die Kennzahlenanalyse der Direkten Produktrentabilität bietet detaillierte Informationen über die Kosten- und Ertragslage des Sortiments. Jedoch sind Kosteninformationen nur dann entscheidungsrelevant, wenn sie variabel, also disponibel, entscheidungsspezifisch und zukunftsbezogen sind. Gleichzeitig müssen sie dem Prinzip der Informationsökonomie genügen (vgl. Schröder, 1990, S. 112 f.). Eine Vielzahl der Kosten des mittelständischen Handels (z. B. Personal- und Gerätekosten) sind fixe Kosten, also nicht über Sortimentsentscheidungen veränderbar. Diese entscheidungsirrelevanten Kosten dürfen nicht in das Kalkül einbezogen werden. Auch beruhen verschiedene Einflußgrößen (z. B. Arbeits- und Geräteeinsatzzeiten und Preise) auf Durchschnittswerten. Weichen die tatsächlichen Mengen oder Preise von ihnen ab oder liegt die Wahl über die Zulieferungsform (und damit die davon abhängigen Kosten) nicht beim Händler, so sind auch diese Kosteninformationen nicht entscheidungsspezifisch (vgl. Schröder, 1990, S. 112 f.). Das Kriterium der Zukunftsbezogenheit verlangt, das Mengen- und Preisgerüst, auf denen die DPR-Kennziffern basieren, ständig zu aktualisieren. Geschieht dies nicht, ist eine zukunftsbezogene Kalkulation nicht möglich. Eine ständige Überarbeitung des Systems (Datenpflege) ist aufwendig und auf die Dauer unwirtschaftlich. So kann die DPR-Methode eher als ein „trojanisches Pferd" der Markenartikelhersteller erscheinen, um Transparenz über die Kostenstruktur des mittelständischen Einzelhändlers zu erlangen und die Vorteilhaftigkeit ihrer eigenen Produkte unter Beweis zu stellen (vgl. ebenda, S. 110 ff.).

Es zeigt die dringende Notwendigkeit, DPR-Informationen stets auf ihre Entscheidungsrelevanz zu überprüfen. In Verbindung mit einem computergestützten Warenwirtschaftssystem kann auf einen aktuellen Datenstamm über Warenzu- und -abgänge zurückgegriffen werden. Gelingt es, die variablen Kosten des Handels verursachungsgerecht zuzuordnen, so bietet die DPR-Methode wertvolle Anregungsinformationen, um mehr Umsatz und Ertrag aus vorhandener Verkaufsfläche zu erwirtschaften. Werden zusätzlich situative und qualitative Parameter, wie saisonale oder lokale Konsumentenbedürfnisse und Verbundwirkungen zwischen Waren und Warengruppen bei Entscheidungen des mittelständischen Handelsmanagements miteinbezogen, so kann der kritische Einsatz des DPR-Verfahrens die Konsumentennähe durch einen verbesserten Ressourceneinsatz erhöhen.

Herausforderungen eines integrierten Informationsmanagements zur langfristigen Erfolgssicherung des mittelständischen Handels

Ein integriertes Informationsmanagement des mittelständischen Handels zielt darauf ab, durch Informationsvorsprünge Rationalisierungspotentiale zu nutzen und dauerhaft komperative Vorteile gegenüber der Konkurrenz zu erlangen (vgl. Backhaus, 1990, S. 7). Hierzu muß sich der mittelständische Handel – über herkömmliche Informationsquellen hinaus – neuen Technologien und Verfahren öffnen (vgl. Willer, 1990, S. 107). Die Erfassung und Verarbeitung von Sortiments-, Kunden- und Lieferantendaten über geschlossene Warenwirtschaftssysteme und anschließende Kennzahlenanalysen bietet eine Vielzahl entscheidungsrelevanter und marktnaher Informationen. Ihre effiziente Nutzung erfordert jedoch eine systematische Implementierung eines integrierten Informationsmanagements. Dies meint zum einen die organisatorische Umsetzung und Lenkung von Informationsströmen zur Steuerung der Marketinganstrengungen auf Beschaffungs- und Absatzseite. Im Rahmen eines zielgerichteten Beschaffungsmarketing des Handels liefern Warenwirtschaftssysteme unter anderem artikel- und lieferantenspezifische Deckungsbeitragsinformationen. Analysen von Preis-, Werbe- und Sonderangebotsaktionen helfen, das Leistungsangebot der Hersteller auf ihren Beitrag zur Erfolgssteigerung zu untersuchen. Diese Informationen führen nicht nur zu einer Veränderung des Entscheidungsprozesses im Handel hinsichtlich der Listung neuer Artikel bzw. Auslistung bestehender Artikel, sondern auch zu veränderten Anforderungen an das Informationsangebot der Lieferanten im Rahmen von Jahres- bzw. Verkaufsgesprächen (vgl. Zentes, 1987, S. 613).

Die Warenwirtschaftsdaten bilden zugleich die Voraussetzung für eine Optimierung der Sortimentspolitik und somit einer verbesserten Bearbeitung des Absatzmarktes. Verkaufsflächen- und regalflächenspezifische Deckungsbeitragsinformationen und Daten zur Direkten Produkt-Rentabilität geben zahlreiche Hinweise zu einer gewinnorientierten Preis- und Sortimentsoptimierung. So wird beispielsweise deutlich, welche (preisunelastischen) Artikel mit einer sehr hohen Stückspanne belegt werden können, um als Ausgleichsspender niedrig kalkulierte Artikel (z. B. Sonderangebote) zu subventionieren (vgl. Barth, 1988, S. 335). Bei Sortimentsbereinigung muß stets beachtet werden, ob Kosteneinsparungen tatsächlich realisiert werden und Verbundwirkungen des Sortiments nicht zerschnitten werden (vgl. Ruhland/Keß, 1990, S. 128 f.). Eine Anpassung des Regalstreckenanteils an den ermittelten Deckungsbeitragsanteil dient einer Optimierung der Verkaufsflächenaufteilung (vgl. Barth, 1988, S. 336 f.). Gewinnträchtige Waren und Warengruppen können über die Warenpräsentation besonders herausgestellt werden.

Ein konsequentes Informationsmanagement durch den gezielten Einsatz neuer Informationstechnologien kann somit dazu beitragen, den komplexen Abstimmungsprozeß bezüglich Warenfluß, Ressourcendisposition und Kundennähe besser zu bewältigen und Betreibungskonzepte des Handels international konkurrenzfähig zu machen.

Literatur

AHLERT, D., Distributionspolitik, Stuttgart, New York 1985.

AHLERT, D./MÜLLER, B./REINIKE, B., Kostennutzen-Analyse des Warenwirtschaftssystems DIAMANT, Arbeitspapier Nr. 13, Lehrstuhl für Distribution und Handel, Westfälische Wilhelms-Universität Münster 1991.

AHLERT, D./MÜLLER, B./VIALON, H., Computergestützte Warenwirtschaftssysteme im Handel, Arbeitspapier Nr. 14, Lehrstuhl für Distribution und Handel, Westfälische Wilhelms-Universität Münster 1991.

BACKHAUS, K., Investitionsgütermarketing, 2. Aufl., München 1990, S. 7.

BARTH, K., Betriebswirtschaftslehre des Handels, Wiesbaden 1988.

BARTH, K./BÜTTNER, H., Das geschlossene Warenwirtschaftssystem der Unternehmensführung im Einzelhandelsbetrieb, in: Mitteilungen des Instituts für Handelsforschung, H. 12, 1985, S. 172–180.

BEHRENS, K. Chr., Der Standort der Handelsbetriebe, Köln 1965.

BOTHE, B., Informationsmanagement als Herausforderung des Handels, in: Gruber, H./Tietze, W. (Hrsg.), Der Handel für die Märkte von morgen, Frankfurt/Main 1990, S. 108–124.

HANSEN, P., Die handelsgerichtete Absatzpolitik der Hersteller im Wettbewerb um den Regalplatz, Berlin 1990.

HALLIER, B., Sich in das Regal hineinrechnen, in: asw, H. 10, S. 38–44.

HAMBUCH, P., Das Missing-Link? – Das DPR-Modell und seine Anwendungsmöglichkeiten, in: LMZ-Journal, 1989, S. J4–J10.

HAMBUCH, P., Direkte Produkt-Rentabilität (DPR) – Ein Marketinginstrument für Handel und Industrie, in: DPR '88 – Direkte Produkt-Rentabilität, Hrsg.: Verlag Gesellschaft für Selbstbedienung, Köln 1988, S. 52–58.

HAMBUCH, P., Weichen gestellt. Direkt Produkt-Rentabilität, in: asw, H. 12, 1987, S. 42–44.

HEINEMANN, G., Betriebstypenprofilierung und Erlebnishandel, Wiesbaden 1989.

IRRGANG, W., Strategien im vertikalen Marketing: Handelsorientierte Konzeptionen der Industrie, München 1989.

KREIKEBAUM, H., Strategische Unternehmensplanung, 4. Aufl., Stuttgart, Berlin 1991.

MEFFERT, H., Marketing – Grundlagen der Absatzpolitik, 7. Aufl., Wiesbaden 1986.

MEFFERT, H., Unternehmensführung und neue Informationstechnologien, in: DBW, 44. Jg.; H. 4, S. 461–465.

MÜLLER, U./PRÜFER, A., Künstliche Intelligenz – der neue Jobkiller?, in: Harvardmanager, 11. Jg., H. 4, 1989, S. 71–78.

MUNKELT, I., Know-how von außen, in: asw, H. 4, 1992, S. 33.

NIESCHLAG, R./DICHTL, E./HÖRSCHGEN, H., Marketing, 15. Aufl., Berlin 1988.

o. V., Chancen für mehr Profit, Langnese Iglo GmbH (Hrsg.), 2. Aufl., 1988.

o. V., Eine Chance für die Karte, asw, H. 10, 1990, S. 98–107.

o. V., Gablers Wirtschaftslexikon, 11. Aufl., Wiesbaden 1984.

o. V., Kasse mit Köpfchen, in: handel heute, H. 11, 1991, S. 58.

o. V., Kurzfassung des Vortrags „Marketing und Mittelstand – Praxisnahe Konzepte mit Perspektiven" der Deutschen Gesellschaft für Mittelstandsberatung mbH in Münster, München 1991.

o. V., Umsatzplus durch EDV, in: handel heute, H. 11, 1991, S. 55.

o. V., Zahlen zur wirtschaftlichen Entwicklung der Bundesrepublik Deutschland 1991, Institut der deutschen Wirtschaft Köln, S. 89.

RUHLAND, H. J./KESS, R., DPR – Ein neuer Kostenrechnungsansatz im Handel, in: Gruber, H./Tietze, W. (Hrsg.), Der Handel für die Märkte von morgen, Frankfurt/Main 1990, S. 125–143.

SCHRÖDER, H., Die DPR-Methode auf dem Prüfstand, asw, H. 10, 1990, S. 110–121.

THEISING, E.-O., Einzelhandel im gemeinsamen Binnenmarkt – Auswirkungen und strategische Optionen, in: Bruhn, M./Wehrle, F. (Hrsg.), Europa 1992 – Chancen und Risiken für das Marketing, Münster 1989, S. 249 ff.

TIETZ, B., Konsument und Einzelhandel, 3. Aufl., Frankfurt 1983.

TREIS, B./SCHMINKE, L., Umbruch durch Scanning, in: asw, H. 4, 1984, S. 74 ff.

WAGNER, H., Unternehmensführung und neue Informationstechnologien: Auswirkungen auf Unternehmensstrategie und Unternehmensorganisation in: Meffert, H./Wagner, H. (Hrsg.): Arbeitspapier Nr. 13 der Wissenschaftlichen Gesellschaft für Unternehmensführung e. V. Münster 1983.

WILLER, K., Warenwirtschaftssystem: Strich durch den Code, in: Wirtschaftswoche, Nr. 13, 23.03.1990, S. 115–119.

ZENTES, J., Informationspotentiale rechnergestützter Warenwirtschaftssysteme im Handel, WiSt, H. 12, 1987, S. 609–614.

ZENTES, J./HILGERS, B., Verbesserung der Entscheidungsqualität im Handel durch Expertensysteme, in: Trommsdorff, V. (Hrsg.), Handelsforschung 1986, Heidelberg 1986, S. 89–104.

ZIMMER, W., High Tech im Baumarkt hilft auch dem Kunden, in: dfz wirtschaftsmagazin, H. 10, 1989, S. 22–23.

Sponsoring – Strategien für mittelständische Unternehmen

Uwe Veltrup

- Kommunikationsmix im Mittelstand
- Sponsoring
- Strategische Optionen und Implementation

Der Beitrag zeigt, daß Sponsoring nicht nur Großunternehmen vorbehalten ist. Bei Beachtung bestimmter Faktoren können kleine und mittelständische Unternehmen dieses Kommunikationsinstrument ebenso erfolgreich einsetzen, um ihre strategische Wettbewerbsposition zu verbessern.

Bedeutung des Sponsoring als innovatives Kommunikationsinstrument für mittelständische Unternehmen

„Die Bedingungen für die Kommunikation haben sich in den letzten Jahrzehnten in dramatischer Weise geändert" (vgl. Kroeber-Riel, 1990, S. 11). Unternehmen, die ihre kommunikativen Ziele effizient erreichen wollen, müssen sich den veränderten Kommunikationsbedingungen anpassen. Diese allgemeine Aussage gilt sowohl für große als auch für mittlere und kleine Unternehmen.

Die Probleme der konventionellen Marktkommunikation resultieren primär aus der Informationsüberlastung der Zielpersonen (vgl. Kroeber-Riel, 1990, S. 11 ff.). Die Informationsüberlastung war und ist die wesentliche Ursache für die nachlassende Wirkung der klassischen Kommunikationsinstrumente. Insbesondere die Effizenz der Werbung wird nach wie vor in Theorie und Praxis diskutiert. Die Ergänzung des kommunikationspolitischen Instrumentariums durch das innovative Kommunikationsinstrument Sponsoring war und ist eine Reaktion der Unternehmen auf die aktuellen Erkenntnisse der Werbewirkungsforschung im Zeitalter der Informations(überfluß)gesellschaft.

Das neue Kommunikationsinstrument Sponsoring wurde zunächst von innovativen Unternehmen eingesetzt. Zu diesen – hinsichtlich des Sponsoring-Einsatzes – innovativen Unternehmen zählten bisher überwiegend große Unternehmen. Ein wesentlicher Grund für diese atypische Entwicklung – in der Regel werden mittelständische Unternehmer als innovative Unternehmer im Schumpeterschen Sinne bezeichnet – war wahrscheinlich die zu Beginn der Sponsoring-Expansion noch fehlende Infrastruktur für effizientes Sponsoring kleiner und mittlerer Unternehmen. Elektronische Medien, die für den Transport der Sponsoring-Botschaft von großer Bedeutung sind, standen den mittelständischen Unternehmen weder in ausreichender Quantität noch in der erforderlichen Qualität zur Verfügung. Die Medienpolitik der meisten Landesregierungen ermöglicht es nunmehr auch privaten Medienanbietern, in den Markt einzutreten (zur Bedeutung der Medien für das Sponsoring siehe Bruhn, 1991, S. 29 ff.).

Die wahrscheinlich positive Entwicklung auf dem Medienmarkt – lokale und regionale Anbieter elektronischer Medien werden voraussichtlich die besseren Rahmenbedingungen nutzen (vgl. Hensmann/Meffert, 1988, S. 192) – ermöglicht es, in Zukunft auch kleinen und mittleren Unternehmen von den wesentlichen Vorteilen des Sponsoring, die im folgenden aufgezählt werden, zu profitieren (vgl. Hermanns, 1991, S. 14 f.):

– Sponsoring in den diversen Bereichen dokumentiert gesellschaftliches Verantwortungsbewußtsein und leistet einen Beitrag zur Corporate Identity.

– Sponsoring ist besonders dann eine gute Alternative, wenn Werbung nicht mit der Unternehmensphilosophie oder mit dem Unternehmensimage kompatibel ist.

- Sponsoring bietet sich für mittelständische Unternehmen als Kommunikationsinstrument an, wenn die Großunternehmen als Reaktion auf den „information overload" die klassische Medienwerbung besetzen.

- Schwer zu kontaktierende Zielpersonen – z. B. Konsumenten mit hohem Bildungsniveau – sind durch geeignete Sponsorships erreichbar.

- Sponsoring ermöglicht es, bestehende Kommunikationsbarrieren – beispielsweise Werbeverbote für Zigaretten, limitierte Sendezeiten im öffentlich-rechtlichen Rundfunk oder Zapping (Zapping ist die amerikanische Kurzbezeichnung für das Umgehen der Werbeeinblendungen durch permanentes Ändern der Fernsehprogramme per Fernbedienung) – zu umgehen.

- Sponsoring spricht Zielgruppen in nichtkommerziellen Situationen an.

- Sponsoring schafft ein erlebnisorientiertes Umfeld. Der Freizeitbereich der Zielpersonen wird für kommunikative Zwecke genutzt.

- Sponsoring gibt Impulse für die gesamte Unternehmenskommunikation und ist als integrierendes Kommunikationsinstrument sehr gut geeignet.

Die genannten Vorteile gelten sowohl für große als auch für mittlere und kleine Unternehmen. Ein relativ großer Vorteil für mittelständische Unternehmen durch den Einsatz des Sponsoring resultiert aus der eingangs beschriebenen Informationsflut: Wenn bereits große Unternehmen mit verhältnismäßig großen Werbebudgets Probleme haben, daß ihre Werbeaktivitäten überhaupt wahrgenommen werden, dann gilt dies um so mehr für kleine und mittlere Unternehmen mit ihren entsprechend kleinen und mittleren Werbebudgets. Durch eine Integration des Sponsoring in das Kommunikations-Mix erhöht sich die Chance, daß sämtliche kommunikativen Aktivitäten eines mittelständischen Unternehmens von den Zielpersonen wahrgenommen und verarbeitet werden.

Besonderheiten beim Einsatz des Sponsoring durch mittelständische Unternehmen

Das Kommunikationsinstrument Sponsoring, das sich aus dem Mäzenatentum früherer Jahre entwickelt hat, basiert im Gegensatz zum altruistischen Mäzenatentum auf dem Prinzip von Leistung und Gegenleistung (vgl. Drees, 1988, S. 24).

Mittlerweile hat sich Sponsoring als Kommunikationsinstrument in vielen Unternehmen etabliert. Auch einige mittelständische Unternehmen haben das Sponsoring als Möglichkeit zur Schaffung von Wettbewerbsvorteilen erkannt. Diese mittelständischen Sponsoring-Pioniere haben – vielfach mit der Unterstützung externer Sponsoring-Berater – zielorientierte Sponsoring-Strategien entwickelt und umgesetzt.

Für die gesellschaftlichen Aktivitäten anderer mittelständischer Unternehmen trifft jedoch eher die Bezeichnung „Mäzenatentum" als „Sponsoring" zu. Zum einen, weil viele mittelständische Unternehmer auch heute noch durch altruistische Motive zur Unterstützung von Sportvereinen, Künstlern, sozialen Institutionen, ökologischen Initiativen usw. bewegt werden und keine Gegenleistungen erwarten. Zum anderen, weil die Leistungen des mittelständischen „Sponsors" in einem alles andere als angemessenem Verhältnis zu den „Gegenleistungen" des „Gesponserten" stehen. Kleine und mittlere Unternehmen erkennen mehr und mehr, daß es angesichts des zunehmenden Konkurrenz- und Kostendrucks kein Geld zu verschenken gibt. Weder als Mäzene noch durch unprofessionelles Sponsoring.

Voraussetzung für den effizienten Einsatz des Sponsoring ist eine systematische Planung. Auch kleine und mittlere Unternehmen müssen auf der Basis einer Situationsanalyse und eines konsistenten Sponsoring-Zielsystems unternehmensspezifische Sponsoring-Strategien entwickeln.

Sponsoringstrategische Optionen für mittelständische Unternehmen

Die ohnehin kleinen Sponsoring-Budgets mittelständischer Unternehmen erzielen häufig nicht die angestrebte Wirkung, weil in vielen Fällen persönliche Präferenzen der Inhaber oder Geschäftsführer den Ausschlag für oder gegen ein Sponsorship geben. Nach dieser Kritik stellt sich nun die Frage: Mit welchen Sponsoring-Strategien können kleine und mittlere Unternehmen ihre ebenso kleinen und mittleren Sponsoring-Etats möglichst effizient einsetzen? Abbildung 1, Seite 89, gibt einen Überblick über die diversen sponsoringstrategischen Optionen für mittelständische Unternehmen, die nachfolgend auch verbal beschrieben werden.

Sponsoring-Auswahlstrategien

Ein Ansatzpunkt für einen möglichst wirkungsvollen Einsatz der für das Sponsoring zur Verfügung stehenden Finanzmittel ist die gezielte Auswahl der Sponsorships. Mittelständische Unternehmen können unter folgenden Sponsoring-Auswahlstrategien die geeignetste auswählen oder auch miteinander kombinieren:

– fokussierte Sponsoring-Strategie,
– Konzentration auf bestimmte Leistungsklassen,
– Konzentration auf bestimmte Sponsoring-Formen,
– Konzentration auf bestimmte Sponsoring-Arten,
– Konzentration auf bestimmte Sponsoring-Bereiche,
– selektiv-differenzierte Sponsoring-Strategie.

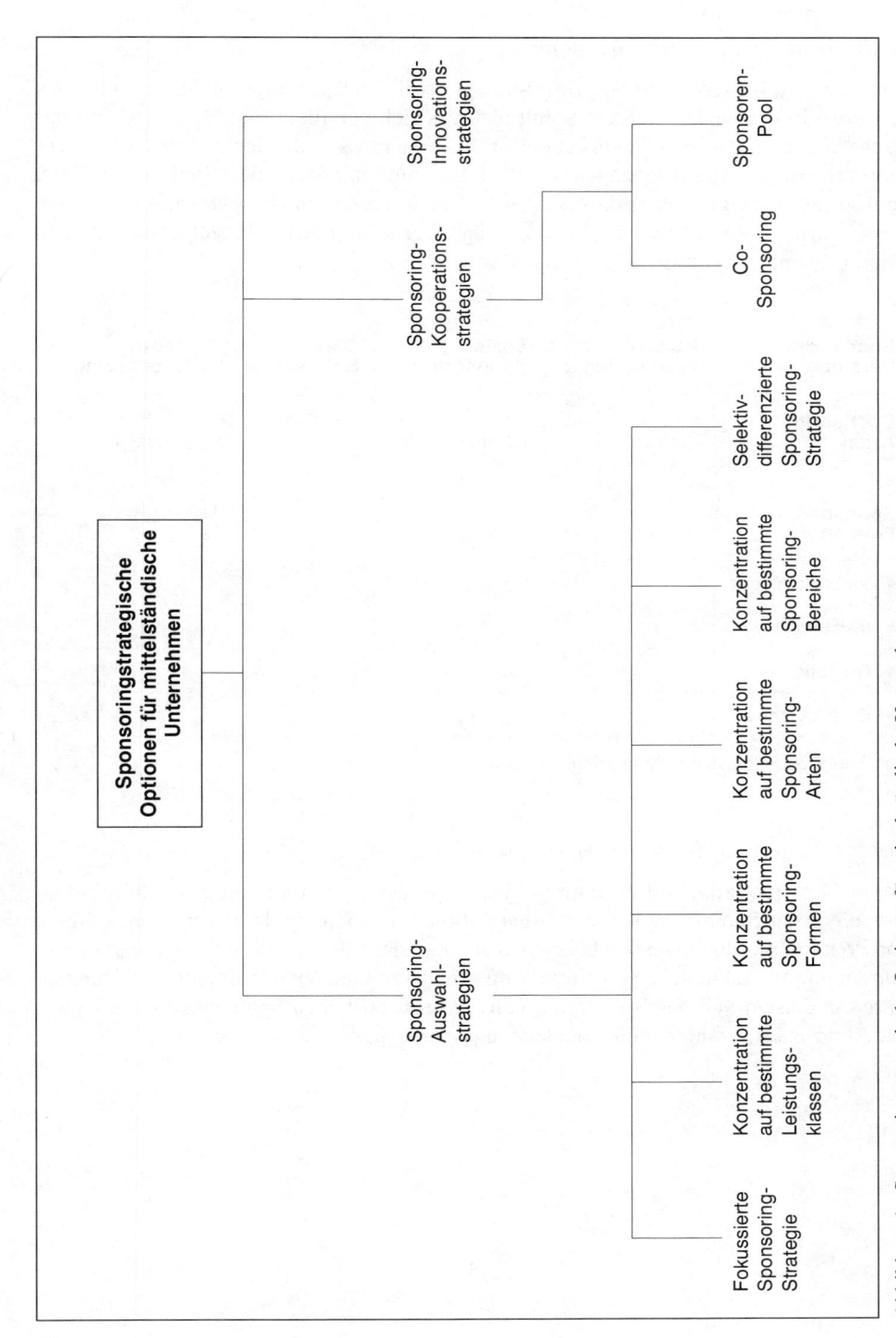

Abbildung 1: Sponsoringstrategische Optionen für mittelständische Unternehmen

Fokussierte Sponsoring-Strategie

Unter einer fokussierten Sponsoring-Strategie soll die Konzentration auf ein einziges Sponsorship verstanden werden. Somit bietet es sich vor allem für „kleine" mittelständische Unternehmen an. Gerade bei dieser Strategie müssen alle denkbaren Risiken sehr sorgfältig in Erwägung gezogen werden. Es empfiehlt sich, bei einer fokussierten Sponsoring-Strategie das Sponsorship selbst zu initiieren und zu planen, um negative Fremdeinflüsse – wie etwa die Verwicklung einer gesponserten Einzelperson in einen Doping-Skandal – von Anfang an auszuschließen.

Sponsoring-Bereiche	Kultur-Sponsoring	Sozio-Sponsoring	Öko-Sponsoring	Sport-Sponsoring
Sponsoring-Arten	– Musik – Theater – …	– Uni – Berufsschulen – …	– Wasserschutz	– Golf – Reiten – …
Sponsoring-Formen				
• Veranstaltungen				
• Institutionen				
• Gruppen				
• Einzelpersonen				

Abbildung 2: Fokussierte Sponsoring-Strategie

Konzentration auf bestimmte Leistungsklassen

Bei der Konzentration auf bestimmte Leistungsklassen setzt ein mittelständisches Unternehmen das Sponsoring nur auf vorher definierten Leistungsebenen ein. Ein Anbieter von Premiumprodukten könnte beispielsweise nur „Hochleistungs-Sponsorships" durchführen, um die qualitative Spitzenstellung seiner Produkte zu dokumentieren. Denkbar wären in diesem Fall das Sponsoring von wissenschaftlichen Spitzeninstituten, Künstlern, die zur Elite zählen, und Hochleistungssportlern.

Sponsoring-Bereiche	Kultur-Sponsoring	Sozio-Sponsoring	Öko-Sponsoring	Sport-Sponsoring
Sponsoring-Arten	– Musik – Theater – ...	– Uni – Berufsschulen – ...	– Wasserschutz – Naturschutz – ...	– Golf – Reiten – ...
Leistungsklassen				
• Spitzenebene				
• Leistungsebene				
• Breitenebene				

Abbildung 3: Konzentration auf bestimmte Leistungsklassen

Konzentration auf bestimmte Sponsoring-Formen

Wie die Überschrift bereits vermuten läßt, bedeutet Konzentration auf bestimmte Sponsoring-Formen die Beschränkung der Sponsoring-Aktivitäten auf Veranstaltungen, Institutionen, Organisationen, Gruppen oder Einzelpersonen. In diesem Zusammenhang ist ebenfalls der Risikoaspekt zu erwähnen. Um Fremdeinflüsse möglichst auszuschalten, kann es für mittelständische Unternehmen vorteilhaft sein, sich auf die Sponsoring-Form Veranstaltungen zu konzentrieren.

Sponsoring-Bereiche	Kultur-Sponsoring	Sozio-Sponsoring	Öko-Sponsoring	Sport-Sponsoring
Sponsoring-Arten	– Musik – Theater – ...	– Uni – Berufsschulen – ...	– Wasserschutz – Naturschutz – ...	– Golf – Reiten – ...
Sponsoring-Formen				
• Veranstaltungen				
• Institutionen				
• Gruppen				
• Einzelpersonen				

Abbildung 4: Konzentration auf bestimmte Sponsoring-Formen

Konzentration auf bestimmte Sponsoring-Arten

Die Sponsoring-Auswahlstrategie der Konzentration auf bestimmte Sponsoring-Arten weist in einigen Ausgangssituationen große Vorteile auf. In Abhängigkeit von der

Zielsetzung können Sponsorships ausgewählt werden, die eine überdurchschnittliche Medienresonanz und die damit verbundene Steigerung des Bekanntheitsgrades gewährleisten oder den gewünschten Imagetransfer bewirken.

Sponsoring-Bereiche	Kultur-Sponsoring	Sozio-Sponsoring	Öko-Sponsoring	Sport-Sponsoring
Sponsoring-Arten	– Musik	– Uni – Berufsschulen – ...	– Wasserschutz – Naturschutz – ...	– Golf – Reiten – ...
Sponsoring-Formen				
• Veranstaltungen				
• Institutionen				
• Gruppen				
• Einzelpersonen				

Abbildung 5: Konzentration auf bestimmte Sponsoring-Arten

Konzentration auf bestimmte Sponsoring-Bereiche

Die Konzentration auf bestimmte Sponsoring-Bereiche ist für einige mittelständische Unternehmen ebenfalls geeignet, um Sponsoring-Erfolgsfaktoren wie etwa Glaubwürdigkeit und Kontinuität sicherzustellen. Beispielsweise sollten sich kleine und mittlere Unternehmen, die eine Öko-Marketing-Strategie verfolgen, auf Öko-Sponsoring konzentrieren.

Sponsoring-Bereiche	Kultur-Sponsoring	Sozio-Sponsoring	Öko-Sponsoring	Sport-Sponsoring
Sponsoring-Arten	– Musik – Theater – ...	– Uni – Berufsschulen – ...	– Wasserschutz – Naturschutz – ...	– Golf – Reiten – ...
Sponsoring-Formen				
• Veranstaltungen				
• Institutionen				
• Gruppen				
• Einzelpersonen				

Abbildung 6: Konzentration auf bestimmte Sponsoring-Bereiche

Selektiv-differenzierte Sponsoring-Strategie

Ein Aspekt, der gegen eine der bereits vorgestellten Sponsoring-Auswahlstrategie sprechen könnte, ist, daß ein mittelständisches Unternehmen bereits seit mehreren Jahren die verschiedensten Sponsorships durchführt. Diese Sponsorships sollten unter Kontinuitäts- und Glaubwürdigkeitsgesichtspunkten eventuell fortgeführt werden, auch wenn sie mehrere Leistungsklassen beziehungsweise Sponsoring-Bereiche, -Arten und -Formen tangieren. Dies gilt umso mehr, wenn diese bereits etablierten Sponsorships Affinitäten zum Unternehmen, zu den angebotenen Produkten oder zur Zielgruppe aufweisen.

Ein anderer Aspekt, der gegen die zuvor skizzierten strategischen Alternativen spricht, ist, daß viele mittelständische Unternehmen auch durch Sponsoring die Vielfalt ihres Leistungsspektrums dokumentieren wollen. In dieser Situation bietet sich die selektiv-differenzierte Sponsoring-Strategie an.

Sponsoring-Bereiche	Kultur-Sponsoring	Sozio-Sponsoring	Öko-Sponsoring	Sport-Sponsoring
Sponsoring-Arten	– Musik – Theater – ...	– Uni – Berufsschulen – ...	– Wasserschutz – Naturschutz – ...	– Golf – Reiten – ...
Sponsoring-Formen				
• Veranstaltungen	▓			
• Institutionen			▓	
• Gruppen		▓		
• Einzelpersonen				▓

Abbildung 7: Selektiv-differenzierte Sponsoring-Strategie

Sponsoring-Kooperationsstrategien

Die Beteiligungen mittelständischer Unternehmen an geeigneten Sponsorships kann ab bestimmten Größenordnungen am relativ kleinen Sponsoring-Budget scheitern. Eine Lösungsalternative ist die Sponsoring-Kooperationsstrategie. Co-Sponsoring und Sponsoren-Pools haben sich bereits in den vergangenen Jahren für weniger finanzstarke Unternehmen bewährt.

Co-Sponsoring

Viele Veranstaltungen, Institutionen, Gruppen und Einzelpersonen werden von mehreren Sponsoren gleichzeitig gesponsert. Je nach finanziellem Engagement des Sponsors und Umfang der Gegenleistungen des Gesponserten kann man Hauptsponsoren und Co-Sponsoren unterscheiden. Folgende Darstellung skizziert die Zusammenhänge:

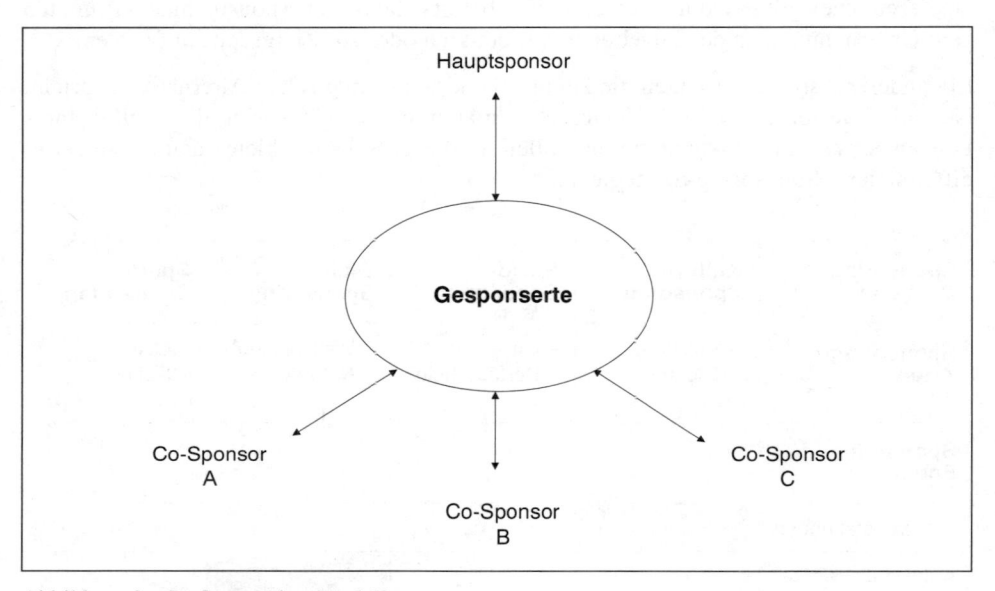

Abbildung 8: Co-Sponsoring-Modell

Sponsoren-Pool

Die zweite Kooperationsform ist der Sponsoren-Pool. Anders als beim Co-Sponsoring haben die Sponsoren eine ähnliche Bedeutung. Es bestehen zwar auch bei Sponsoren-Pools in der Regel unterschiedliche Möglichkeiten der inhaltlichen Ausgestaltung mit der Konsequenz, daß auch die finanziellen Engagements differieren. Diese Unterschiede sind jedoch so geringfügig, daß sich eine Unterscheidung in Haupt- und Co-Sponsor nicht rechtfertigen läßt (vgl. Abbildung 9, Seite 95).

Ansatzpunkte für Kooperationen beim Einsatz des Sponsoring durch mittelständische Unternehmen

Grundsätzlich können die verschiedensten Unternehmenstypen miteinander kooperieren. Doch sollte man auch bei der Auswahl der Sponsoring-Kooperationspartner gewisse Kriterien beachten, denn grundsätzlich ist auch ein Imagetransfer der Sponsoren untereinander nicht auszuschließen.

```
                    Sponsorenpool-
                      Mitglied
                        A
Sponsorenpool-                          Sponsorenpool-
  Mitglied                                Mitglied
    H                                       B


Sponsorenpool-                          Sponsorenpool-
  Mitglied         ( Gesponserte )        Mitglied
    G                                       C


Sponsorenpool-                          Sponsorenpool-
  Mitglied                                Mitglied
    F               Sponsorenpool-           D
                      Mitglied
                        E
```

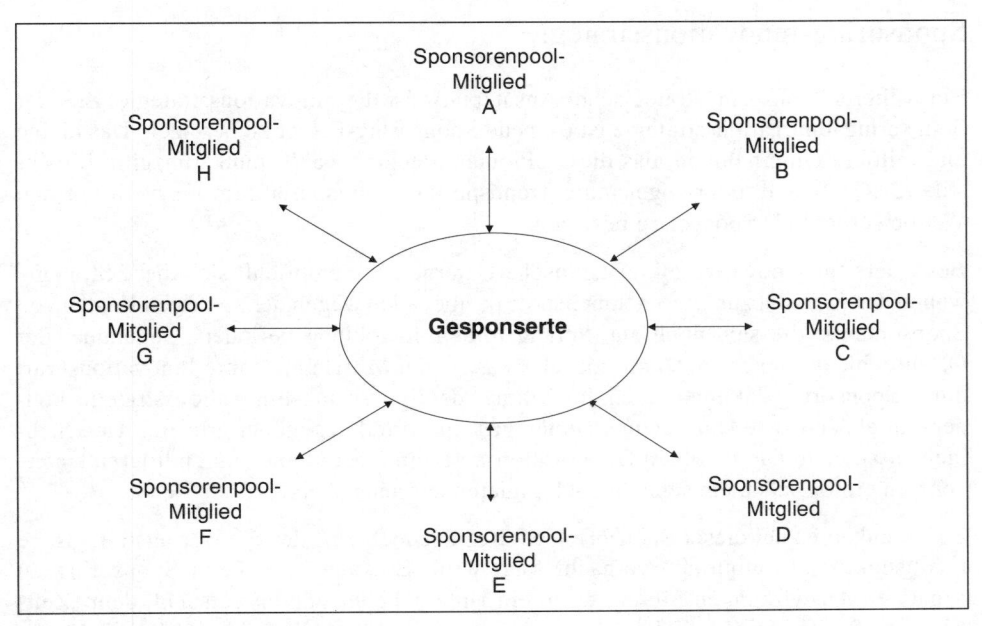

Abbildung 9: Sponsoren-Pool-Modell

Mittelständischen Unternehmen bieten sich diverse Ansatzpunkte für Kooperationen:

– Als äußerst effizient erweisen sich Kooperationen mit Medien, da sich dadurch gleichzeitig der Multiplikatoreffekt des Sponsoring sicherstellen läßt.

– Darüber hinaus können sich kleine und mittlere Unternehmen der Region zusammenschließen, um in einem regionalen Sponsoren-Pool kulturelle, soziale, ökologische und sportliche Initiativen zu unterstützen, um die Lebensqualität der Region und somit auch die Standortqualität zu verbessern.

– Mittelständische Unternehmen können auch mit ihren Absatzmittlern oder Zulieferern kooperieren.

– Kooperationen mit Wettbewerbern sind ebenfalls – etwa im Hinblick auf den Europäischen Binnenmarkt – sinnvoll. Einerseits könnten für Produkte mit einer besonderen nationalen Identität, wie etwa Bier, durch gemeinsame Sponsorships der nationalen Brauereien Präferenzen geschaffen werden. Andererseits könnte – auch länderübergreifend – mit Wettbewerbern, die eine ähnliche Struktur aufweisen und deren Distributionsgebiete sich nicht überschneiden, kooperiert werden, um Präferenzen für diesen Unternehmenstyp aufzubauen.

– Auch durch Sponsoring-Kooperationen mit Veranstaltern von kulturellen oder sportlichen Ereignissen können mittelständische Unternehmen Synergien nutzen. Künstleragenturen, Sporthallen, Stadthallen, Stadien und Veranstaltungshallen können einen wesentlichen Teil der organisatorischen Aufgaben übernehmen.

Sponsoring-Innovationsstrategie

Ein weiterer sponsoringstrategischer Ansatzpunkt ist die Innovationsstrategie. Ziel der Sponsoring-Innovationsstrategie ist es, neue Sponsoring-Felder zu besetzen. Das kleine und mittlere Unternehmen, das diese „Pionierstrategie" wählt, muß frühzeitig Musikstile, die „in" sind, oder sogenannte Trendsportarten aufspüren, um sie noch vor den Wettbewerbern als Sponsor zu besetzen.

Besonders für innovative mittelständische Unternehmen empfiehlt sich diese Strategie wegen der Affinität zur Unternehmenspolitik, aber auch wegen der niedrigen Kosten von Sponsorships, die sich noch am Anfang ihrer Entwicklung befinden. Gegenüber der Öffentlichkeit können sie somit mit relativ geringen Mitteln auch ihre Innovationskraft durch Sponsoring dokumentieren. Im Rahmen der Sponsoring-Innovationsstrategie können mittelständische Unternehmen einen großen Vorteil gegenüber größeren Unternehmen ausspielen: Die flexiblen Organisationsstrukturen der kleinen und mittleren Unternehmen ermöglichen ein schnelleres Reagieren auf neue Trends.

Zu bedenken ist bei dieser Sponsoring-Strategie jedoch, daß der sponsoringstrategische Erfolgsfaktor „Kontinuität" vernachlässigt wird. Es kann auch beim Sponsoring zu negativen Auswirkungen führen, wenn ein Unternehmen ständig versucht, dem „Zeitgeist" zu folgen. Im Zweifel sollte ein Sponsor versuchen, die beiden Faktoren Kontinuität und „Zeitgeist" zu verbinden und zeitlose Sponsoring-Arten auswählen.

Implikationen für die Sponsoring-Praxis mittelständischer Unternehmen

In der theoretischen Betrachtung des Sponsoring für mittelständische Unternehmen ist die Bedeutung dieses innovativen Kommunikationsinstrumentes auch für diesen Unternehmenstyp demonstriert worden. Sponsoring bietet kleinen und mittleren Unternehmen vor allem die Möglichkeit, einerseits den Bekanntheitsgrad zu steigern, und andererseits, sich gegenüber den Mitbewerbern – auch gegenüber großen Wettbewerbern – zu profilieren.

Um das gesamte Chancenpotential, welches das Sponsoring bietet, optimal auszunutzen, ist eine Integration dieses multiplen und komplementären Kommunikationsinstrumentes in die Unternehmenskommunikation unerläßlich (vgl. Hermanns, 1987, S. 438 f.). Darüber hinaus ist das Sponsoring strategisch zu fundieren, weil Kontinuität und Glaubwürdigkeit zentrale Erfolgsfaktoren einer Sponsoring-Konzeption sind.

Ferner ist eine aktive Strategie gegenüber einer passiven Strategie vorteilhaft, um nicht permanent auf die zahlreichen Angebote von Sponsorsuchenden – in der Regel mit Ablehnungen – reagieren zu müssen. Eine aktive Sponsoring-Strategie gewährleistet außerdem einen möglichst großen Einfluß auf die inhaltliche Gestaltung der Sponsorships, wobei der Sponsor selbstverständlich nicht in die Politik der gesponserten Institutionen, Organisationen oder auch Einzelpersonen eingreifen darf.

Mit der Innovationsstrategie, den beiden Formen der Kooperationsstrategie sowie den diversen Auswahlstrategien sind alternative strategische Stoßrichtungen für den Einsatz des Sponsoring in mittelständischen Unternehmen genannt, um die „Budgetnachteile" gegenüber großen Unternehmen zu kompensieren.

Die relativ kleinen Sponsoring-Budgets mittelständischer Unternehmen rechtfertigen allerdings nicht einen weniger systematischen Sponsoring-Planungsprozeß, denn auch kleinere und mittlere Unternehmen müssen ihre finanziellen Ressourcen unter Berücksichtigung von Effizienzkriterien einsetzen.

Ein systematischer Planungsprozeß ist auch für ein mittelständisches Unternehmen die wesentliche Voraussetzung, um die durch das Sponsoring anvisierten Ziele zu realisieren. Ein systematischer und kreativer Planungsprozeß ist auch unter einem anderen Aspekt von Bedeutung: Kleine und mittlere Unternehmen können sich wegen der häufig relativ geringen Eigenkapitalausstattung keine gravierenden „Sponsoring-Flops" leisten.

Um ein systematisches und kreatives Sponsoring-Konzept im Rahmen einer integrierten Unternehmenskommunikation zu entwickeln sowie durch- und umzusetzen, sind teamorientierte Organisationsstrukturen auch für mittelständische Unternehmen empfehlenswert. In diese Teams sollten unbedingt auch externe Sponsoring-Experten integriert werden, um die in der Regel vorhandenen Spezialwissen-Defizite in kleinen und mittleren Unternehmen durch das Know-how der Kommunikations- und Sponsoring-Berater kompensieren zu können. Durch die Hinzuziehung von Kommunikations- und Sponsoring-Spezialisten kann der Planungsprozeß effizienter gestaltet und die Entscheidungsfindung abgesichert werden. Für die Koordination der vielfältigen Einzelmaßnahmen, die aus der Vernetzung des Sponsoring mit anderen Kommunikationsinstrumenten resultieren, sollte ein Kommunikationsmanager in der Organisation verankert werden.

Entwicklungsperspektiven für den Einsatz des Sponsoring durch mittelständische Unternehmen

Die Bedeutung der Medien als Multiplikatoren der Sponsoring-Botschaften wurde bereits an anderer Stelle angeschnitten. Kleine und mittlere Unternehmen konnten Sponsorships bisher nicht in gewünschtem Umfang realisieren, da die großen Sponsorships, die in den nationalen Medien entsprechende Resonanz finden, für diesen Unternehmenstyp ein zu hohes Budget erfordern. Zudem wären ohnehin durch die nationale Ausstrahlung „Streuverluste" entstanden, da viele mittelständische Unternehmen ihre Produkte nur regional anbieten. Die Entwicklungstendenzen auf dem elektronischen Medienmarkt – die Zahl der lokalen und regionalen Rundfunk- und Fernsehstationen wird zunehmen – (vgl. Hensmann/Meffert, 1988, S. 192) werden die Sponsoring-Rahmenbedingungen für mittelständische Unternehmen wesentlich verbessern.

Ein weiterer wichtiger Aspekt muß bei der Einschätzung der zukünftigen Entwicklung des Sponsoring für mittelständische Unternehmen in Betracht gezogen werden: Die hohe

Verschuldungsquote öffentlicher Haushalte auf allen Ebenen – Kommunen, Länder und Bund – stützt die nächste These, auch ohne empirisch begründet werden zu müssen: Die defizitären öffentlichen Haushalte erschweren es den staatlichen Institutionen, künstlerische, soziale, ökologische und sportliche Initiativen zu unterstützen. Sponsoring bietet sich in dieser Situation für Vereine, Theater, Museen, Umweltinitiativen, Kindergärten etcetera als Problemlösung an. Das Angebot zieladäquater Sponsorships – insbesondere auf lokaler und regionaler Ebene – wird sich für mittelständische Unternehmen erhöhen. Kleine und mittlere Unternehmen sollten die vielfältigen Sponsoring-Möglichkeiten kritisch prüfen und nutzen.

Literatur

BACKHAUS, K., Investitionsgütermarketing für den Mittelstand, in: Droege & Comp. (Hrsg.): Strategische Unternehmensführung in mittelständischen Unternehmen, Düsseldorf 1991, S. 251–258.

BERNDT, R., Einführung in das Sponsoring, in: Werbeforschung und Praxis, 1991, Nr. 1, S. 13–15.

BICKEL, W., Der gewerbliche Mittelstand heute – Definition und Einordnung, in: ZO, 1981, Nr. 4, S. 184.

BRUHN, M., Sponsoring. Unternehmen als Mäzene und Sponsoren, 2. Aufl., Frankfurt am Main und Wiesbaden 1991.

DREES, N., Sponsoring – Eine Begriffsbestimmung, in: Werbeforschung und Praxis, 1988, Nr. 1, S. 23–24.

HENSMANN, J./MEFFERT H., Medien 2000 – Thesen zu den Entwicklungsperspektiven elektronischer Medien im Marketing, in: Meffert, H. (Hrsg.): Strategische Unternehmensführung und Marketing: Beiträge zur marktorientierten Unternehmenspolitik, Wiesbaden 1988, S. 184–198.

HERMANNS, A., Sponsoring – Innovatives Instrument der Kommunikationspolitik im Marketing, in: Wirtschaftswissenschaftliches Studium, 1987, Nr. 8/9, S. 435–441.

HERMANNS, A., Sponsoring: Kommunikationsinstrument mit Zukunft, in: Werbeforschung und Praxis, 1990, Nr. 4, S. 107–112.

KROEBER-RIEL, W., Strategie und Technik der Werbung. Verhaltenswissenschaftliche Ansätze, 2. Aufl., Stuttgart 1990.

PFOHL, H.-C./KELLERWESSEL, P., Abgrenzung der Klein- und Mittelbetriebe von Großbetrieben, in: Pfohl, H.-C. (Hrsg.): Betriebswirtschaftslehre der Mittel- und Kleinbetriebe, 2. neubearbeitete Aufl., Berlin 1990, S. 1–23.

Teil 3

Fallstudien

Die Krise im Werkzeugmaschinenbau – Chancenpotentiale für die mittelständische Zulieferindustrie?

Walter Bickel/Andreas Wild

- Situation Werkzeugmaschinenbau
- Beziehung Endgerätehersteller – Zulieferer
- Relationship-Management

Der Beitrag stellt die Beziehungen zwischen Werkzeugmaschinenherstellern und -zulieferern als wettbewerbsentscheidend dar. Bei einer entsprechenden Gestaltung zwischen beiden Partnern können sich die mittelständisch geprägten Zulieferer Vorteile gegenüber der Konkurrenz erarbeiten. Das *Relationship-Management* wird hier als geeigneter Lösungsansatz zur gezielten Marktbearbeitung vorgestellt.

Die Krise als Chance?

Die Krise im Werkzeugmaschinenbau bietet den ebenfalls stark in Bedrängnis geratenen Zulieferern künftig durchaus Chancenpotentiale. Die Absicherung ihrer Marktposition wie auch ihrer Existenz setzt folgendes voraus:

- Konzentration der Neukundenakquisition auf lukrative Werkzeugmaschinen-Segmente,
- aktive Bearbeitung der Werkzeugmaschinenhersteller im Zuge eines verstärkten *Relationship Management*,
- gezielte Wahrnehmung der sich durch den Prozeß des verstärkten Abbaus der Fertigungstiefe bei Werkzeugmaschinen-Herstellern bietenden Chancen.

Der dramatische Konjunktureinbruch in der Werkzeugmaschinenindustrie – der einstigen Renommierbranche der deutschen Wirtschaft – ist derzeit das beherrschende Thema in den Wirtschaftsmedien. Dabei handelt es sich nicht nur um hausgemachte Probleme, sondern um Turbulenzen, die den gesamten Weltmarkt betreffen.

Als Hauptgründe hierfür können die global abflauende Konjunktur, der erhöhte Wettbewerbsdruck induziert durch die südostasiatische Konkurrenz sowie Defizite in der strategischen Ausrichtung der Werkzeugmaschinenunternehmen genannt werden. Exemplarisch für letzteres sei hier nur die heute im Zuge der künftigen Positionierung entscheidende Ausrichtung als Universal- oder Standardmaschinenanbieter aufgeführt. Eine Marktstudie der Deutschen Gesellschaft für Mittelstandsberatung mbH (DGM) hat jedoch ergeben, daß trotz der negativen Berichterstattung über Unternehmen der Branche die derzeit zurückhaltende bis pessimistische Einschätzung der Zukunft bei den ebenfalls stark in Bedrängnis geratenen Zulieferern einer optimistischen Einstellung weichen sollte und daß durchaus Chancenpotentiale für eine erfolgreiche Marktbearbeitung und damit langfristige Existenzabsicherung bestehen.

Prozeßstufen erreichbarer Marktpotentiale

Eine Global-Betrachtung der Werkzeugmaschinenindustrie ist allerdings für die Beurteilung der Zukunftsperspektiven der Zulieferindustrie nur bedingt aussagefähig, da der Markt heterogene Strukturen aufweist, die zur Prognose der zulieferseitigen Entwicklungsmöglichkeiten different bewertet werden müssen, was die Marktstudie eindeutig belegt. Entsprechend der in ihr nachgewiesenen segmentspezifischen Konjunkturen ergeben sich verschiedene Ansätze für die künftige Marktvolumensentwicklung der Werkzeugmaschinensegmente mit zwangsläufig unterschiedlichen Prognosen und Einschätzungen der Chancenpotentiale der Zulieferbranchen. Neben der segmentspezifischen Einteilung der Werkzeugmaschinenbranche teilt sich der Markt des weiteren in mehrere Prozeßstufen, deren Transparenz bislang nur wenig Bedeutung geschenkt wurde. Hierbei lassen sich im deutschen Markt vier Prozeßstufen identifizieren, die unterschiedlich strukturiert, jedoch marktseitig eng miteinander verknüpft sind – mit zwangsläufigen Auswirkungen für die Prognose der erreichbaren Marktpotentiale der Zulieferer (vgl. Abbildung 1).

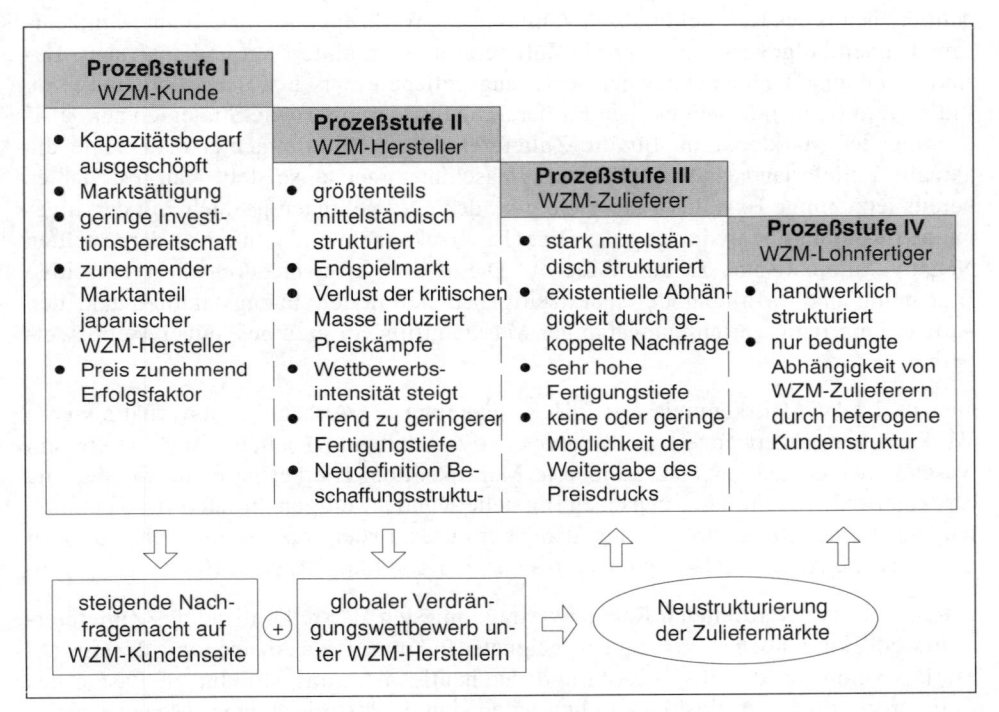

Prozeßstufe I WZM-Kunde	Prozeßstufe II WZM-Hersteller	Prozeßstufe III WZM-Zulieferer	Prozeßstufe IV WZM-Lohnfertiger
• Kapazitätsbedarf ausgeschöpft • Marktsättigung • geringe Investitionsbereitschaft • zunehmender Marktanteil japanischer WZM-Hersteller • Preis zunehmend Erfolgsfaktor	• größtenteils mittelständisch strukturiert • Endspielmarkt • Verlust der kritischen Masse induziert Preiskämpfe • Wettbewerbsintensität steigt • Trend zu geringerer Fertigungstiefe • Neudefinition Beschaffungsstruktu-	• stark mittelständisch strukturiert • existentielle Abhängigkeit durch gekoppelte Nachfrage • sehr hohe Fertigungstiefe • keine oder geringe Möglichkeit der Weitergabe des Preisdrucks	• handwerklich strukturiert • nur bedungte Abhängigkeit von WZM-Zulieferern durch heterogene Kundenstruktur

⇩ steigende Nachfragemacht auf WZM-Kundenseite (+) ⇩ globaler Verdrängungswettbewerb unter WZM-Herstellern ⇨ ⇧ Neustrukturierung der Zuliefermärkte ⇧

Abbildung 1: Die vier Prozeßstufen im Werkzeugmaschinenbau

Das Ziel der Prozeßstufe I hin zu günstigeren Beschaffungsstrukturen zur Erhaltung der internationalen Wettbewerbsfähigkeit bedeutet für die gesamte Werkzeugmaschinenbranche inklusive deren Zulieferern eine Kettenreaktion, bei der der Erfolgsfaktor Preis zunehmend an Dominanz gewinnt. Der ansteigende Preisdruck bei den Werkzeugmaschinenherstellern mit der Folge abnehmender Margen zwingt diese, im Zuge notwendiger schlankerer Fertigungsorganisationen ihren Zulieferer-Mix neu zu definieren. Die Zulieferer, die durch ihre existentielle Abhängigkeit sehr eng an die Werkzeugmaschinenhersteller gekoppelt sind, können aufgrund hoher Fertigungstiefen diesen Druck auf der Preisseite kaum kompensieren oder gar weitergeben, da eine intakte Zulieferstruktur ihrerseits sowie deren effizientes Handling derzeit nur bedingt existent ist.

Beziehungsgeflecht zwischen Herstellern und Zulieferern

Im Rahmen der DGM-Marktstudie wurde ebenfalls der allgemein unterstellte Negativ-Automatismus des Konjunkturabschwunges in der Werkzeugmaschinenbranche mit entsprechenden Folgewirkungen für die Zulieferer kritisch hinterfragt und analysiert. Basierend auf einer Untersuchung der Beziehungsgeflechte zwischen Herstellern und deren Zulieferern wurden Möglichkeiten für deren Intensivierung, sowie Strategien zur Absicherung der Marktposition für die Zulieferer dargestellt. Betrachtet man heute die aktuelle Zulieferlandschaft der Werkzeugmaschinenbranche, so stellt man fest, daß es bereits jetzt einige Exzellenz-Beispiele gibt, denen es gelungen ist, sich von der allgemeinen Konjunkturentwicklung der Branche abzukoppeln und den zuvor dargestellten Negativ-Automatismus zu durchbrechen. Dies wurde erreicht durch die rechtzeitige Erkennung und Erfüllung der marktseitig neu definierten Erfolgsfaktoren und den Aufbau langfristig verteidigungsfähiger Markteintrittsbarrieren gegenüber Wettbewerbern.

Gemäß der DGM-Erkenntnisse ist die Reduzierung der Abhängigkeitsverhältnisse zu Werkzeugmaschinenherstellern und deren aktive Bearbeitung seitens der Zulieferer ein wesentlicher Garant für eine gesicherte Marktposition. Hierbei ist es notwendig, die Struktur der Verflechtungen zwischen Herstellern und jeweiligen Zulieferern zu betrachten und individuell auf ihre Wertigkeit zu überprüfen. In der Praxis lassen sich heute drei verschiedene Arten von Beziehungen feststellen (Abbildung 2, Seite 105).

Die derzeit weit verbreiteten Rahmenverträge mit den Herstellern sind aus Zulieferersicht weder kurz- noch langfristig ein geeignetes Instrument zur Absicherung der eigenen Marktposition, da das Risiko aufgrund der heutigen Vertragsstruktur zu Lasten des Zulieferers verteilt ist. Positiver zu beurteilen sind die historisch gewachsenen emotionalen Beziehungen aufgrund des persönlichen Beziehungsgeflechtes der Entscheidungsträger. Allerdings muß konstatiert werden, daß in stürmischer werdenden Zeiten persönliche Verbindungen zunehmend durch rationale an der Kostenstruktur des Unternehmens orientierte Entscheidungen substituiert werden. Über emotionale Bindungen läßt sich daher die Stabilität der Geschäftsbeziehungen nur kurzfristig sichern.

Der zentrale Erfolgsfaktor zur langfristigen Absicherung der Zuliefererposition ist vielmehr heute in der technologischen Verknüpfung zwischen Werkzeugmaschinenhersteller und Zulieferer zu sehen. Gemeinsame Entwicklungen gewährleisten langfristig die Alleinstellung der Zuliefererposition. Damit gelingt insbesondere die Abschottung gegenüber einer second source mit der Konsequenz einer klaren Kontrollierbarkeit des Geschäftes seitens des Zulieferers. Ein weiterer wesentlicher Aspekt einer erfolgreichen Marktbearbeitung ist die technologische Integration der Kunden der Werkzeugmaschinenproduzenten in das Beziehungsgeflecht der Zulieferindustrie. Da zum Teil der Werkzeugmaschinenkunde bestimmt, welche Ausrüstungskomponenten in der Maschine integriert werden, ist es für Zulieferer vital, sich hier zu profilieren. Bis dato sind bei den Werkzeugmaschinenkunden die Zulieferer der Hersteller größtenteils unbekannt, was zu

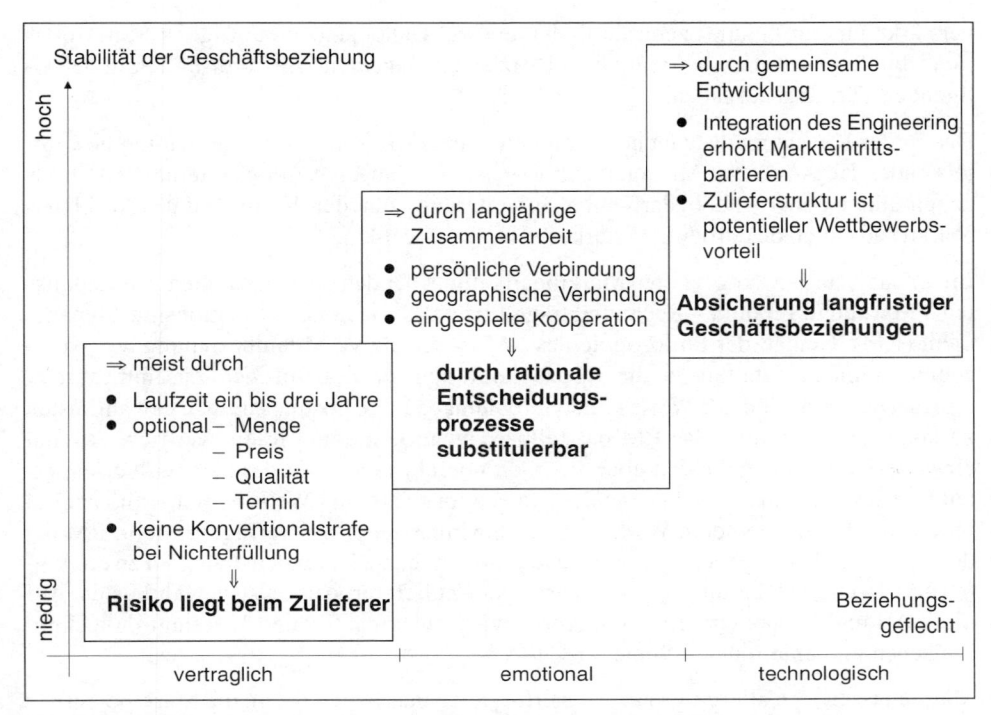

Abbildung 2: Beziehungsgeflecht Werkzeugmaschinenhersteller und Zulieferer

einer Anonymisierung der Zulieferbranche führte. Bei der Untersuchung stellte sich heraus, daß Zulieferer, die ihre Kompetenz aktiv vermarktet haben, vom Werkzeugmaschinenkunden als Ausrüster für spezielle Komponenten bestimmt wurden. Ein erfolgreicher Marktzutritt mit der Chance der Ausprägung eines Alleinstellungsmerkmales bedarf daher einer dualen Marktbearbeitung sowohl des Werkzeugmaschinenherstellers als auch des Werkzeugmaschinenkunden.

Innerbetriebliche Potentiale

Betrachtet man die innerbetrieblichen Potentiale der mittelständisch geprägten Zulieferindustrie, so dominieren derzeit noch Organisationsformen, die den aktuellen und zukünftigen Anforderungen des Marktes nicht mehr gerecht werden können.

Die größtenteils historisch gewachsenen produktionsorientierten Strukturen müssen durch marktorientierte Organisationsformen sukzessive abgelöst werden, damit sich bietende Marktchancen effizient nutzen lassen. Während man sich in der Vergangenheit bei den Lieferanten nahezu ausschließlich auf das Stammkundengeschäft verließ, mit der zwangsläufigen Folge der Vernachlässigung des Vertriebes, kommt diesem heute und verstärkt auch in Zukunft zentrale Bedeutung zu. Daher sind zukünftig der Marktfokus in Verbindung mit innerbetrieblichem Effizienzmanagement die vordringlich in bewältigenden Führungsaufgaben.

Das in der Konsumgüterbranche verbreitete, eine effiziente Marktbearbeitung gewährleistendes Key-Account-Management, erweist sich bei Investitionsgüterherstellern als zu eindimensional und bedarf einer Erweiterung, um der Komplexität sowohl des Marktes als auch des Produktes stärker gerecht zu werden.

Ein Lösungsansatz zur gezielten Marktbearbeitung, der den oben genannten Ansatzpunkten – Markt und Produkt – Rechnung trägt, bietet das sogenannte Relationship-Management (RM). Gemäß der Philosophie des RM ist die aktive Miteinbeziehung des Werkzeugmaschinenherstellers in die Konzeptionierung der zukünftigen Zusammenarbeit erforderlich, um auf diese Weise kundenproblemadäquate Lösungsansätze gewährleisten zu können. Diese, über das RM darstellbare Neuorientierung in der Vertriebsaktivität eines Zulieferanten, geht weit über die traditionell bekannte Art des technisch orientierten Vertriebes hinaus, da schon bei der Konzeptionsphase der Werkzeugmaschinenzulieferant sein Know-how dem Werkzeugmaschinenhersteller zur Verfügung stellt. RM hat des weiteren die Aufgabe, integrative Zielgruppen- und Zielkundenstrategien zu erarbeiten und deren Realisierung zur Absicherung der Zuliefererposition zu gewährleisten. Auf diese Art und Weise wird eine Symbiose zwischen Hersteller und Lieferant im technologischen und emotionalen Sinne erreicht.

Märkte lassen sich allerdings nur dann erfolgreich bearbeiten, wenn die Marktpotentiale eine ausreichende Größe aufweisen. In den letzten Monaten waren jedoch die meisten Segmente in der Werkzeugmaschinen-Branche durch zum Teil dramatische Einbrüche gekennzeichnet – eine für Zulieferer an sich besorgniserregende Entwicklung.

Durch die von den Werkzeugmaschinenkunden induzierten Gewinneinbußen bei Werkzeugmaschinenherstellern wurden letztere gezwungen, ihre Kosten- und Produktionsstrukturen effizienter zu gestalten. Das Zauberwort Lean Production wurde zum Leitbild vieler Werkzeugmaschinenhersteller und führt zukünftig zu einem vom Management eingeleiteten Prozeß des verstärkten Abbaus der Fertigungstiefe. Die Auslagerung bezieht sich nicht nur auf sogenannte Low-interest-Produkte, sondern auch auf wesentliche Baugruppen/Komponenten einer Werkzeugmaschine. Hier bieten sich kompetenten Zulieferanten hohe Marktpotentiale in ihren angestammten Kernbereichen und damit zwangsläufig eine Aufhellung der bislang düsteren Zukunftsaussichten. Das Erreichen dieser Marktpotentiale erfordert allerdings seitens der Zulieferindustrie statt unstrukturierter Diversifikationspläne die Identifikation und Profilierung der Kernkompetenz des Unternehmens, um eine Verzettelungsgefahr zu vermeiden.

Abschließend läßt sich feststellen, daß auf Basis der vorangegangen Ausführungen der durch den Konjunktureinbruch der Werkzeugmaschinenhersteller induzierte Pessimismus bei den Zulieferern einer optimistischen Grundhaltung weichen sollte. Gründe hierfür gibt es genug:

- die Möglichkeit, zusätzliche Umsatzpotentiale durch verstärkten Auslagerungsprozeß bei Werkzeugmaschinenherstellern zu generieren;
- über die Verbesserung der eigenen Marktstellung bei den Werkzeugmaschinenherstellern größere Marktanteile durch Verdrängung von Wettbewerbern zu realisieren;
- durch die Konzentration der Neukundenakquisition auf die konjunkturstabileren Werkzeugmaschinen-Segmente Wachstumspotentiale zu erreichen sowie
- die bislang noch nicht angesprochene Möglichkeit, über strategische Allianzen im Zuliefererbereich lukrative ausländische Märkte, die aufgrund der Bedienkosten einen einzelnen Zulieferer meist überfordern, zu bearbeiten und damit über eine verstärkte Globalisierung eine Absicherung der kritischen Masse zu erreichen.

CARPE DIEM – Die Entwicklung einer Marke für Nischenprodukte

Siegfried Peiker

- Fallstudie Nischenpolitik
- Markt für textile Accessoires
- Neupositionierung einer Marke

Diese Fallstudie beschreibt die Entwicklung einer Marke. Sehr konkret wird in diesem Zusammenhang die Positionierung im wettbewerblichen Umfeld dargestellt. Der Beitrag zeigt, wie in einer geschlossenen Marketing-Konzeption die einzelnen Elemente des Marketing-Mix aufeinander aufbauen.

Ausgangssituation

Als Hersteller von Schals und Tüchern hat sich V. Fraas zum weltweit führenden Anbieter in diesem Teilmarkt textiler Accessoires entwickelt. Bei den Marktpartnern im Handel ist V. Fraas besonders geschätzt wegen des in der Branche umfangreichsten Produktangebotes. Mit über 600 Artikeln und einem Spektrum an verarbeiteten Materialien von Acryl bis Kaschmir werden die wesentlichen Markt- und Preissegmente abgedeckt. Als weitere Besonderheit gilt die Qualität der Produkte von V. Fraas, die in einer vollstufigen Produktion vom Garn bis zum fertigen Schal ausschließlich in eigener Fertigung am oberfränkischen Standort hergestellt werden.

Etwa zehn Millionen Schals werden weltweit vertrieben, wobei je nach Handelssystem und regionalen Strukturen unterschiedliche Vertriebsformen ausgeprägt sind. Dabei wird der Facheinzelhandel im wesentlichen über Zwischenstufen, wie Großhandel und Einkaufsverbände versorgt, wohingegen die Großformen des Einzelhandels, wie Warenhäuser, als Key Accounts direkt bedient werden.

Aufgrund der historisch gewachsenen Vertriebsstruktur über den Zwischenhandel sind die Produkte von V. Fraas entweder namenlos oder als Eigenmarken geführt (eine Ausnahme bildet die Qualitätsmarke CASHMINK, auf die hier nicht näher eingegangen wird). Es kann also davon ausgegangen werden, daß V. Fraas sowohl als Hersteller als auch als Marke beim Verbraucher, aber auch bei großen Teilen des Facheinzelhandels weitgehend unbekannt ist.

Eine aktive Kommunikationspolitik im Sinne von Werbung und PR erschien vor diesem Hintergrund bislang nicht notwendig und im Interesse der Beziehungen zum Zwischenhandel auch nicht möglich.

Angesichts des oben skizzierten Zusammenhangs kann ein weiteres Wachstum in den angestammten Märkten mit dem bisherigen Mitteleinsatz nur in begrenztem Umfang erreicht werden. Im folgenden soll aufgezeigt werden, mit welchem Szenario die Marke CARPE DIEM entwickelt und wie sie im Markt implementiert wurde.

Positionierung

Für die Betrachtung des Marktes hinsichtlich besetzter Segmente und der Wettbewerbsstruktur ist es wichtig, die bestimmenden Erfolgsfaktoren für Schals und Tücher zu analysieren. Zu diesem Zweck führte die Deutsche Gesellschaft für Mittelstandsberatung (DGM) eine Untersuchung unter Verbrauchern durch, die die Ergebnisse, wie in Abbildung 1, Seite 111, dargestellt, erbrachte.

Trend

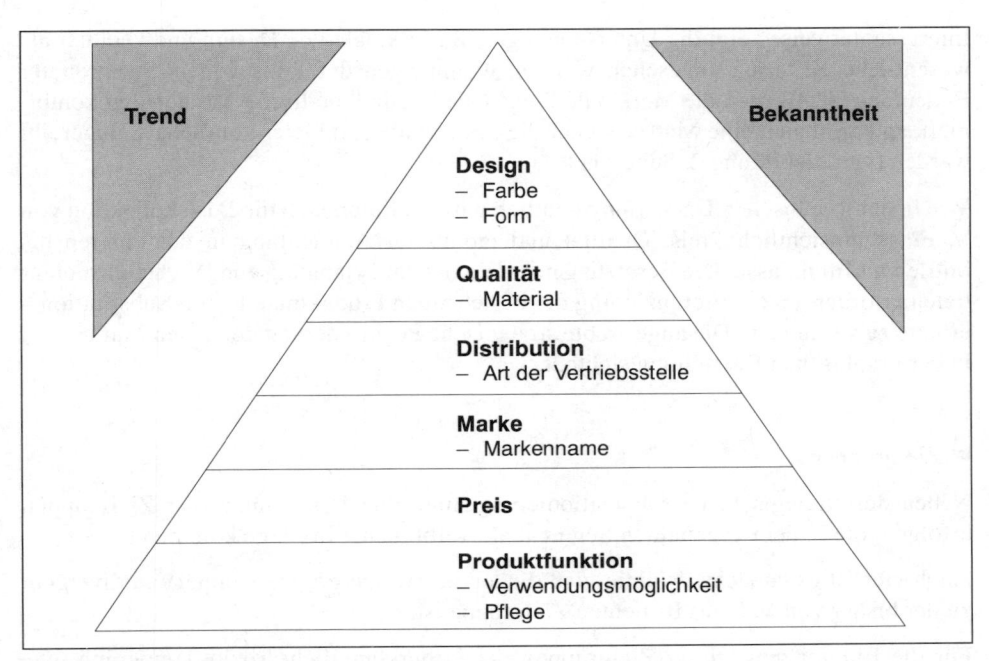

Bekanntheit

Design
– Farbe
– Form

Qualität
– Material

Distribution
– Art der Vertriebsstelle

Marke
– Markenname

Preis

Produktfunktion
– Verwendungsmöglichkeit
– Pflege

Abbildung 1: Erfolgsfaktoren für Schals und Tücher nach Prioritäten geordnet

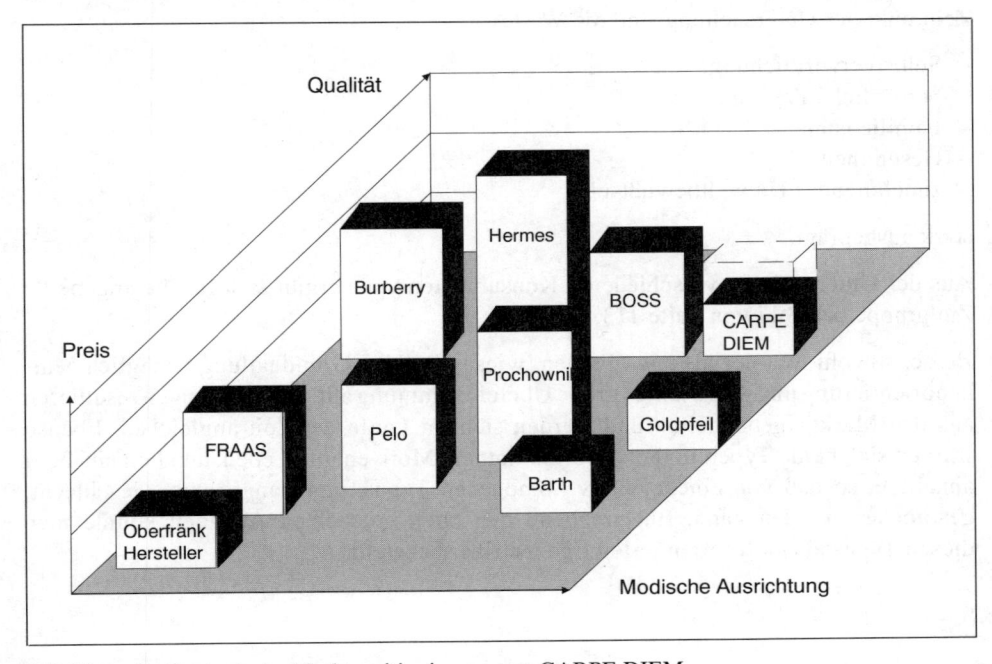

Abbildung 2: Strategische Marktpositionierung von CARPE DIEM

Interessanterweise zeigt die Untersuchung, daß Merkmale wie Design und Qualität als wesentliche Kriterien angesehen werden, wohingegen der Preis von nachgeordneter Bedeutung ist. Werden die Merkmale Preis, Qualität und modische Ausrichtung kombiniert, so ergibt sich eine Matrix, in der die bestehenden Anbieter von Schals eingereiht werden (vgl. Abbildung 2, Seite 111).

Wie in der graphischen Darstellung deutlich wird, definiert sich die Basiskollektion von V. Fraas hinsichtlich Preis, Qualität und modischer Ausrichtung in der unteren bis mittleren Mittelklasse. Die Besetzung neuer Felder zur Erlangung von Wachstumspotentialen erfordert eine Differenzierung der bestehenden Produktpalette, um Substitutionseffekte zu vermeiden. Die angestrebte strategische Positionierung der neuen Marke wird in der graphischen Darstellung sichtbar.

- Zielgruppen

Neben der strategischen Grobpositionierung muß eine Bestimmung der Zielgruppen erfolgen, die in dem angepeilten Segment als Verbraucher in Frage kommen.

Auch hier ist es zunächst wichtig, daß die anvisierte Zielgruppe weitgehend divergent zu der bisher von V. Fraas bedienten Zielgruppe ist.

Für die Eingrenzung dieser Zielgruppe reichen herkömmliche sozio-demographische Merkmale nicht mehr aus. Vielmehr gilt es auch hier, die individuellen Werte zu untersuchen, die die Kaufentscheidungen des Verbrauchers maßgeblich bestimmen. Zum Zeitpunkt der Untersuchung sind die Werte

– Selbstverwirklichung,
– persönliche Freiheit,
– Familiensinn,
– Gesundheit,
– zunehmendes Umweltbewußtsein

stark ausgeprägt.

Aus der Untersuchung verschiedener Konsumententypen ergibt sich für die angepeilte Zielgruppe das Bild von Seite 113.

Beide, sowohl Männer als auch Frauen, wiesen in ihrer Grundhaltung bezüglich Markenorientierung und Accessoires große Übereinstimmung auf. Abweichungen resultieren aus den Marktgegebenheiten und werden sich im Laufe der Zeit angleichen. Ebenso werden sich beide Typen in ihren Werthaltungen, Motiven und Lebensinhalten einander annähern, so daß von einem relativ homogenen Typus, unabhängig vom Geschlecht, gesprochen werden kann. Entsprechend den oben gemachten Angaben könnte man diesen Typus als kulturorientierten Egozentriker bezeichnen.

Einstellung zu Kleidung und Mode	• legt Wert auf perfektes, gepflegtes Aussehen
Motiv und Funktion	• strenge Anpassung an gängige Kleidungsnormen, korrekt gekleidet sein in allen Lebenslagen • Freude an exklusiver Kleidung; durch Kleidung anderen überlegen sein • wer gut gekleidet sein will, muß mit der Mode gehen, aber keine Extravaganzen; die neue Mode muß sich erst durchgesetzt haben, bevor man sie trägt • Selbstdarstellung und Imagepflege durch Kleidung als Mittel der Prestigedemonstration
Orientierung beim Kauf	• hohe Ansprüche beim Kauf von Bekleidung; Orientierung am aktuellen Angebot • Markenkleidung hebt das Selbstbewußtsein, gute Marken garantieren Prestige • läßt sich im Geschäft beraten, ist aber wählerisch • bevorzugte Einkaufsstätte ist das Fachgeschäft und die Boutique/Herrenausstatter
Demographische Schwerpunkte	• Alter 20–30 • Schulbildung: hohes Bildungsniveau (Abitur oder geschlossenes Hochschulstudium); *kein* Schwerpunkt • Beruf: Beginnend bei mittleren Angestellten oder in aufstrebenden Berufen mit Perspektiven → viele Teilzeitbeschäftigte!! (Frauen) • Einkommen: ab 3 500,– DM und mehr
Lebenswelt und Lebensinhalt	• Werte/Bedürfnisse • geordnete, gesicherte Verhältnisse • schöne Kleidung ↔ schöne Wohnung • anerkannt sein, geachtet werden • Ansehen genießen
Wunschbild	• Erfolg, Prestige, Besitz • Selbstbewußtsein • Eigenständigkeit, Persönlichkeit, Unabhängigkeit • Intelligenz, Bildung, Kreativität
Konsumorientierung	• hohes Konsumniveau, Orientierung an äußeren Attributen • kein überlegtes Kaufverhalten, eher preisunsensibel • hedonistisch
Freizeitmotive	• prestigeträchtige Freizeitaktivitäten • erlebnisorientiert • Flucht in Träume
Markeneinstellung	• bekannte Markenhersteller bürgen für gute Qualität • nur ganz bestimmte Marken garantieren hohe Qualität
Einstellung gegenüber Accessoires	• in Verbindung mit verschiedenen Accessoires sieht das gleiche Kleidungsstück immer wieder neu aus • Accessoires sind wichtig, um damit den Kleidungsstil zu ergänzen • ich habe einen Grundbestand an Kleidungsstücken, den ich mit Accessoires immer wieder verändere

Abbildung 3: Anforderungsprofil eines CARPE-DIEM-Kunden

Die Marke

Wie im vorherigen Absatz bereits deutlich wurde, ist die angepeilte Zielgruppe im Umgang mit Marken vertraut und zieht markierte Produkte den Markenlosen vor. Vor der konkreten Entwicklung der neuen Marke muß man sich folgender Grundsatzaussagen bewußt werden:

– Marken sind Persönlichkeiten.

– Marken werden auf emotionaler Ebene erkannt und verstanden.

– Marktführerschaft und gute Markenposition hängen miteinander zusammen.

– Anhand einer Studie des Strategic Planning Institut ist der Schlüssel für eine führende Rolle auf dem Markt, daß erstklassige Qualität wahrgenommen wird (subjektiv).

– Führende Marken ermöglichen höhere Gewinnspannen und größere Elastizität bei Rezessionen.

– Aus Sicht des Konsumenten: eine Marke zu wählen spart Zeit und bedeutet eine verläßliche, risikolose Wahl.

– Die Marke ist Mittel zur Lieferung von Zufriedenheit.

Die Untersuchung der Markenanatomie zeigt, daß folgende Erfolgskriterien für den Wert der Marke bestimmend sind:

– auf Produktebene funktionelle Vorteile, d. h. mindestens so gut wie die Konkurrenz sein;

– immaterielle Vorteile, die über das Produkt hinausgehen;

– die verschiedenen Vorteile bilden ein einheitliches Ganzes, die Markenpersönlichkeit;

– der Kunde muß die angebotenen Werte wünschen.

Hinsichtlich der Kaufkriterien für die Marke gilt, daß nicht eine einzelne Wahrnehmung eines Produktes ausschlaggebend ist, sondern eine Vielzahl davon, welche von jedem Konsumenten individuell interpretiert wird. In den meisten Fällen beruhen diese nicht auf den Merkmalen, die der Lieferant zur Beschreibung des Produktes verwenden würde.

Aus der Sicht des Verbrauchers bestimmen drei wesentliche Dimensionen die Anforderungen einer Marke:

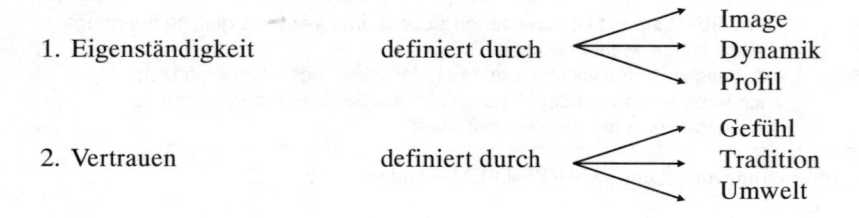

1. Eigenständigkeit   definiert durch ⇐⇒ Image / Dynamik / Profil

2. Vertrauen   definiert durch ⇐⇒ Gefühl / Tradition / Umwelt

3. Faszination   definiert durch   ⇐
- Begeisterung
- Schönheit
- Erlebnis
- Neuheit
- Bewegung

Für die zu entwickelnde Marke ergibt sich unter Berücksichtigung der oben genannten Prämissen folgendes Anforderungsprofil:

1. Markendifferenzierung wird immer ganzheitlich erlebt!
   → „alles aus einem Guß"

2. Produktqualität ist Mindestanforderung

3. Richtige, kreative Kommunikation gibt der Marke erst ihre Persönlichkeit
   → das Produktkonzept muß stimmig, einfach, ideenreich und profiliert umzusetzen sein

4. Anspruch auf Vollkommenheit
   → keine second-best-Lösungen anbieten

5. Der Verbraucher ist in seinem Grundnutzen gesättigt
   → dennoch, er ist offen für „Neues"

6. Durch eine außergewöhnliche Verpackung kann eine Marke Aufmerksamkeit erreichen
   → Voraussetzung: stimmig zum Produkt

7. Der Handel reagiert auf Markendifferenzierung aus der Sicht des Verbrauchers
   → Berücksichtigung der Verbraucherwünsche (Pull-Effekt)

8. Marken mit attraktiver Kommunikation sind dem Handel stärker im Bewußtsein
   → Profilierung des Handels über die Markenprofilierung (limitierter Charakter!)

9. Alleinstellungskriterien durch
   – Qualität und Werbung
   – Kunden-Nutzen und Idee
   → Preis ist für den Verbraucher und den Handel nachrangig

Untersuchungen zeigen, daß gerade bei qualitativ hochwertigen und exklusiven Accessoires der Marke bzw. dem Markennamen eine entscheidende Rolle zukommt. Infolge weitgehender Homogenität der Angebote verliert die eigentliche Qualität des Produktes für die Kaufentscheidung an Bedeutung. An die Stelle rationaler Auswahlkriterien treten soziale Nutzenerwartungen. Es gilt also, die Marke mit diesem Zusatznutzen, der Vermittlung emotionaler Erlebniswelten, auszustatten.

Zum Zeitpunkt der Untersuchung läßt sich die Wertedynamik folgendermaßen charakterisieren:

- zunehmende Verunsicherung/ Relativierung tradierter Werte:
  - Eigentum
  - Sparsamkeit
  - berufliche Erfolge
- Verlagerung zentraler Bezugspunkte der Existenz
  - von Beruf
  - in Privatsphäre

- Neudefinition der Lebensqualität

Diese Neudefinition der Lebensqualität spiegelt sich auch in einer italienischen Verbraucherumfrage wider (siehe Süddeutsche Zeitung vom 19.3.92). Demzufolge bescheiden sich „... die Leute in Krisenzeiten nicht, wie vielleicht zu erwarten gewesen wäre ..., sie greifen ganz bewußt zu Markenartikeln der Luxuskategorie, um sich darin wie in einem Refugium zu verstecken." Wie soll nun eine Marke aussehen, die den vorgenannten Anforderungen gerecht wird? Mit dieser Problemstellung wurde die Agentur Designerei/ Gauting beauftragt. Unter Berücksichtigung von Zeitgeist, Werte-Dynamik und Zielgruppendefinition wird schließlich der Markenname CARPE DIEM präferiert (lat. „Pflücke den Tag" oder „Nütze den Tag").

Der Name erfüllt alle wesentlichen Kriterien, wie

- internationale Verwendbarkeit,
- semantische Übereinstimmung mit Markeninhalt,
- intellektueller Anspruch,
- klassisch-modische Ausrichtung der Kollektion.

Analog wurde das nachfolgende Markenlogo entwickelt:

Abbildung 4: CARPE DIEM

Das Produkt

Nachdem mit CARPE DIEM ein Markenname gewählt ist, der dem hohen Anspruch an die Marke gerecht wird, muß nun das Produkt darauf aufgebaut werden. Die Markenpersönlichkeit und der hohe Kompetenzanspruch stecken einen engen Rahmen für die Produktauswahl, nämlich ein selektives, hochqualitatives Angebot textiler Accessoires. Welche Anforderungen ergeben sich nun an ein solches originäres Produkt? Aus der Definition der Marke können folgende Kriterien abgeleitet werden:

1. Materialien
   - Verwendung natürlicher Materialien, wie Cashmere, Wolle und Seide
2. Markierung
   - Transport des Markencharakters durch
     - Etikett
     - Wappen
     - Stickereien des Logos
   - Produktausstattung ökologisch
     - Hang Tag (Produktanhänger)
     - Geschenkverpackung Wellpappe
     - Corporate Design konform
3. Kompakte Farbpalette
   - klassisch-modern
4. Lifestyleorientierung
5. Innovation

Für CARPE DIEM ergeben sich daraus Produkte wie

- bedrucktes Cashmere,
- Stickereien/Applikationen,
- Doubleface,
- Strickschals,

die innovative Eckpunkte setzen und die Kollektion im Wettbewerb differenzieren.

Distribution

Für die Wahl der Vertriebswege ist die vorhandene Handelslandschaft von Bedeutung, die sich strukturieren läßt durch Kriterien wie Preis, Anspruchsniveau und Marktdurchdringung (siehe Abbildung 5, Seite 118). Werden die verschiedenen Betriebstypen hinsichtlich ihrer Relevanz als Einkaufsstätten für Accessoires untersucht, so ergibt sich die Wertung in Abbildung 6, Seite 118.

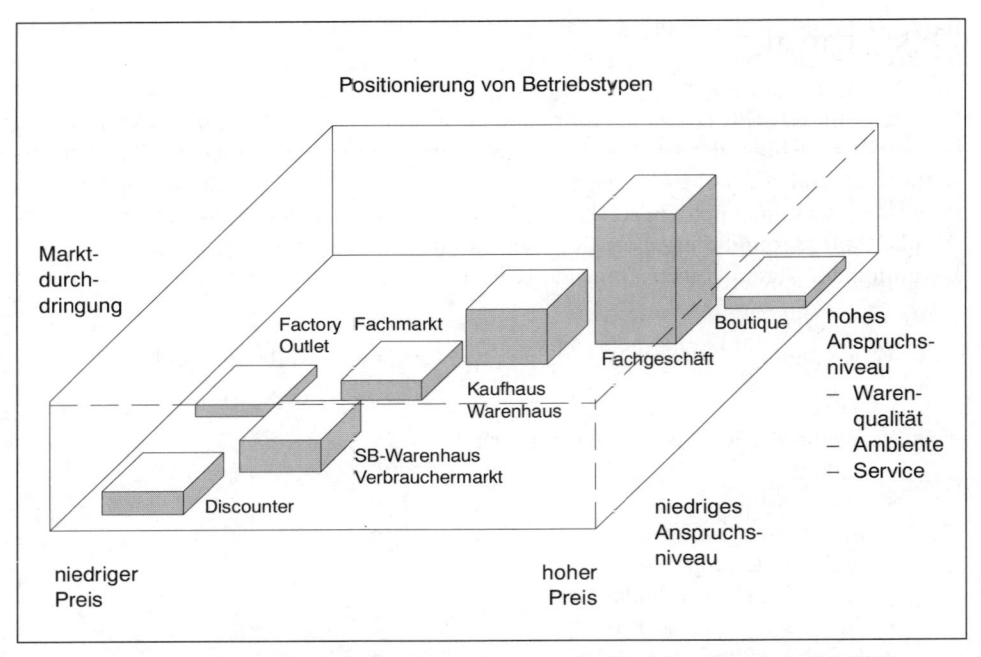

Abbildung 5: Die Handelslandschaft wird von immer mehr Betriebstypen unterschiedlicher Positionierung geprägt

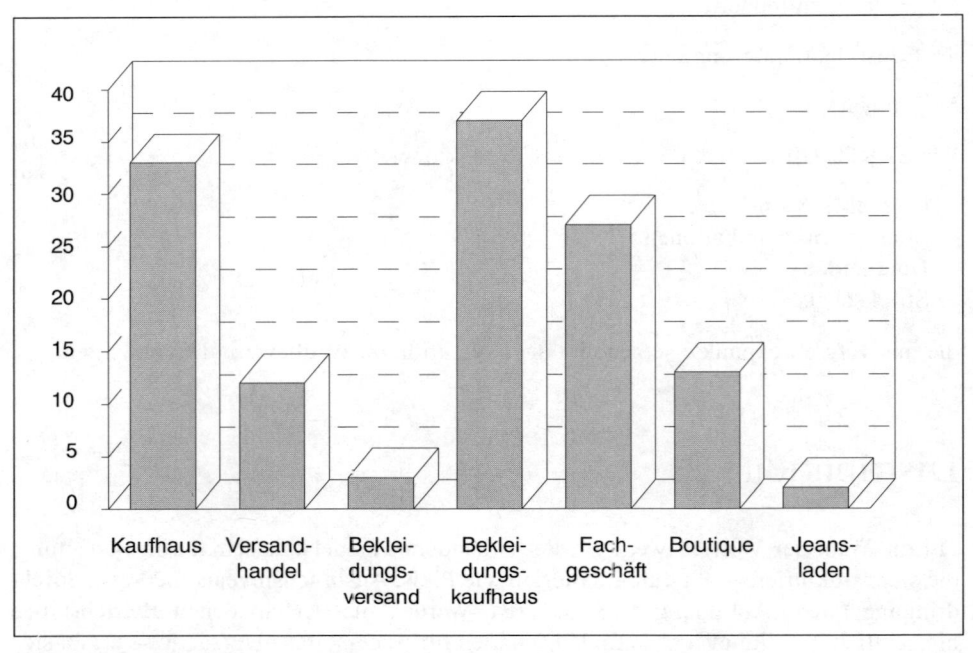

Abbildung 6: Einkaufsorte für Accessoires

Berücksichtigt man das Einkaufsverhalten der CARPE DIEM Zielgruppe und die Struktur der Betriebstypen im Handel, bieten sich der klassische Facheinzelhandel und einzelne Großfilialisten für den Vertrieb an.

Der Textilfachhandel besitzt nach wie vor den größten Marktanteil im textilen Handel.

Folgende Kriterien sprechen für diese Vertriebsform:

- abgerundetes Sortiment (Sortimentsindividualität),
- qualitativ hochwertige Segmente,
- modische und beratungsintensive Sortimente,
- fachkundige Beratung auf hohem Niveau,
- gepflegte Atmosphäre und Warenpräsentation,
- Flexibilität,
- Individualität.

Demgegenüber weisen die Filialisten hinsichtlich CARPE DIEM auch günstige Merkmale auf, quasi wie ein Fachgeschäft:

- Standorte in 1a-Lagen,
- überwiegend interessante Artikel,
- schmales Sortiment,
- Modeakzent im Vordergrund,
- intensive Werbung,
- kann Image eines Fachgeschäftes aufbauen,
- differenziertes Marketing.

Mit der Wahl dieser Vertriebswege differenziert sich CARPE DIEM von der V. Fraas Basiskollektion, die im wesentlichen über Zwischenhandel vertrieben wird. Eine Ausnahme stellen für CARPE DIEM einzelne Häuser von Warenhauskonzernen dar, die durch ihre Größe, Image, Sortiments- und Preisniveau hervortreten. Als Beispiel für Häuser, in denen CARPE DIEM verkauft wird, können KaDeWe (Berlin), Harrod's (London) und Bloomingdale's (New York) genannt werden.

Kommunikation

Die Einführung einer neuen Marke kann mit folgenden Instrumenten der Kommunikationspolitik erfolgen:

- klassische Werbung,
- Öffentlichkeitsarbeit,
- Verkaufsförderung,
- Außendienst als Kommunikationspartner.

Diese Elemente können einzeln oder in Kombination eingesetzt werden.

Die *klassische Werbung* stellt sicherlich das Instrument dar, mit dem in relativ kurzer Zeit eine sehr breite Zielgruppe erreicht werden kann. Angesichts der Tatsache, daß sich für CARPE DIEM während der Phase der Markteinführung der Vertrieb noch im Aufbau befindet und eine breite Verfügbarkeit der Produkte nicht gewährleistet ist, wird zunächst auf den Einsatz klassischer Werbung verzichtet. Vielmehr gilt es, die Zielgruppe Handel mit den anderen Instrumenten anzusprechen. Hierbei sollen folgende Kommunikationsziele verfolgt werden:

– Bekanntmachung der Marke,
– Aufbau von Distribution,
– Vermittlung der Markenpersönlichkeit,
– Bekanntmachung der Kollektionsmerkmale.

Im Rahmen der *Öffentlichkeitsarbeit* werden die Kernbestandteile der Marke und Kollektion einer Reihe von Fachmedien (z. B. Textilwirtschaft) übermittelt. Finden die Meldungen das Interesse der Redaktion, werden die Inhalte zielgruppenspezifisch journalistisch aufbereitet und publiziert. Dies hat den Vorteil, daß dem Leser die Botschaft im Stil des Redakteurs und sozusagen von neutraler Position überbracht wird.

Die Mittel der *Verkaufsförderung* kommen für die Unterstützung von CARPE DIEM ebenfalls zum Einsatz. So wurde zur Unterstützung des Anspruches auf Natürlichkeit ein System entwickelt, das die Verwendung ausschließlich natürlicher Materialien, wie Wellpappe am Point-of-sale vorsieht. Dazu zählen Einzel-Geschenkverpackungen und Thekenaufsteller aus Wellpappe sowie Hang Tags und Tragetaschen aus Recycling-Papier. Stellvertretend für das POS-Konzept wurde mittlerweile die Einzelverpackung aus Wellpappe in drei Öko-/Designwettbewerben ausgezeichnet.

Dem *Außendienst als Kommunikationspartner* wurde ein Salesfolder an die Hand gegeben, in dem nicht nur die Kollektion in Umfang und wesentlichen Fakten dargestellt ist, sondern Original-, Farb- und Designabschnitte eingefügt sind. Darüber hinaus wird die Markenphilosophie in Wort und Bild beschrieben. Der Vertriebsmitarbeiter soll in der Lage sein, nicht nur das Produkt zu präsentieren, sondern als Botschafter für die Marke aufzutreten.

Resümee

Zusammenfassend kann festgestellt werden, daß die Konzeption und Definition der Marke CARPE DIEM bislang durchaus positive Resonanz im Markt erzeugte. Sicherlich befinden sich einige Instrumente, wie z. B. ein flächendeckender differenzierter Vertrieb, in der Aufbauphase. Auch gilt es, einige Ausgangsfaktoren aus heutiger Sicht zu aktualisieren bzw. neu zu definieren.

Die Marke CARPE DIEM als solche wird jedoch bei richtiger Steuerung und Fortschreibung eine dauerhafte und starke Position im Wettbewerbsumfeld einnehmen.

Die Zielgruppenwerkstatt – Der erfolgreiche Weg zur Umsetzung von Marketingstrategien für mittelständische Softwareunternehmen

Dr. Thomas Schildhauer/Sebastian Schmidt

- Umpositionierung des Unternehmens
- Intergration der Mitarbeiter in die Strategiegenerierung
- Zielgruppenwerkstätten als Instrument zur Mitarbeitermotivation

Wenn gesamte Unternehmen umpositioniert werden, hängt der Erfolg der strategischen Neuausrichtung entscheidend von den Mitarbeitern ab. Am Beispiel eines mittelständischen Softwareunternehmens wird dargestellt, wie man die Mitarbeiter von Beginn an in den Prozeß der Strategiefindung miteinbeziehen kann, um so deren Know-how zu nutzen, bei der späteren Umsetzung Probleme zu verhindern und entsprechend die Motivation der Beteiligten freizusetzen.

Das Unternehmen

Daten zur Unternehmensgeschichte

Die Lufthansa Informationstechnik und Software GmbH Berlin wurde am 6. Dezember 1985 von der Deutschen Lufthansa AG und der Gesellschaft für Prozeßsteuerungs- und Informationssysteme PSI gegründet. Ziel der Gründung war es, das Wissen der Lufthansa auf dem Gebiet der Luftfahrt mit den Kenntnissen der PSI im Bereich der industriellen Softwareentwicklung und Beratung zusammenzuführen. Die Deutsche Lufthansa hält 46 Prozent, die PSI 44 Prozent, und die Mitarbeiter halten 10 Prozent der Anteile. Das Unternehmen beschäftigt heute 130 Mitarbeiter im Hauptfirmensitz Berlin sowie in den Geschäftsstellen in Hamburg und Frankfurt.

Das Leistungsspektrum

Erfahrungen und Kompetenzen der LIS wurden bisher zum größten Teil in Projekten mit der Lufthansa gesammelt. Das Know-how-Spektrum ist relativ weit gestreut und reicht von der Erfahrung in der Integration verschiedener Rechnerwelten (Mainframe, UNIX, PC) über Projekterfahrungen auf Rechnern der mittleren Größenordnung (UNIX-Systeme) bis zur Entwicklung von EDV-Konzepten auf PC-Basis. Der Umsatzanteil der Geschäfte außerhalb des Lufthansa-Konzerns beläuft sich gegenwärtig (1992) auf 30 Prozent und soll mittelfristig auf 50 Prozent erhöht werden.

Unternehmens- und Marketingstrategien

Der relevante Markt für LIS wurde sachlich und räumlich (Europa) abgegrenzt. Die sachliche Abgrenzung (Reise- und Verkehrsmarkt) erfolgte verwendungsorientiert. Innerhalb des relevanten Marktes wurden unterschiedliche Marktsegmente differenziert: Luftfahrtgesellschaften (Beispiel: EDV-Systeme zur Unterstützung der Flugplanung, der Flugzeugwartung oder der Ticketabrechnung), Flughäfen (z. B. Konzepte zur Integration verschiedenster Tätigkeitsfelder auf Flughäfen, Systeme zur Optimierung der Frachtabfertigung), Reiseveranstalter (z. B. Buchungs- und Informationssysteme), Transport- und Verkehrsbetriebe (z. B. SAP-Beratung, multimediale Lernsysteme).

Für LIS läßt sich unter Einbeziehung der bisherigen Firmengeschichte, der Zielvorstellungen der Anteilseigner sowie der Firmenkultur das Hauptziel folgendermaßen festlegen: Erschließung neuer Märkte außerhalb des Lufthansa-Konzerns.

Als komplementäre Ziele sind im direktem Zusammenhang die beiden folgenden Ziele mitzuverfolgen: langfristiges, stetiges Wachstum und Liquiditätssicherung bei zufriedenstellenden Gewinnen sowie Mitarbeitermotivation.

Marketing bei LIS – Vom Hauslieferanten der Lufthansa zum marktorientierten Unternehmen

Die Verpflichtung der LIS zur Erschließung neuer Märkte außerhalb des LH-Konzerns zeigt schon, daß bei LIS lange Zeit ein wettbewerblicher Ausnahmezustand herrschte: Es existierte so gut wie keine Marketing-Abteilung und überhaupt kein Vertrieb. Dieser Zustand änderte sich im Oktober 1990 durch die Berufung eines zweiten Geschäftsführers mit dem Aufgabengebiet Marketing und Vertrieb sowie durch den Aufbau einer Marketing- und Vertriebsmannschaft.

Mitte 1991 wurde von der Geschäftsleitung eine Marketingkonzeption erarbeitet, in der aus den möglichen strategischen Grundrichtungen die für LIS passende Kombination ausgewählt wurde (siehe Abbildung 1). Diese strategischen Grundrichtungen sollten durch kontinuierliche Marktstudien laufend überprüft und gegebenenfalls angepaßt werden.

Marktarealstrategien
- teilnationale/nationale Strategien
- internationale Strategien

Marktparzellierunsgtsrategien
- Massenmarktstrategie
- Marktsegmentierungsstrategie

Kooperationsstrategie

Softwaremarketing

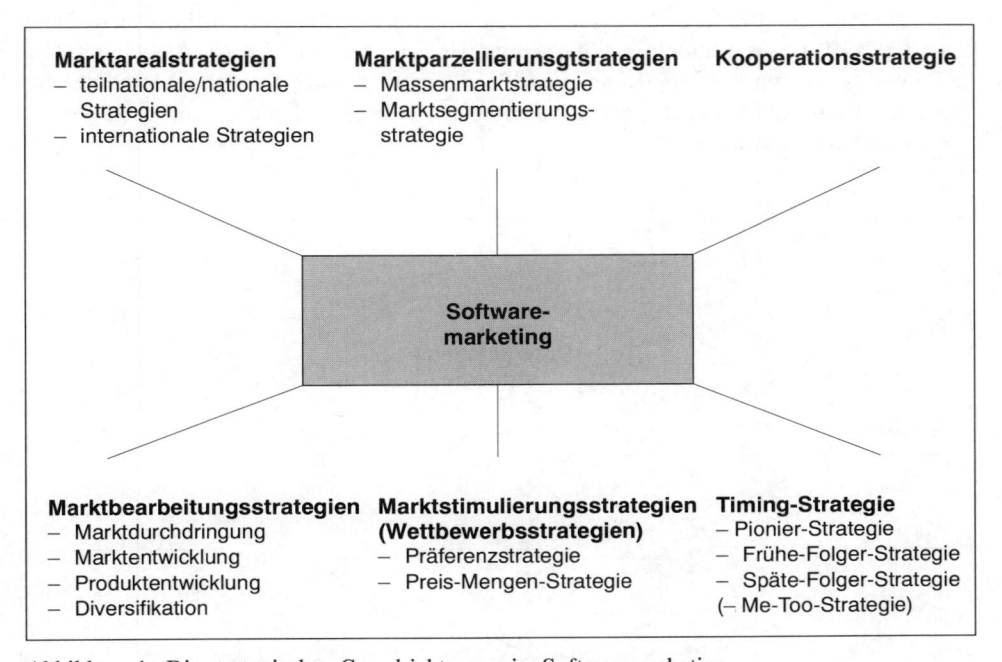

Marktbearbeitungsstrategien
- Marktdurchdringung
- Marktentwicklung
- Produktentwicklung
- Diversifikation

Marktstimulierungsstrategien (Wettbewerbsstrategien)
- Präferenzstrategie
- Preis-Mengen-Strategie

Timing-Strategie
- Pionier-Strategie
- Frühe-Folger-Strategie
- Späte-Folger-Strategie
- (– Me-Too-Strategie)

Abbildung 1: Die strategischen Grundrichtungen im Softwaremarketing

Bei der Umsetzung der erarbeiteten Marketing-Strategien stand LIS vor drei Alternativen: Einerseits konnte versucht werden, die fertig ausgearbeitete Konzeption gegen die unvermeidlichen Widerstände im Unternehmen mehr oder weniger verändert durchzusetzen. Andererseits bestand die Gefahr, daß diese von „oben" erarbeitete Strategie den „Tod in der Schublade" erleidet, ohne jemals in operative Maßnahmen umgesetzt zu werden. Als Erfolgsweg erkannte man jedoch die Notwendigkeit, die Mitarbeiter vom strategischen Vorgehen zu überzeugen, gemeinsam mit ihnen diese Strategien auf ihre jeweiligen Geschäftsbereiche herunterzubrechen und daraus einen geschäftsfeldspezifischen Marketing-Mix abzuleiten. Umgesetzt wird dieses Vorgehen durch das Konzept der Zielgruppenwerkstatt.

Das Konzept der Zielgruppenwerkstatt

Ziel

Das Hauptziel der Zielgruppenwerkstatt (ZGW) ist das systematische Bearbeiten der einzelnen strategischen Geschäftsfelder (z. B. Airlines, Reiseveranstalter, Airports). Dieses Ziel umfaßt sowohl die Anpassung der Unternehmensstrategien auf zielgruppenspezifische Besonderheiten durch die Analyse der Marktstruktur (siehe Abbildung 2) als auch die Ableitung eines effektiven, kundenorientierten Marketing-Mix. Ein weiteres Ziel der ZGW ist die Bündelung unternehmensintern vorhandenen Wissens über potentielle und bereits vorhandene Kunden und Konkurrenten. Dies ermöglicht letztlich eine durch kontinuierliche Marktinformationssammlung fundierte Überarbeitung der gesamten Unternehmensstrategie.

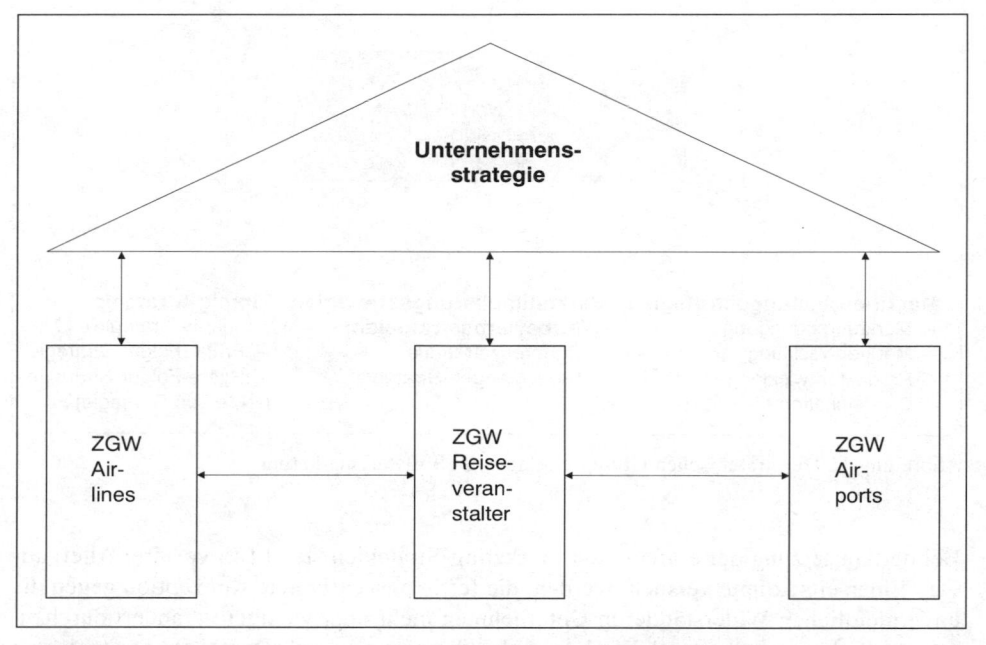

Abbildung 2: Die Zielgruppenwerkstatt im Unternehmenszusammenhang

Aus diesem Zielsystem resultiert eine Koordination der einzelnen Produktbereiche sowie die Implementierung des Marketing-Gedankens im gesamten Unternehmen.

Die Vorgehensweise

Die Vorgehensweise der ZGW ist stufenweise aufgebaut und folgt einem Phasenschema (siehe Abbildung 3). Zu Beginn wird eine Ist-Analyse der strategisch relevanten Produktbereiche durchgeführt. Darauf aufbauend werden Vertriebsziele festgelegt. Diese Ziele werden anschließend operationalisiert und ihre Erreichung durch einen Aktivitätenplan sowie durch Kontrollmechanismen sichergestellt.

Die folgenden Ausführungen des Konzeptes der ZGW orientieren sich am Beispiel des strategischen Geschäftsfeldes der LIS „europäische Airlines".

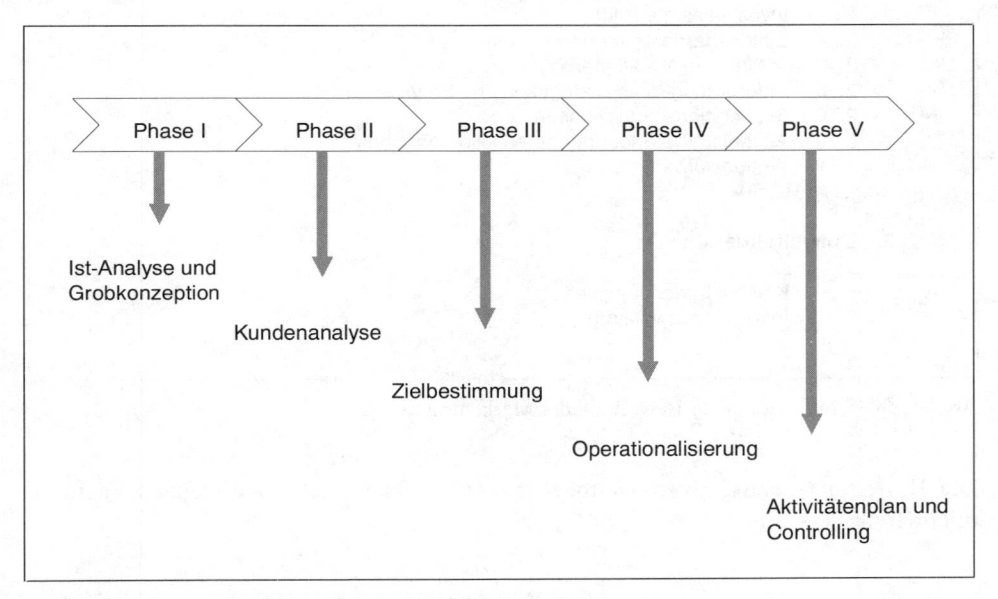

Abbildung 3: Die Vorgehensweise der Zielgruppenwerkstatt

Phase I: Ist-Analyse und Grobkonzeption

In der ersten Phase der ZGW erfolgt die Ist-Analyse der einzelnen strategischen Geschäftsfelder gemäß der Faktoren Marktattraktivität und relative Wettbewerbsvorteile. Ein nützliches Instrument zur Analyse externer Chancen und Risiken sowie interner Stärken und Schwächen ist hierbei das klassische McKinsey-Portfolio. Auch wenn man den Ergebnissen einer solchen Analyse kritisch gegenüberstehen sollte, hilft dieses Instrument, einen strukturierten Gedankenprozeß bezüglich Markt und Unternehmen in Gang zu setzen.

Zur Bewertung der Marktattraktivität können unter anderem folgende Indikatoren herangezogen werden:

1. **Marktwachstum und Marktgröße**

    1.1   Reales Marktwachstum
    1.2   Marktgröße
    ...

2. **Marktqualität**

    2. 1   Wettbewerbssituation
    2. 2   Variabilität der Wettbewerbsbedingungen
    2. 3   Branchenrentabilität
    2. 4   Sicherheit gegen Marktrisiko
    2. 5   Investitionsintensität
    2. 6   Eintrittsbarrieren für neue Anbieter
    2. 7   Stellung im Marktlebenszyklus
    2. 8   Anforderungen an Distribution und Service
    2. 9   Substitutionsmöglichkeiten
    2.10   Anzahl und Struktur der potentiellen Abnehmer
    2.11   Wettbewerbsklima
    ...

3. **Umweltsituation**

    3.1   Konjunkturabhängigkeit
    3.2   Inflationsauswirkung
    ...

Abbildung 4: Indikatoren zur Bewertung der Marktattraktivität

Die Bewertung der relativen Wettbewerbsvorteile kann sich an folgenden Faktoren orientieren:

1. Marktposition

    1.1   Relativer Marktanteil und seine Entwicklung
    1.2   Größe und Finanzkraft des Unternehmens
    1.3   Rentabilität
    1.4   Image des Unternehmens und daraus resultierende Abnehmer-
            beziehungen
    1.5   Preisvorteile aufgrund von Qualität, Service, Technik oder Lieferzeiten
    1.6   Eigene Stellung gegenüber den Wettbewerbern
    ...

2. Produktionspotential

    2.1   Prozeßwirtschaftlichkeit und Kosteneffizienz
    2.2   Lizenzen, Patente, Schutzrechte
    2.3   Anpassungsfähigkeit an wechselnde Marktbedingungen
    ...

3. Forschungs und Entwicklungspotential
    ...

4. Qualifikation der Führungskräfte und Mitarbeiter

    4.1   Professionalität und Urteilsfähigkeit
    4.2   Qualität der Führungssysteme
    4.3   Mitarbeitermotivation
    ...

Abbildung 5: Indikatoren zur Bewertung der relativen Wettbewerbsvorteile

Im Rahmen der ZGW für das strategische Geschäftsfeld der europäischen Airlines wurden gemäß der genannten Faktoren die einzelnen, klar zu trennenden Produktbereiche der LIS von den Produktverantwortlichen und den Vertriebsmitarbeitern bewertet. Bewertungskriterien, über die keine Informationen im Haus vorlagen, wurden anhand einer Marktbefragung untersucht. Schnelle Ergebnisse wurden dabei durch den Einsatz eines Telefonmarketing-Teams gewährleistet. Dieses Team besteht aus speziell ausgebildeten Teilzeitkräften, die je nach Bedarf zu Telefonaktionen herangezogen werden können.

Das Ergebnis einer solchen Markt- und Unternehmenseinschätzung könnte beispielsweise wie in Abbildung 6, Seite 128, aussehen. Anhand dieser Positionierung werden nun erste Strategien abgeleitet und Schwerpunkte für die weitere Vorgehensweise gesetzt.

Die richtige Strategie im Bereich Finance and Administration (F & A) wäre beispielsweise die Desinvestition und Aufgabe des Produktbereiches. Die hier freiwerdenden Mittel könnten im Bereich Maintenance sinnvoll eingesetzt werden, um bestehende Wettbewerbsvorteile zu halten. Auch im Bereich Cargo wäre eine Investitionsstrategie angeraten. Hier könnten die Anstrengungen darauf gerichtet sein, Wettbewerbsvorteile auszubauen und Marktführer zu werden.

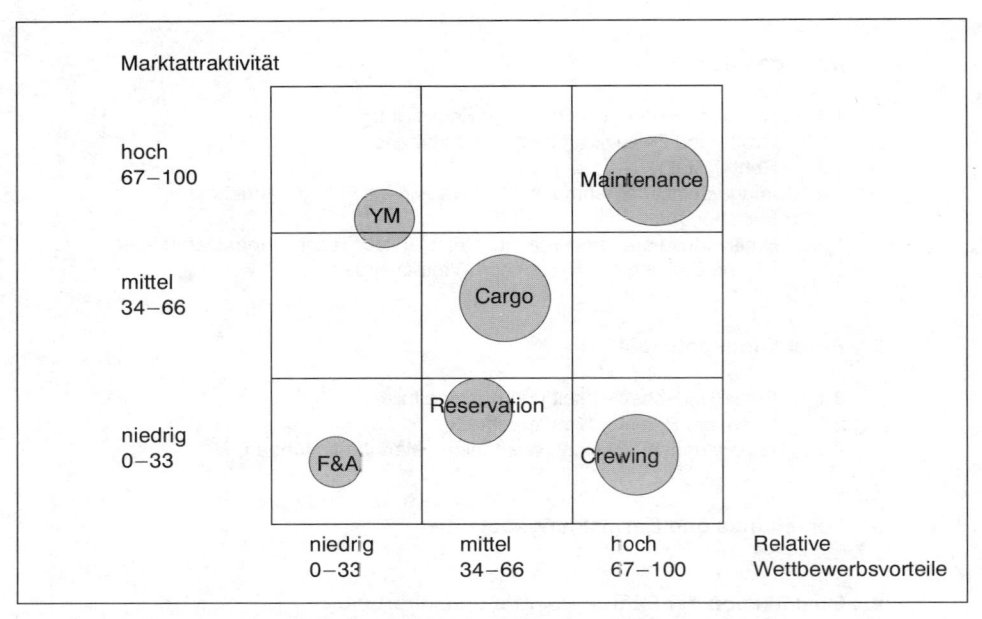

Abbildung 6: Mögliche Ausprägung des strategischen Marktsegmentes Airlines
(Größe der einzelnen Kreise = Umsatzstärke der Produktbereiche)

Phase II: Kundenanalyse

In den weiteren Schritten betrachten wir nun die im strategischen Geschäftsfeld angesiedelten Produktbereiche, bei denen wir uns für eine Wachstums- und Investitionsstrategie entschieden haben, im Einzelnen. Unser Ziel in dieser Phase ist die Analyse der Nachfragestruktur. Im Mittelpunkt des Interesses steht die Beantwortung folgender Fragen:

1. Wieviel Prozent der Unternehmen kennen unser Unternehmen und unser Leistungsspektrum noch nicht? (= Keine Kenntnis)

2. Wieviel Prozent der potentiellen Kunden haben schon einmal etwas von LIS gehört, kennen jedoch unsere Qualifikation und unser Leistungsspektrum noch nicht? (= Kenntnis)

3. Wie viele Unternehmen kennen unsere Qualifikation, aber haben uns noch nie als Geschäftspartner ausgewählt? (= Qualifikation)

4. Wie viele Unternehmen haben sich bereits einmal für LIS entschieden? (= Auswahl)

5. Wie viele Unternehmen unseres potentiellen Marktes zählen wir zu unseren loyalen Stammkunden, die LIS auch an Dritte weiterempfehlen? (= Stammkunde)

Zur Ermittlung der Nachfragestruktur kann man wiederum auf unternehmensinternes Wissen zurückgreifen. Informationsdefizite können durch eine Kundenbefragung beseitigt werden. Die Ausprägung der Nachfragestruktur ist Grundlage für die nächste Arbeitsphase.

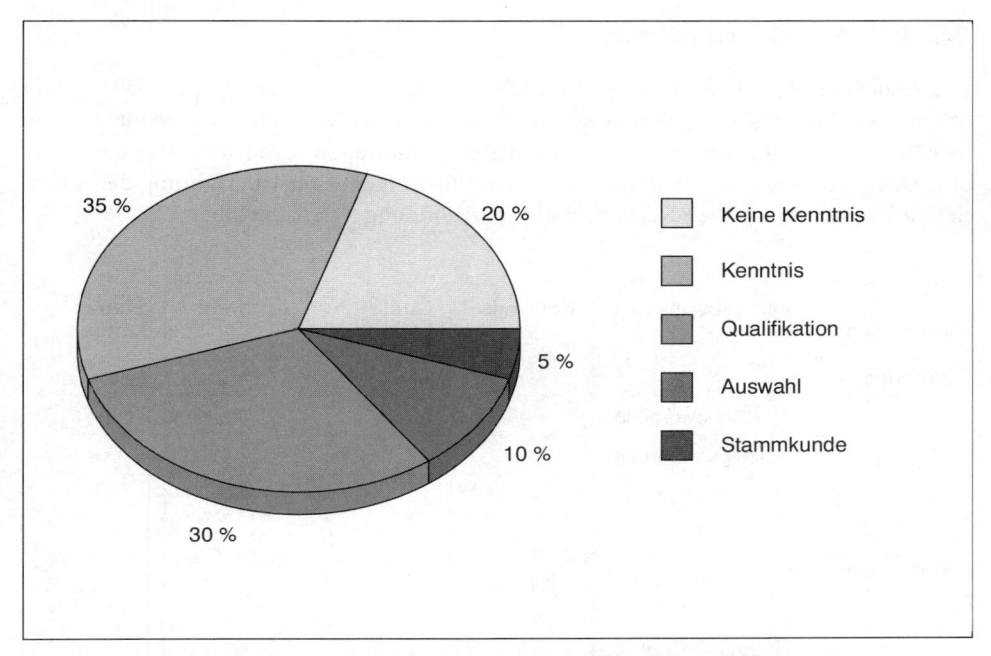

Abbildung 7: Exemplarische Darstellung der Nachfragestruktur für eine Produktgruppe

Phase III: Bestimmung der Vertriebsziele

Anhand der vorhergegangenen Markt- und Unternehmensuntersuchungen werden in der Phase der Zielbestimmung die zur Unternehmensstrategie komplementären Vertriebsziele festgelegt. Beispielsweise könnten folgende Vertriebsziel definiert werden:

– „Kundenstruktur halten",
– „Anteil Qualifikation ausbauen",
– „Stammkundenanteil vergrößern" oder
– „Anteil keine Kenntnis" abbauen.

Diese Vertriebsziele wären eher kurz- bis mittelfristiger Art und würden sich an den erkannten Marktgegebenheiten orientieren. Die potentiellen Kunden müssen durch die einzelnen Phasen „Keine Kenntnis", „Kenntnis", „Qualifikation", „Auswahl" und letzlich „Stammkunde" geführt werden. Ein Sprung über mehrere Phasen ist nicht möglich.

Phase IV: Operationalisierung

Die bisher durchlaufenen Phasen der ZGW ermöglichen es nun, den Marketing-Mix effektiv auf die Struktur der Nachfrage auszurichten. Die Marketing-Instrumente können gemäß der durch die Kundenanalyse in Phase II ermittelten Kundenstruktur gewichtet eingesetzt werden. Die Eignung der einzelnen Instrumente zur Überführung der potentiellen Kunden zu letztlich Stammkunden ist Abbildung 8 zu entnehmen.

Instrument / Vertriebsphase	Kenntnis	Qualifikation	Auswahl	Stammkunde
Werbung				
Direktwerbung	+++	+	+	+
Anzeigenwerbung	+++	+	+	+
Broschüren	+++	+	+	0
Veranstaltungen				
Messen	+++	+	+	+
Kunden-Incentive	0	0	+	+++
Kundeninformations-Tag	0	+	+	+
Public Relations				
Fach-Artikel	+++	+++	+	+
Kundenzeitschrift	0	++	+	+
Sponsoring	+	+	+	0
Vortrag auf Kongreß	+	+	+	+
Produkt-/Preisgestaltung				
Preisspielräume	0	0	+	+
Indiv. Kundenkontakt				
Pers. Präsentation	0	+	+++	+
Telefon-Kontakt	+	+	+++	+++
User-Groups	0	0	0	+++

+++ = notwendig
++ = geeignet
+ = unterstützend geeignet
0 = nicht geeignet

Abbildung 8: Eignung der Marketinginstrumente im strategischen Geschäftsfeld Airlines

Phase V: Aktivitätenplan und Controlling

Für ausgewählten Marketinginstrumente gilt es nun, bezogen auf die Nachfragestruktur, einen jährlichen Durchführungsplan mit Verantwortlichkeiten und vorgesehenem Budget zu erstellen.

In regelmäßig statfindenden Review-Meetings überprüft man kontinuierlich die eingeschlagene Vorgehensweise und deren Erfolg.

Folgende Fragen sind dabei zu betrachten:

---

1. Wie hat sich der Markt entwickelt?
2. Hat sich das zentrale Kundenproblem im betrachteten Markt verändert?
3. Stimmt der von uns gelieferte Kundennutzen noch mit den Marktbedürfnissen überein?
4. Sind die von uns gewählten Strategien noch die richtigen und verfolgen wir diese konsequent?
5. Haben wir unsere Stärken ausgebaut, unsere Schwächen vermindert?
6. Halten wir unser Kosten-, Zeit- und Personalbudget ein?

Abbildung 9: Fragenkatalog für Review-Meetings

Die organisatorische Gestaltung

Um die ZGW flexibel zu halten, wurde eine zweistufige Organisation gewählt. Die monatlich stattfindenden Treffen, zu denen Vertreter aus allen Produktbereichen der jeweiligen Zielgruppe eingeladen werden, dienen zur Gestaltung von Strategien und Vertriebszielen sowie zur Abstimmung und Kontrolle operativer Maßnahmen gemäß des abgebildeten Gesprächsleitfadens (siehe Abbildung 10, Seite 141). Des weiteren bildet dieses Forum eine Plattform zur Vermittlung von Marketing-Know-how. Darunter angesiedelt sind Arbeitsgruppen für die einzelnen Produktbereiche, deren Ziel die Informationsbeschaffung und -aufbereitung für die strategische Positionierung der Produktbereiche, die Bewertung der Kundenstruktur sowie die teilweise Durchführung operativer Maßnahmen ist. Diese Arbeitsgruppen setzen sich aus den Produktverantwortlichen sowie aus Experten in Fragen des Marketings, des Vertriebs oder der Produktion zusammen.

> **1. Vertriebsaktivitäten**
>
> 1.1 Erfolgte Vertragsabschlüsse
> 1.2 Akquisitionskontakte
>   mit hoher Erfolgswahrscheinlichkeit
>   mit mittlerer Erfolgswahrscheinlichkeit
>   Flops
> 1.3 Weitere Vertriebsaktivitäten
> 1.4 Kooperationen
>
> **2. Produktgestaltung**
>
> 2.1 Aktivitäten zur Systemintegration
> 2.2 Erfahrungen im Hardware-Bereich
>
> **3. Kundenzufriedenheit**
>
> **4. Marketingaktivitäten**
>
> 4.1 Mailings
> 4.2 Pressemitteilungen
> 4.3 Besuchte Messen, Konferenzen o. ä.
> 4.4 Durchgeführte Veranstaltungen
> 4.5 Telefon-Marketing-Aktionen
> 4.6 Marktstudien
> 4.7 After-Sales-Betreuung

Abbildung 10: Gesprächsleitfaden für die Abstimmung im operativen Bereich

Erste Erfahrungen

Mittlerweile hat sich die ZGW bei LIS als ein Instrument zur systematischen Marktbearbeitung bewährt. Wichtige Eckpunkte bei der Einführung war der Einbezug aller Beteiligten bei der Weiterentwicklung und Umsetzung des Konzeptes. Kleine Arbeitsgruppen und genaue Zeitpläne für die einzelnen Veranstaltungen, insbesondere für die mittelfristige Planung der Veranstaltungsabfolge, verstärkten die Effektivität der Vorgehensweise. Als besonders förderlich für die Akzeptanz der ZGW stellte sich eine 50/50 Gewichtung des operativen und strategischen Teils der einzelnen Treffen heraus. Ein für alle unmittelbar spürbares Ergebnis der ZGW ist die strukturierte und regelmäßig stattfindende Informationsübermittlung zwischen den einzelnen Produktbereichen einer Zielgruppe. Dies trägt letztlich wiederum dazu bei, als Unternehmen den Nutzen für die Kunden zu erhöhen, als Einheit aufzutreten und unternehmensinterne Synergien erfolgsgerichtet zu bündeln.

Literatur

Hahn, D., Zweck und Entwicklung der Portfolio-Konzepte in der strategischen Unternehmensplanung, in: Strategische Unternehmensplanung/Strategische Unternehmensführung. Stand und Entwicklungstendenzen. 5. Aufl., Heidelberg 1990, S. 221 ff.

Hinterhuber, H. H., Strategische Unternehmensführung I/II, Berlin, New York 1989

Kett, I., Projekte erfolgreich managen. Harvardmanager, 4/1990, S. 50 ff.

Köhler-Frost, W., KMS – Kurzfristiges Marketing- und Sales-Planungssystem. Präsentationsunterlagen Köhler-Frost & Partner, Berlin 1992.

Müller, G., Roventa, P., Lückerath, Die Bewertung der Marktattraktivität. Ein offenes Problem der Strategischen Analyse in: Die Unternehmung. Heft 1/März 1981, S. 105 ff.

Robens, H., Schwachstellen der Portfolio-Analyse. In: Marketing ZFP. Heft 3, August 1985, S. 191 ff.

Schildhauer, Th., Strategisches Softwaremarketing. Übersicht und Bewertung. Wiesbaden 1992.

Dynamisches Umweltmarketing – Konzeption von TommySoftware

Michael R. Richter

- Bedeutung des Faktors Umweltbewußtsein
- Strategische Positionierung
- Kommunikationspolitik und Öffentlichkeitsarbeit

Diese Fallstudie zeigt, wie man mit Hilfe eines gut durchdachten Kommunikationskonzeptes und beschränkten finanziellen Mitteln große Wirkung in der Öffentlichkeit erzielen kann. Entscheidend ist die konsequente Durchführung der strategischen Grundausrichtung.

Spezielle Beweggründe für TommySoftware

Warum Umweltmarketing für das Mittelstandsunternehmen TommySoftware als Anbieter von Windows-Software mit zwölf Mitarbeitern? Auf diese Frage gibt es zahlreiche Antworten:

- Die Softwarebranche ist stark mittelständisch strukturiert. Nur wenige große Softwareunternehmen (Microsoft, Borland) haben überhaupt so etwas wie ein Image in den Zielgruppen. Viele der kleinen Unternehmen produzieren zwar gut durchdachte Produkte, doch in aller Regel kennt sie niemand. Dieses Nicht-Image wirkt sich erheblich auf Käufergruppen im Massenmarkt aus, die vermehrt auf Produkte bekannter Firmen zurückgreifen, auch wenn diese „objektiv" schlechter sind. Umweltmarketing als strategisches Führungskonzept (radikal kommuniziert) konstituiert eine wiedererkennbare Identität für TommySoftware und verbessert somit die Überlebenschancen.

- Die Softwareindustrie als risikoarm produzierende Branche kann sich dem Thema Umweltschutz ohne Altlasten stellen. Die Zielgruppen nehmen die Branche als weitgehend „sauber" wahr. Dies erleichtert den offensiven Umgang mit Umweltthemen.

- TommySoftware hat Zugangsschwierigkeiten zu den consumer-Zielgruppen, da Werbekampagnen die Etats überfordern. Ebenso zu den Redaktionen der Fachmagazine, die der PR mittelständischer Unternehmen geringen Stellenwert beimessen. Eine regelmäßige Präsenz mit Image- und Produktthemen ist aber entscheidend für das Überleben im umdrängten Markt. Glaubwürdiges Umweltmarketing schafft Sympathiewerte und mindert so die Zugangsschwierigkeiten.

- Die steigende Fremdbeeinflussung durch den Gesetzgeber zwingt alle Softwarehäuser zu einem erweiterten Umweltbewußtsein. Entscheidend wirkt sich heute schon die Verpackungsordnung aus. Seit 1992 müssen Produktverpackungen zurückgenommen werden. Mit Müllvermeidungs-Initiativen kann TommySoftware den gesetzlichen Entwicklungen voranschreiten und so frühzeitig Reaktanzen in der Öffentlichkeit abfedern.

- Einige Reaktionen der Kunden und Händler lassen auf ein gewandeltes Umweltbewußtsein schließen: z. B. mahnten sie die Papierflut an und schickten Produktverpackungen zurück. Durch gezielte Maßnahmen kann TommySoftware die Interessen der Zielgruppen wahren.

- Die Maßnahmen der Konkurrenz sind nur punktuell und selten in ein Gesamtkonzept eingebunden. Ein ganzheitlichen Konzept ermöglicht TommySoftware eine klare Abgenzungsstrategie.

- Umweltschutz muß nicht zu erhöhten Betriebsausgaben führen. Müll- und Verpackungsvermeidung senkt kurz- bis mittelfristig die Betriebskosten des Unternehmens erheblich.

- Umweltschutz verursacht nicht nur Kosten, er schafft auch neue Märkte. 120 Milliarden DM werden in der EG jährlich für Umweltschutztechnologien ausgegen. Als CAD-Softwarehaus mit glaubwürdigen Umweltimage schafft sich TommySoftware hier neue Absatzmärkte.

Dynamisches Umweltmarketing-Konzept

In einer viermonatigen Problemfeldanalyse wurden sämtliche internen und externen Aktivitäten auf ihre Umweltverträglichkeit geprüft und Alternativen entwickelt. Zeitgleich wurde ein innerbetriebliches Informationssystem aufgebaut, um über das nötige Fachwissen zu verfügen. Alle Mitarbeiter waren an Problemfeldanalyse beteiligt. Ihr Wissen um die Produktionsprozesse und Einsparungsmöglichkeiten am Arbeitsplatz ist das eigentliche Kapital des Umweltschutzkonzepts bei TommySoftware. Im Mai 1991 wurde dann der Fachöffentlichkeit das Pilotprojekt, das rund 200 Einzelmaßnahmen in 9 großen Projektbereichen koordiniert. Als Umsetzungszeitraum wurden zwei Jahre festgelegt.

Folgende Ziele wurden formuliert:

- TommySoftware soll in 1–2 Jahren der glaubwürdige Opinion-Leader (ökologische Meinungsführerschaft) in der Branche werden,
- der Bekanntheitsgrad des Unternehmens und der Produkten soll kurz- bis mittelfristig um ein Mehrfaches gesteigert werden,
- die Koppelung von Umweltschutz- mit Produktthemen soll Sympathiewerte schaffen und den Kaufentscheid beeinflussen,
- Öko-events sollen kurz- bis mittelfristig den Zugang zu den Redaktionen und damit auch für Produktthemen öffnen,
- durch Reduzierungsmaßnahmen sollen nach zwei Jahren die Betriebskosten (Verpackung und Produktion) um 40 Prozent gesenkt werden,
- durch die Bewerbung des Marktes Umwelttechnik soll langfristig der Kundenstamm des Unternehmens ausgebaut werden, wobei das notwendige Produkt-Know-how durch Sponsorpartner im Umweltschutzbereich gewonnen wird.

Darstellung der Projektbereiche (PB)

- PB 1: Energie- und Rohstoffreduktion

Bei diesem PB geht es um die innerbetriebliche Energie- und Rohstoffreduktion. Mitte 1992 wurde ein Stromnutzungsplan für Computer, Drucker, Kopierer, Lichtinstallationen und Küchenmaschinen erstellt und somit Stromfresser lokalisiert, die durch stromsparende Geräte ersetzt werden. Im Verpackungsbereich wird auf unnötige Füllmaterialien und Umverpackungen verzichtet, ebenso weitgehend auf gedruckte Kundeninformationen. Statt dessen wurde das TommySoftware-Informationssystem (TIS) auf Disketten etabliert, die Preislisten, Einkaufsmodalitäten, Produktübersichten, Händlerverzeichnisse u. a. sind auf Diskette speichert.

- PB 2: Druck- und Verpackungsmaterialien

Schon seit geraumer Zeit verwendet TommySoftware Kartonagen, die zu 90 Prozent aus recycelbarem Material sind. Auf umweltbelastende Styroporchips als Polstermaterial wird ebenfalls verzichtet. Alternativ wird Altpapier-Wellpappe oder Papierwolle aus dem Reißwolf genutzt. Zudem werden Produktschuber nicht mehr in PVC-Folie eingeschweißt. Es wurde ein Qualitätssiegel entwickelt, das die Schuber vor unerlaubtem Öffnen am „point-of-sale" sichert. Das Siegel brachte den Mitarbeitern erhebliche Arbeitsentlastungen. Sämtliche Druckerzeugnisse von der Geschäftsausstattung bis zum Produktfolder werden auf elementar chlorfrei gebleichtem Papier realisiert. Um die Re-Identifizierung der verwendeten Papiersorten zu sichern, wurde eigens ein Umweltlogo entwickelt, das auf allen Erzeugnissen eingedruckt wird.

- PB 3: Computer- und Druckertechnik

Gerade bei der Computer- und Druckertechnik offenbaren sich die Mängel der Entsorgungswege und die potentielle Gefährdung für die Mitarbeiter. So z. B. der hohe Ozonausstoß alter Laserdrucker und Kopierer: Hohe Emissionen dieses Reizgases schädigen die Atemwege. Die Laserdrucker und Kopierer im Haus sind bereits weitgehend mit Ozonfiltern ausgestattet; die restlichen Geräte werden gegen Neuanschaffungen ausgetauscht; ebenfalls alle Computermonitore gegen Neugeräte, die wenig Elektrosmog abgeben. Altgeräte werden manuellen Entsorgungswegen zugeführt. Alte Kartuschen und Farbbänder werden bei TommySoftware entweder selbst wieder aufgefüllt oder spezialisierten Unternehmen zur Aufbereitung übergeben. Das Unternehmen bereitet alte Produktdisketten auf und formatiert sie als resfreshed-unformatted neu.

- PB 4: Arbeits- und Büroumfeld

Hier sind sämtliche In-House-Maßnahmen fixiert, die das Arbeitsumfeld ökologisch neu gestalten. Dies beginnt bei dem Verzicht auf flureszierende Makierstifte, Sammlung von Altbatterien und endet noch lange nicht mit der Anschaffung von Aktenordner aus Pappe. Über 50 Einzelmaßnahmen sind bisher umgesetzt. Bereits erfolgt ist auch die Umstellung des Küchen- und Sanitärbereiches unter ökologischen Gesichtspunkten, wie recycelte Kaffeefilter, umweltschonende Reinigungs- und Putzmittel und Mehrweg- statt Einwegflaschen. Mit dem Programm „Infoboard" wurde Ende 1991 die „Zettelflut" im Hause eingedämmt. Da alle Rechner vernetzt sind, werden Informationen elektronisch von einem Arbeitsplatz zum anderen geschickt. Den Mitarbeitern wird ein Umweltabo des Berliner Nahverkehrsbetriebe finanziert. Einzige Bedingung: Verzicht auf das Auto für Arbeitswege. Bei Geschäftsreisen gilt die 500-Kilometer-Regelung, d. h. in diesem Radius wird das Angebot der Bahnen genutzt.

- PB 5: Umweltorientierte Öffentlichkeitsarbeit

Neben regelmäßigen Berichten über den Umsetzungsstand des Pilotprojektes werden Aktionen realisiert, die auf social benefit und die opinion-leader-Rolle abzielen. Das kann sehr unterschiedliche Formen haben und ist in fast allen Fällen an das Produktmarketing gekoppelt: z. B. wird die CAD-Software Wincad förderungswürdigen Umweltschutzprojekten als Sachspende überlassen. Kriterien sind die Einsetzbarkeit der Software, der Nonprofit-Charakter der Umweltgruppe und die Image- und Produktkongruenz. Als Gegenleistung wird eine Pressemitteilung erbeten. Bisher sind u. a. folgende Projekte mit Wincad ausgestattet worden: Biologische Station Krefeld (Rekultivierung einer Industriebrache), Dombauhütte Köln (Schadenserhebung an mittelalterlichen Fenstern), Institut für Bildsame Formgebung in Aachen (Material-/Energiereduzierung durch optimierte Werkzeugstückauslegung), Amt für Küstenschutz Rostock (Strömungsmeßfelder in der Ostsee) und die Fachhochschule Nordostniedersachsen Suderburg (Schwermetallbelastung von Truppenübungsplätzen). Die Zusammenarbeit ist nicht auf die Sachspende beschränkt. Auf der CeBIT '92 hat TommySoftware erstmals Messeplatz für die Sponsorpartner zur Verfügung gestellt und somit sein Engagement dokumentiert. Mit einigen Redaktionen gibt es eine enge Zusammenarbeit im Bereich Umweltschutz. So z. B. veröffentlicht das Magazin PC Praxis nützliche Umweltips für den privaten Computerarbeitsplatz. Aus dem Text wurden Fragen für ein Umwelt-Quiz gezogen. Preise waren Produkte von TommySoftware. 1993 wurde der von TommySoftware gestiftete Nachwuchspreis „Corporate Identity & Umwelt" ausgelobt, der jährlich vergeben werden soll. Die besten Arbeiten werden mit Geld- und Sachpreisen prämiert.

TommySoftware äußerte sachliche Kritik in einer Pressemitteilung gegen das Entsorgungssystem „Der Grüne Punkt" und kündigte eine alternative Verpackungslösung an. Diese neue Verpackungsidee setzte, im Gegenteil zu „Der Grüne Punkt", konsequent auf Müllvermeidung.

- PB 6: Produktentwicklung

Dieser PB konzentriert sich auf die produkttechnische Entwicklung der Software. Der Know-how-Transfer durch die enge Zusammenarbeit mit den Sponsorpartner fließt in die Produktentwicklung ein und sichert somit den Zugang zu Absatzgruppen in der Umwelttechnik. So wurde eine spezielle Bibliothek für Umwelttechnik entwickelt. Weitere Umweltbibliotheken für die Bereiche Entsorgungs- und Wasserwirtschaft sind in Vorbereitung.

- PB 7: Werbung, Distribution und Verkaufsförderung

Die Maßnahmen in diesem Bereich zielen vor allem auf eine Optimierung der direkten und indirekten Verkaufswege der Distribution ab. Mittlerweile hat auch der Fachhandel begriffen, daß Umweltschutz verkaufsfördernd ist. Bis Ende 1993 wird ein Konzept verwirklicht sein, daß den TommySoftware Outsourcing-Partner Know-how im Bereich Umweltschutz anbietet, wie z. B. Empfehlungen für Papiersorten mit dem Aufdruck des Umweltlogos bei Kundenmailings. Im Herbst 1991 wurden erstmalig ganzseitige, vierfarbige Produktanzeigen für das Programm Wincad unter anderem im „Umwelt Magazin" geschaltet. Um die Glaubwürdigkeit des Umweltmarketing-Konzeptes zu wahren, wurden alle Verlage vorher aufgefordert, mit Expertisen die Umweltverträglichkeit (Papierart, Versiegelungstechnik, Farbqualität und Leimtechnik) ihrer Fachmagazine offenzulegen. Von der Geschäftsleitung wurde betont, daß Anzeigenschaltungen nur bei einem Mindestmaß an umweltschonender Herstellung in Frage kommen. Das hat zum Teil heftige Reaktionen ausgelöst, aber einige Verlage auch zum Nachdenken angeregt. Nonprofit-Umweltschutz-Projekte erhalten die Software zum Vorzugspreis (50 Prozent rabattiert), da die Kapitaldecke dieser Organisationen traditionell kurz bemessen ist. Außerdem ist das Unternehmen mit seinem glaubwürdigen Konzept der ideale Wirtschaftspartner dieser Initiativen. Eines der erfolgreichsten Give-aways sind die Öko-Mouse-Pads, die aus Bierdeckelpappe hergestellt und damit weitgehend recycelbar sind. Normalerweise sind Mouse-Pads aus Hart- oder Weichplastik und mit FCKW geschäumt, gehören also zum Sondermüll (was kaum jemand weiß). Die Öko-Mouse-Pads sind zeitgleich Werbeträger für die Software Wincad.

- PB 8: Messestandplanung und -realisation

Messen sind Verschwendungsrituale. Der Großteil der benötigten Messebaumaterialien wird nur einmal genutzt und verschwindet dann in dem Müllcontainer. TommySoftware ging hier erstmalig mit dem CeBIT-Stand 1992 fortschrittliche und umweltschonende Wege. Die Standplanung erfolgte unter ökologischen Aspekten: kein Einweggeschirr, Auslegware aus Naturfaser, keine Plastikaufsätze, Verzicht auf unnötige Aufbauten, Nutzung eines wiederverwertbaren Mietstands und Einsatz von strahlungsarmen Monitoren. Der CeBIT-Stand war mit Designer-Lampen und Möbeln bestückt, die aus Computerschrott (Festplatten, Gehäuse) gefertigt sind. Um die Identifizierung zu ermöglichen, sind alle Möbelstücke mit Echtheitszertifikaten versehen, z. B.: „Ich bin ein alter

IBM-Tower, stamme aus dem BKA Wiesbaden und wurde am 18.1.92 recycelt." Diese ungewöhnlichen Designermöbel fanden viel Aufmerksamkeit bei den Medien. Als einziges Unternehmen (von 4 500 Ausstellern!) wurde TommySoftware in der NDR-Live-Show „Messefernsehen" als umweltbewußtes erwähnt.

- PB 9: Internes Recycling-Modell

Um die Müllflut im Unternehmen zu verringern und zu kanalisieren, wurde dieser PB mit in die Planung aufgenommen. Ziel ist zunächst die Reduzierung des anfallenden Mülls durch In-House-Maßnahmen, wie z. B. bedarfsorientierter Einkauf von Büromaterialien und die getrennte Entsorgung des Restmülls nach Glas, Weißblech, Papier und Gewerbemüll. Dazu sollten entsprechend farblich zugeordnete Müllbehälter aufgestellt bzw. jeder Arbeitsplatz mit Behältern für Papier und Gewerbemüll ausgestattet werden. Allerdings hat sich eine getrennte Müllentsorgung bisher nicht realisieren lassen, da die Mitmieter aus Kostengründen gegen eine getrennte Entsorgung sind.

Der Ton macht die Musik

In der Umweltkommunikation geht TommySoftware ungewöhnliche Wege. Die Tonality setzt sich eindeutig vom Wettbewerb ab und strebt maximale Glaubwürdigkeit an. Gesagt wird (in Interviews etc.), daß Umweltmarketing der transparenten und konfliktorientierten Kommunikation bedarf. Wenn von betrieblichem Umweltschutz gesprochen wird, heißt das auch immer: vorher gab es keinen, es wurde also ökologisch bedenklich gehandelt. TommySoftware ist es wichtig, Fehlentscheidungen offen zu kommunizieren. Die Gefahr der Reaktanz in den Zielgruppen ist viel zu groß, als daß Versäumnisse verschwiegen werden könnten. Wichtig ist auch, daß nur von schonenden Umweltschutz die Rede sein kann. Ein wirtschaftlich handelndes Unternehmen kann die Umwelt nicht tatsächlich schützen, allenfalls entlasten und schonen. In der Kommunikation werden daher die Begriffe Schonung und Entlastung bevorzugt. Die umschreibenden Begriffe „Öko" und „Bio" sind ausgeschlossen, da sie mittlerweile negativ in der Öffentlichkeit besetzt sind. Zu angemessenen Zeitpunkten wird laut und deutlich gesagt, daß TommySoftware Umweltmarketing nicht als humanökologischen Ansatz betreibt, es vielmehr als innovative Marktstrategie nutzt. Das ist legitim, sofern tatsächlich die Versprechen eingelöst werden. Es wird betont, daß (angesichts des drohenden Umwelt-Kollaps) es sich heute ein modernes Unternehmen nicht mehr leisten kann, unpolitisch zu agieren. Politik heißt hier nicht Parteipolitik gemeint, sondern vielmehr die Transparenz von unternehmerischen Entscheidungen im Spannungsfeld Ökologie/Ökonomie, getroffen im Sinne der nicht ausschließlich akzeptanzorientierten PR.

Finanzierungsmodell

Das gängige Vorurteil „Umweltschutz kostet" trifft auf das TommySoftware-Pilotprojekt nicht zu. Die grundsätzliche Devise lautet: sparen statt verschwenden. Im Beschaffungsmarketing werden umweltschonende Materialien eingekauft, anstatt umweltbelastender. Die Kosten halten sich in vielen Bereichen auf dem gleichen Niveau wie vor dem Pilotprojekt. Durch den Verzicht auf teures Füllmaterial und die Reduzierung der Verpackung konnten sogar erhebliche Kosten gespart werden. Mit der Einführung von EDV-Informationssystemen (TIS, Infoboard) senkte sich der Papierverbrauch drastisch und führte ebenfalls zur Kostenminimierung. Verbrauchsmaterialien im Lager werden aufgebraucht. Dadurch sind Neu-Investitionen erst nach Aufbrauch notwendig und verursachen daher keine Mehrkosten. Gerade beim umweltschonenden Messebau wird die Kostenminimierung besonders deutlich. Die Gesamtkosten der CeBIT '92 ließen sich um rund 30 000 DM senken, obwohl die Mietkosten für den Stand erheblich gestiegen sind. Zwar ist die PR-Abteilung durch das Umweltmarketing-Konzept mit erheblich mehr Arbeit und Aufwand konfrontiert, doch die verhältnismäßig geringen Kosten für Umwelt-PR stehen in keinem Verhältnis zu den Erfolgen. Beispielsweise verursachte das event „Designer-Möbel aus Computerschrott" rund 4000 DM Gesamtkosten, die Aufmerksamkeit in den Medien war aber ungleich wertvoller. Nicht in Zahlen meßbar sind die erleichterten Zugangsbedingungen zu den Medien. Allein die Neuanschaffung von elektronischen Geräten erwieß sich als investitionsreich. Um ein Mindestmaß an Umweltschutz zu erreichen, wurden einige Altgeräte im Wert von rund 15 000 DM augetauscht.

Obwohl das Pilotprojekt seit zwei Jahren läuft, läßt sich eine genaue Bilanzrechnung noch nicht erstellen. Zu mittel- und langfristig sind viele Maßnahmen fixiert. Nach ersten Schätzungen ließen sich die Betriebskosten um ca. 15 bis 20 Prozent verringern. Maßgeblich wird aber letztlich die Umwegrentabilität des Projektes sein. Der emotionale Nutzen des Umweltmarketing-Konzepts ist kaum quantifizierbar und wird sich erst langfristig für das Unternehmen auszahlen.

Marketing eines Automobil-Händlers

Wie können Händler-Ziele im Spannungsfeld zwischen den Erwartungen des Vertragsherstellers und des Verbrauchers realisiert werden?

Prof. Dr. Wolfgang Irrgang

- Situation im Kfz-Gewerbe
- Spannungsfeld Hersteller-Händler
- Handelsmarketing von homogenen Leistungen
- Strategieoptionen – Praktische Umsetzung

Der Beitrag stellt anhand der Beziehung Autohersteller/-händler die Problemfelder von Anbietern homogener Leistungen heraus. Entscheidend für das Bestehen im Wettbewerb unter verschärften äußeren, wirtschaftlichen Rahmenbedingungen sind die Strategien und die konsequente Umsetzung derselben. Dabei wird sehr konkret auf die Bedeutung einer Segmentierung der Abnehmer (Kunden) für die Entwicklung einer Strategie hingewiesen.

Strukturen im Kfz-Gewerbe

Der Kfz-Handel in Deutschland ist nach wie vor ein typisch mittelständischer Bereich. Zwar existieren auch hier Großunternehmen, aber auf breiter Front sind Mega-Dealer bisher nicht anzutreffen (vgl. Abbildung 1).

Verschiedene Faktoren deuten darauf hin, daß im Kfz-Gewerbe in naher Zukunft ein Ausleseprozeß stattfinden wird:

- Der rückläufige Markt für Neuwagen aufgrund der derzeitigen Rezession (1993) wird einen Ertragspfeiler der Vergangenheit (Neuwagenverkauf) für manche Unternehmen unter Umständen zum Verlustbringer machen.
- Beispiele aus anderen Ländern zeigen den Trend zu größeren Handelsbetrieben – in Deutschland werden je Verkaufsstelle im Schnitt pro Jahr ca. 130 Neuwagen verkauft, in Großbritannien sind es ca. 400, in den USA ca. 600 Neuwagen.
- Im Werkstattbereich sorgen Spezialwerkstätten mit aggressiven Preisen für einen intensiveren Wettbewerb.

Dieser Ausleseprozeß wird naturgemäß insbesondere weniger leistungsfähige Betriebe treffen. Für die Zukunft wird es also für den Kfz-Händler nicht mehr ausreichen, sich allein auf die Attraktivität der vertretenen Herstellermarke zu verlassen. Dieses in den

Aufteilung der Betriebe des Kfz-Gewerbes auf Beschäftigtengrößenklassen (1991)	
1 – 9 Beschäftgite	68,0 %
10 – 19 Beschäftigte	19,0 %
20 – 49 Beschäftigte	8,0 %
50 – 99 Beschäftigte	5,0 %

Aufteilung der Betriebe des Kfz-Gewerbes auf Umsatzgrößenklassen (1991)	
unter 500 000 DM	26,0 %
500 000 bis unter 1 Million DM	17,0 %
1,0 Millionen bis unter 2,5 Millionen DM	25,0 %
2,5 Millionen bis unter 5,0 Millionen DM	14,0 %
5,0 Millionen bis unter 10,0 Millionen DM	9,0 %
10,0 Millionen bis unter 40,0 Millionen DM	7,0 %
über 40,0 Millionen DM	2,0 %

Abbildung 1: Strukturen im Kfz-Gewerbe

Jahren der guten Konjunktur tragfähige Konzept wird in Zukunft nicht mehr greifen. In viel stärkerem Maße wird in der Zukunft der Erfolg eines Automobilhändlers von der eigenen Marketing-Konzeption abhängen – Zeit für Händler-Marketing.

Und in der Tat beschäftigen sich derzeit Automobil-Händler auf breiter Front damit, ihre Aktivitäten zu optimieren. Dabei stehen sie im Spannungsfeld zwischen den Erwartungen ihrer Vertragshersteller einerseits und den Wünschen der Verbraucher andererseits.

Die Erwartungen des Herstellers – Stützkorsett oder Bremsklotz für das Händlermarketing?

Die Zielkonflikte sehen

Trotz aller Sonntagsreden von der Partnerschaft: Hersteller und Handel verfolgen häufig unterschiedliche Ziele. Diese Zielkonflikte zwischen Hersteller und Handel sind letzten Endes systemimmanent, da sie auf folgende, nicht zu ändernde Faktoren zurückzuführen sind:

– Beide – sowohl der Hersteller als auch der Handel – streben nach Unabhängigkeit und somit nach selbständiger Festlegung der Unternehmenspolitik. Auch der mittelständische Händler möchte „selbstbestimmt" und nicht „fremdbestimmt" agieren.

– Beide Marktseiten sind gewinnorientiert, woraus Konflikte bei der Aufteilung der insgesamt zur Verfügung stehenden Vertriebsspanne, bei der Aufteilung sich eventuell ergebender Sonderbelastungen, bei Verkaufsförderungsprogrammen etc. entstehen.

– mehr als der Händler muß der Automobilhersteller das Ziel der Umsatzexpansion verfolgen, weil für ihn ein höherer Marktanteil (Verdrängungswettbewerb!) ein wichtiger Erfolgsfaktor ist (vgl. Abbildung 2, Seite 146).

Der Händler ist Träger einer gemeinsamen Dienstleistungsmarke und muß sich in das Markenkonzept einfügen.

Die Marke eines Automobilherstellers steht nicht nur für das Produkt, sondern auch für die Leistungen der Vertragshändler im Bereich Verkauf und Werkstatt-Service. Die Positionierungsstrategie der Hersteller macht deshalb ein „Durchsteuern" entsprechender Aktivitäten bis in den Händlerbetrieb erforderlich.

Wichtiger Hintergrund dabei: der Handels- und Werkstatt-Bereich steht bei manchen Verbrauchern bereits an 1. Stelle der Kriterien beim Neuwagenkauf (mit steigender Tendenz) (vgl. Abbildung 3, Seite 146).

Folge für das Verhältnis Hersteller/Handel: der Hersteller wird verstärkt versuchen, zentrale Konzepte durchzusetzen.

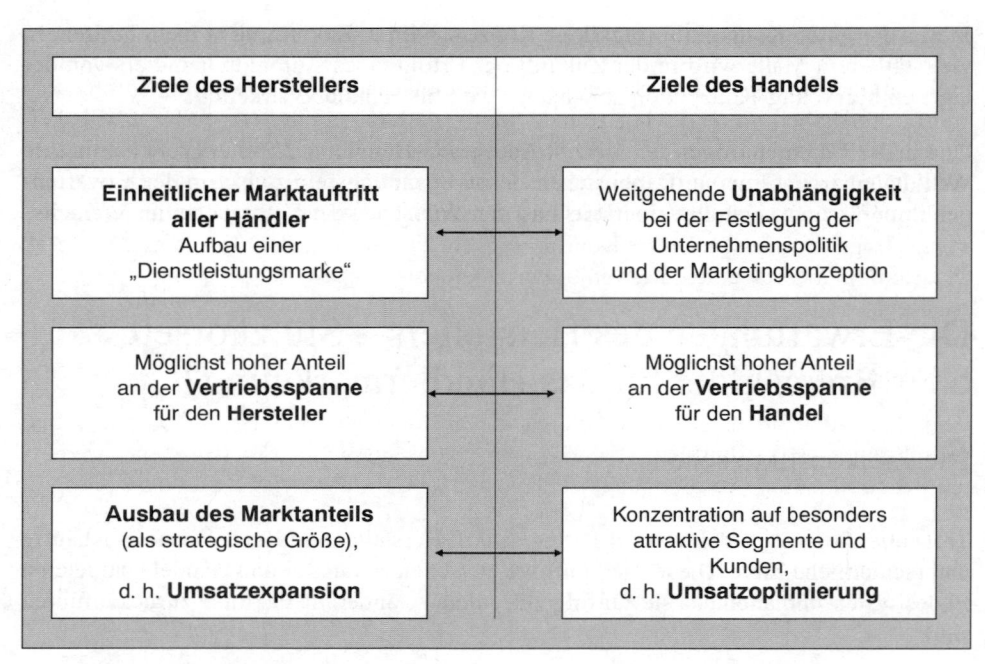

Ziele des Herstellers	Ziele des Handels
Einheitlicher Marktauftritt aller Händler Aufbau einer „Dienstleistungsmarke"	Weitgehende **Unabhängigkeit** bei der Festlegung der Unternehmenspolitik und der Marketingkonzeption
Möglichst hoher Anteil an der **Vertriebsspanne** für den **Hersteller**	Möglichst hoher Anteil an der **Vertriebsspanne** für den **Handel**
Ausbau des Marktanteils (als strategische Größe), d. h. **Umsatzexpansion**	Konzentration auf besonders attraktive Segmente und Kunden, d. h. **Umsatzoptimierung**

Abbildung 2: Zielkonflikte Vertragshersteller/Vertragshandel im Automobilbereich

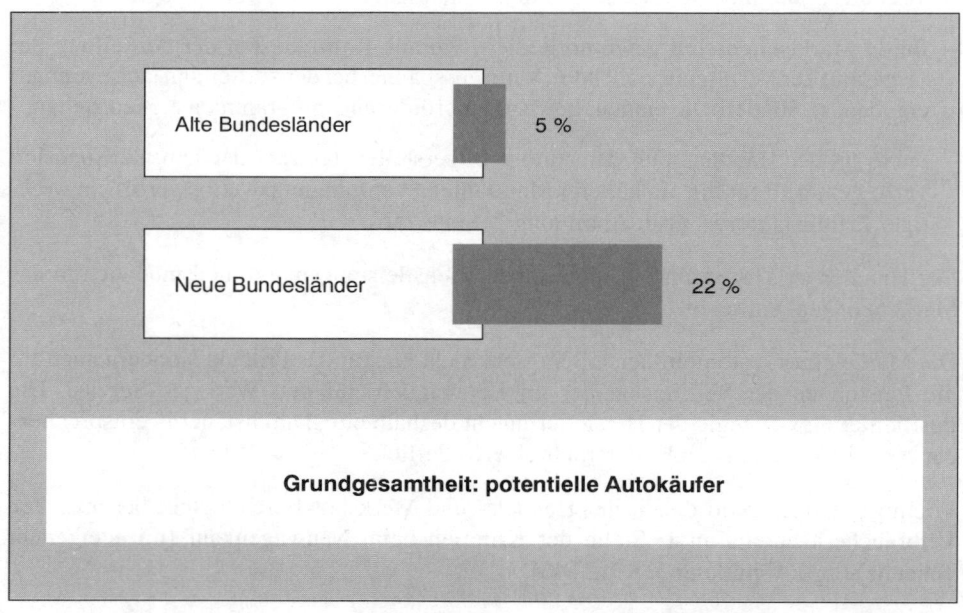

Alte Bundesländer — 5 %

Neue Bundesländer — 22 %

Grundgesamtheit: potentielle Autokäufer

Quelle: SPIEGEL-Dokumentation „Auto, Verkehr und Umwelt", 1993

Abbildung 3: Anteil der service- und händler-orientierten Verbraucher

- Vertikaler Wettbewerb um die Vertriebsspanne

In Situationen, in denen beide Seiten (Hersteller und Handel) mit Rentabilitätsproblemen zu kämpfen haben, wenn der horizontale Wettbewerb (Hersteller/Hersteller bzw. Händler/Händler) immer intensiver wird, wird geradezu zwangsläufig auch der vertikale Wettbewerb zwischen Vertragshersteller und Vertragshändler zu einem Thema. Beide Seiten befürchten, ggf. eine zu große Last für einen zu kleinen Anteil an der Vertriebsspanne tragen zu müssen. Dieser Konflikt entsteht zwangsläufig – in den achtziger Jahren ist er lediglich durch eine gute Konjunktur überdeckt worden.

- Ausbau des Marktanteils

Wenn die Autohändler selbst konzidieren, daß sie im Handelsbereich über Umsatzreserven verfügen (vgl. Abbildung 4, Seite 148), dann müssen sich die Hersteller in ihrer speziellen Situation (Verdrängungswettbewerb, Kampf um Marktanteile) dazu aufgerufen fühlen, die Händler dazu zu veranlassen, diese Umsatzpotentiale auch zu nutzen.

Die dargestellten Probleme machen das grundsätzliche Konfliktpotential im Verhältnis Vertragshersteller /-händler deutlich.

Das Handling des Konfliktpotentials

Auch im Automobilbereich sind Zielkonflikte nicht grundsätzlich auflösbar. Wichtig ist aber, daß sie in einer für beide Seiten akzeptablen Form gehandhabt werden. Es geht darum, mögliche „Dauerkonflikte" im Rahmen eines Vertrages oder eines grundsätzlichen Verständnisses zu regeln, um auf diese Weise zu einem konstruktiven Miteinander zu kommen. „Leistungspartnerschaft" heißt deshalb z. B. das Leitmotiv bei der Adam Opel AG.

Aber auch in einer Partnerschaft stellt sich die Frage nach der Führerschaft. Der Vertragshändler wäre gut beraten, die Marketingführerschaft des Herstellers anzuerkennen:

- der Hersteller erwartet eine Unterordnung, weil er den Goodwill seiner Marke einbringt und durch das Hersteller-Marketing für eine Pull-Wirkung sorgt (die Autos sind vorverkauft). Umgekehrt ist eine mangelnde Pull-Wirkung aber auch der wichtigste Grund für einen Vertragshersteller, sich gegebenenfalls nach einem anderen Hersteller umzusehen;

- gegen das System bzw. den Hersteller zu arbeiten, wird für den Vertragshändler immer mit unnötigem Kraftaufwand verbunden sein. Er sollte lieber die Anreize des Herstellers in seinem Sinne nutzen.

„Akzeptanz der Marketing-Führerschaft des Herstellers" heißt dabei nicht bedingungslose, „sklavische" Unterordnung, sondern vielmehr die generelle Bereitschaft, die Marketing-Leitmotive des Herstellers als Systemhändler mit Leben zu erfüllen.

Bereich	Anteil Autohäuser, die in diesem Bereich für ihren Betrieb Umsatzreserven sehen
Gebrauchtwagen	63 %
Spezielle Zusatzgeschäfte, z. B. Autotelefoneinbau, Tuning etc.	50 %
Neuwagenverkauf	49 %
Verkauf von Zubehör wie Radios, Schonbezüge, Spoiler etc.	48 %
Verkauf von allgemeinen Verschleißteilen wie Reifen Wischblätter etc.	30 %
Verkauf von Original-Ersatzteilen an Selbstreparierer/ freie Werkstätten	24 %
Verkauf von Accessoires wie Schlüsselanhänger, Schirme etc.	19 %
Nichts davon/ keine Umsatzreserven	8 %

Grundgesamtheit: Vertragshändler

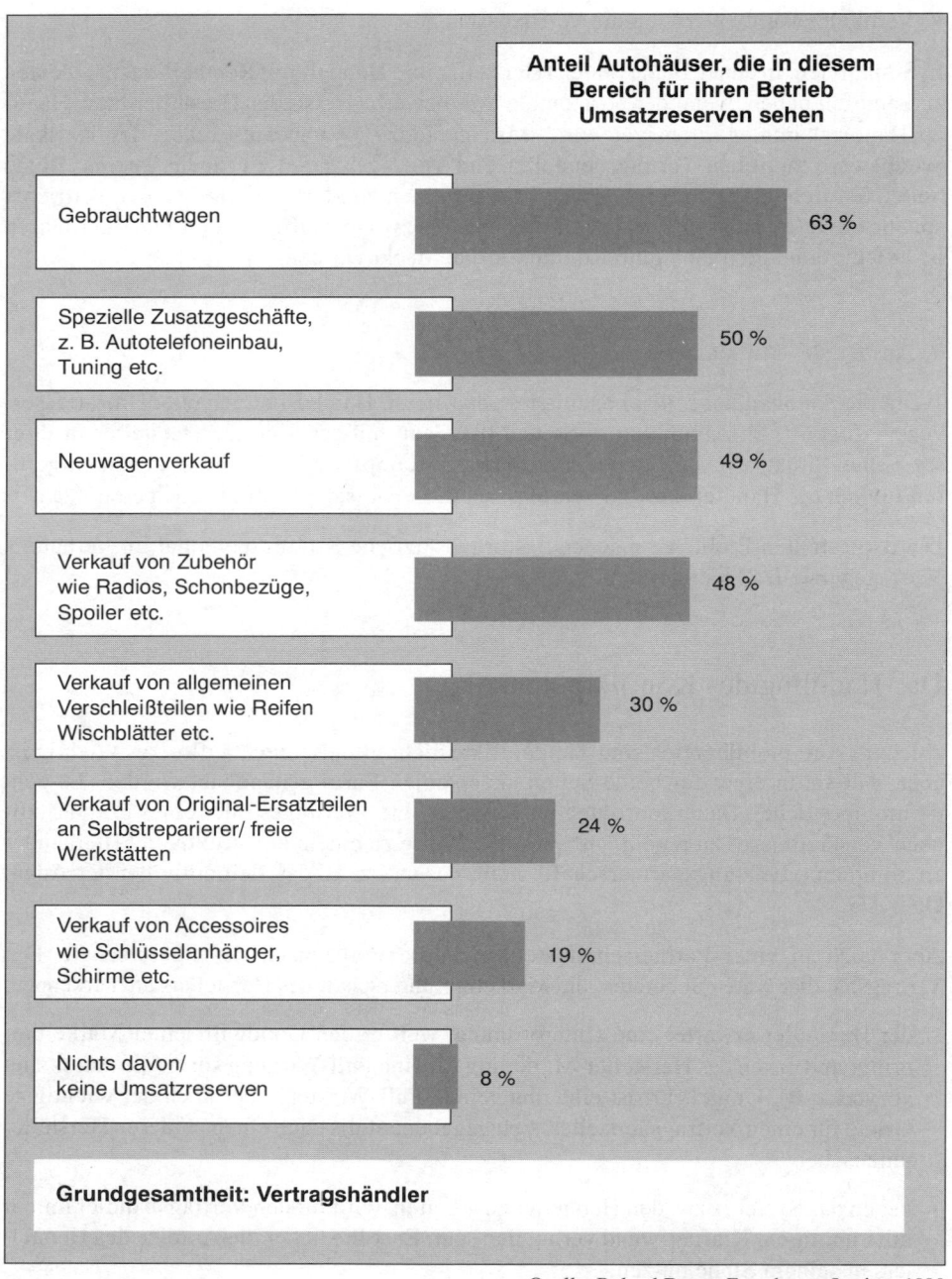

Quelle: Roland Berger Forschungs-Institut, 1990

Abbildung 4: Ungenutzte Umsatzreserven im Händlerbereich eines Autohauses

Der Händler hat ja – trotz des Vertrages mit dem Hersteller, der die Optionen im Marketing des Händlers zwangsläufig einengen muß – die Chance, aus einer Vielzahl von Möglichkeiten die für seinen Betrieb richtigen auszuwählen und entsprechend ein individuelles Marketing zu betreiben.

Ein aus der Sicht des Herstellers „förderungswürdiger Händler" verfügt dabei naturgemäß über mehr Optionen als ein Kollege, der anders klassifiziert wurde.

Dieses „konstruktive Miteinander" ist vor dem Hintergrund des „Wettbewerbs der Systeme" unabdingbar. Ein System umfaßt dabei jeweils einen Automobilhersteller mit seinen Vertragshändlern. Gerade bei Massenherstellern sieht der Verbraucher verstärkt eine Austauschbarkeit der Marken (was sich auch in einer rückläufigen Loyalitätsrate niederschlägt).

Insofern gibt es für Hersteller und Handel genügend gemeinsame Ziele – die aus der Konkurrenz zu anderen Markensystemen resultieren:

- Bestehen im Verdrängungswettbewerb,
- hohe Service-Qualität bei allen Autohäusern einer Marke (um negative Imageauswirkungen durch „schwarze Schafe" zu vermeiden),
- Nutzen von Kostensenkungspotentialen („lean dealership").

Wenn den Autohäusern bewußt ist, daß in ihren Betrieben Kostensenkungspotentiale vorhanden sind (vgl. Abbildung 5, Seite 150), dann besteht zwischen Hersteller und Handel ein gemeinsames Interesse, diese Aufgabe anzugehen: auch der Hersteller ist an günstigen Kostenstrukturen bei seinen Vertragshändlern interessiert, um deren Überleben und somit ein dichtes Vertragshändler-Netz zu sichern. Ein Vertragshändler, der konsequent eigene Ziele verfolgt, hat somit also durchaus die Möglichkeit, dabei im Rahmen und im Sinne des Herstellermarketings zu agieren: „Leistungspartnerschaft" als gegenseitiges Geben und Nehmen zum Nutzen beider Seiten. Dies ist dann eine tragfähige Basis, um das wichtigste gemeinsame Ziel zu erreichen – die Kundenzufriedenheit.

Die Erwartungen der Verbraucher in Gegenwart und Zukunft

Die Erwartungen der Verbraucher an ein Autohaus sind in den einzelnen Geschäftsfeldern des Autohauses:

- Neuwagenverkauf,
- Gebrauchtwagenverkauf,
- Werkstattbereich (Kundendienst/Inspektionen/Reparaturen),
- Verkauf von Teilen und Zubehör,

unterschiedlich.

In den Bereichen ...

Bereich	Prozent
Allgemeine Verwaltung	67 %
Abwicklung/Personaleinsatz Werkstatt	56 %
Abwicklung/Personaleinsatz Kundendienst/Reparaturannahme	49 %
Abwicklung/Personaleinsatz beim Gebrauchtwagenverkauf	48 %
Abwicklung/Personaleinsatz beim Neuwagenverkauf	47 %

Grundgesamtheit: Vertragshändler

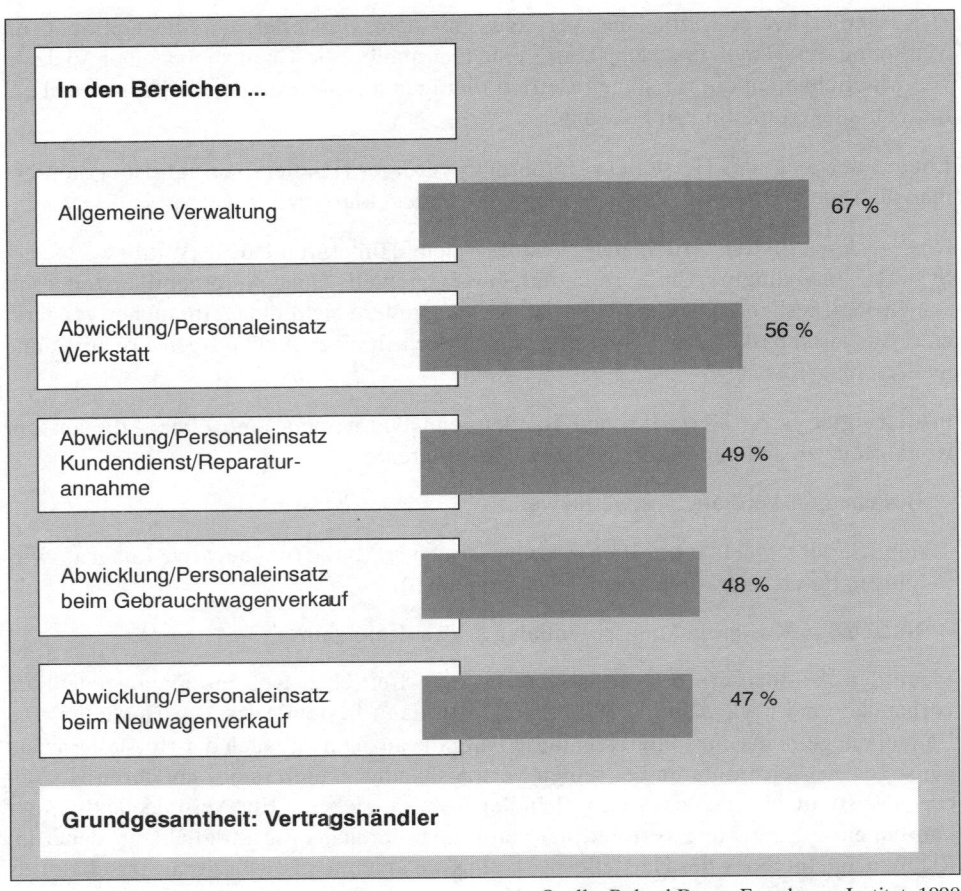

Quelle: Roland Berger Forschungs-Institut, 1990

Abbildung 5: Möglichkeiten zur Kostensenkung der Autohändler (Vorgaben)

Da zum Teil auch zielgruppenspezifische Unterschiede zu berücksichtigen sind, ergibt sich bei den Erfolgsfaktoren eine gewisse Komplexität (vgl. Abbildung 6, Seite 151).

Im Bereich Neuwagenverkauf stehen insbesondere mit nachlassender Konjunktur die Rabatte/Konditionen im Vordergrund. Dies resultiert zum einen aus dem in der Rezession zunehmenden Preisbewußtsein der Nachfrager, zum anderen aber auch aus der Bereitschaft der Händler, bei nachlassendem Markt zusätzliche Rabatte zu gewähren. Der Neuwagenkäufer lernt dabei: Preisvergleiche lohnen sich!

Gewerbliche Kunden erwarten immer stärker zusätzliche Dienstleistungen, die über das Angebot von günstigen Leasingverträgen über die Rücknahme gebrauchter Pkw zu vereinbarten Preisen bis hin zum Fuhrpark-Management bei Flotten reichen. Daneben ist es für die gewerblichen Kunden von besonderer Bedeutung, die Mobilität ihrer

| | Gewerbliche Kunden | Privatkunden ||
		Neuwagenkäufer	Gebrauchtwagenkäufer
Neuwagenverkauf	– Rabatte/Konditionen – Kurzfristig Ersatzwagen – guter Werkstattservice – „Neue Services"	– Rabatte/Konditionen – guter Werkstattservice	
Gebrauchtwagenverkauf			– auch Angebote im unteren Preissegment – Preis-/Leistungsverhältnis
Werkstattbereich	– Schnelligkeit – Zuverlässigkeit	– Vertrauensverhältnis – Transparenz – individuelle Ansprache – „Menschlichkeit"	– Preis-/Leistungsverhältnis
Verkauf von Teilen und Zubehör	– breites Angebot – kurzfristige Verfügbarkeit – Einbaukompetenz		– Preisgünstigkeit – kurzfristige verfügbarkeit

Abbildung 6: Erfolgsfaktoren eines Autohauses

Mitarbeiter in jedem Falle aufrechtzuerhalten. Hierzu gehört die Erwartung an das Autohaus, bei Inspektionen bzw. Reparaturen bevorzugt bedient zu werden bzw. kurzfristig einen Ersatzwagen (z. B. auch einen Neuwagen als Ersatz für einen PKW, der durch Unfall fahruntüchtig geworden ist) zu erhalten.

Die Privatkunden denken beim Neuwagenkauf häufig bereits an den Werkstattservice, der von den Verbrauchern häufig noch als „Engpaß" angesehen wird. Konkret schwebt den Verbrauchern dabei vor, auch bei Inspektionen bzw. Reparaturen vom selben Ansprechpartner wie beim Neuwagenkauf bedient zu werden. Auf diese Weise möchte der Verbraucher seine (wenn auch geringe) Marktmacht beim Neuwagenkauf mit in den Werkstattbereich hinüberbringen. Somit zeigt auch der Wunsch nach einem „Client Relation Manager" der Verbraucher letzten Endes nur, daß im Werkstattbereich Probleme bestehen.

Im Geschäftsbereich Gebrauchtwagenverkauf stehen als Erfolgsfaktoren zunächst das Preis-Leistungsverhältnis insgesamt bzw. das Angebot von gebrauchten Pkw auch im unteren Preissegment im Vordergrund. Hier hat der Vertragshändler häufig mit Imageproblemen zu kämpfen: Der Gebrauchtwagenkäufer ordnet ihm zwar mehr Seriosität, aber auch höhere Preise zu. Somit spricht der Vertragshändler im Gebrauchtwagenbereich nur ein spezifisches Segment an, nämlich die Verbraucher, die auch beim Gebrauchtwagenkauf auf besondere Qualität (Garantie, durchgesehene Pkw, optische Aufbereitung etc.) Wert legen. Das Segment der Niedrigpreiskäufer (die auch eine gewisse Risikobereitschaft an den Tag legen) wird demgegenüber von Vertragshändlern häufig vernachlässigt.

Im Werkstattbereich ist für die gewerblichen Kunden – wie oben dargestellt – die Schnelligkeit und Zuverlässigkeit von besonderer Bedeutung. Für den Privatkunden ist aufgrund der Komplexität der Pkw (die Qualität der Servicearbeiten kann ja kaum vom Verbraucher überprüft werden) das Gefühl der „Sicherheit" von besonderer Bedeutung. Daneben erwartet der private Kunde aber auch eine persönliche, individuelle Ansprache bzw. Bedienung.

Der Gebrauchtwagenkäufer ist auch im Hinblick auf Inspektionen und Reparaturen extrem preisorientiert. Vor diesem Hintergrund fühlt er sich nur bei besonders komplizierten Reparaturen oder bei Arbeiten, die die Sicherheit extrem tangieren (besondere Einbau-Kompetenz erforderlich) zur Vertragswerkstätte hingezogen. Ansonsten werden häufig andere, d. h. kostengünstigere Möglichkeiten der Inspektion bzw. Reparatur, genutzt.

Beim Verkauf von Teilen und Zubehör steht naturgemäß – wie bei jedem Handelsgeschäft – das breite Angebot und die kurzfristige Verfügbarkeit im Vordergrund.

Auf der Basis dieser Erfolgsfaktoren ist zusätzlich zu fragen, wo der Verbraucher Leistungsdefizite bei den Autohäusern sieht. Denn diese subjektiv erlebten Leistungsdefizite beinhalten für das Autohaus Profilierungschancen (vgl. Abbildung 7, Seite 153).

Einige dieser Wünsche zur Verbesserung der Servicequalität sind auf die Strukturen des mittelständischen Betriebs wie zugeschnitten. Hierzu zählen sämtliche Bereiche der Kommunikation (die in einem mittleren Betrieb zwangsläufig effizienter zu handhaben sind als z. B. in einem Großunternehmen), aber auch Aspekte der emotionalen Qualität, wie die menschlichere, persönlichere Ansprache, die sich ebenfalls traditionell eher in kleineren Betrieben ergibt.

Anteile: „(Sehr) deutliche Verbesserung möglich"	

Technische Qualität

Qualität bei der Ausführung der Reparaturen/Inspektionsarbeiten	39 %

Kommunikation

Fachkundige Auskünfte auch vom Nicht-Werkstatt-Personal	39 %
Besserer/intensiverer Kontakt mit dem Mechaniker/Meister, der das Auto repariert/gewartet hat	39 %
Abstimmung zwischen dem Werkstattpersonal und dem Kundendienstpersonal, mit dem der Autofahrer Kontakt hat	34 %

Emotionale Qualität

Ausstattung des Autohauses/ Wartezonen für den Kunden	33 %
Menschlichere/persönlichere Ansprache	32 %
Stil der Betreuung	29 %
Freundlichkeit des Personals	25 %

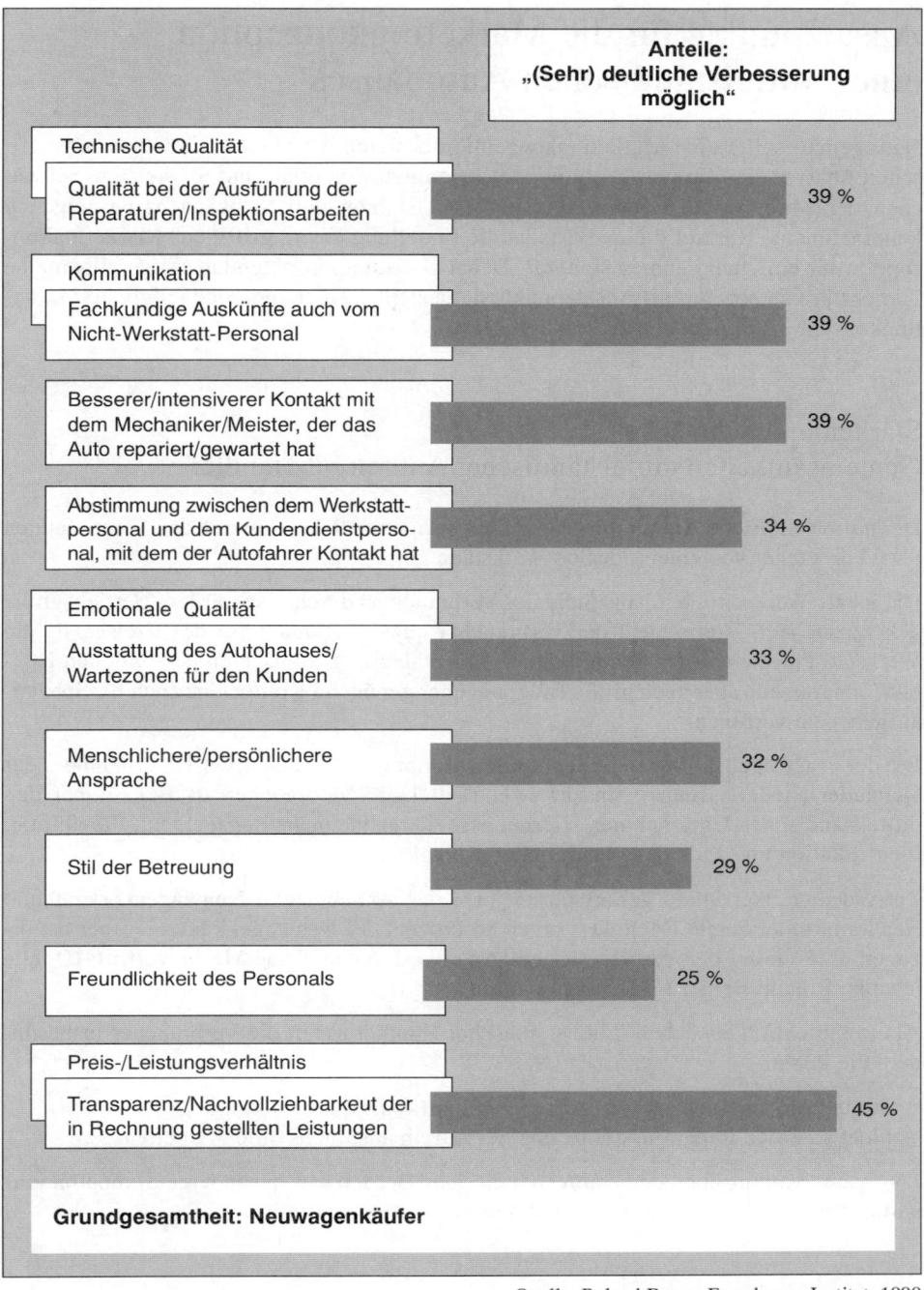

Preis-/Leistungsverhältnis

Transparenz/Nachvollziehbarkeut der in Rechnung gestellten Leistungen	45 %

Grundgesamtheit: Neuwagenkäufer

Quelle: Roland Berger Forschungs-Institut, 1990

Abbildung 7: Ansatzpunkte für eine Verbesserung der Servicequalität

Ansatzpunkte für die Marketingkonzeption eines mittelständischen Autohauses

Naturgemäß sollte eine Marketingkonzeption basieren auf einer unternehmensspezifischen Analyse des Marktes (Zielgruppen, ungenutzte Potentiale, auf Stärken und Schwächen der Mitbewerber) sowie der Situation (Stärken und Schwächen) des eigenen Unternehmens. Nur auf dieser Basis ist die Erstellung einer „griffigen" Marketingkonzeption für ein Unternehmen sinnvoll. Dennoch sollen im folgenden einige allgemeine – in der Praxis bewährte – Ansatzpunkte dargestellt werden, um eine mögliche Marketingkonzeption weitgehend zu konkretisieren.

Stärken und Schwächen – Gemeinsamkeiten mittelständischer Automobil-Händler

Der mittelständische Automobil-Händler entspricht in vielen Punkten den Vorstellungen der Verbraucher von einer „idealen Werkstätte":

Die ideale Werkstätte wird aus Sicht des Verbrauchers durch eine mittlere Betriebsgröße gekennzeichnet. Hierin sieht der Verbraucher quasi die Quadratur des Kreises, da die Werkstatt einerseits klein genug ist für den nachhaltig gewünschten persönlichen Kontakt, andererseits aber auch groß genug, um über genügend Kompetenz auch für Spezialaufgaben zu verfügen.

Bei der Frage nach der idealen Eigentümerstruktur (mittelständischer Unternehmer oder Hersteller-Niederlassung) wünscht zwei Drittel der Verbraucher als Eigentümer den mittelständischen Unternehmer. Hiermit assoziieren sie mehr Engagement, Flexibilität, Identifikation und auch den persönlichen Kontakt.

Zur „idealen Werkstatt" gehört ferner auch das Angebot von Neuwagenverkauf und Reparatur unter einem Dach. Das sagen 80 Prozent der Neuwagenkäufer. Ferner bevorzugen drei Viertel der Verbraucher ein Autohaus, das nur eine Marke vertritt. (Quelle jeweils: Roland Berger Forschungs-Institut 1991)

Als (mögliche) Schwächen mittelständischer Händler sehen die Verbraucher insbesondere die Punkte

– mitunter mangelnde „Nähe" zum Hersteller (keine „kurzen Wege"),
– nicht so große Reparaturkompetenz bei extrem anspruchsvollen Arbeiten.

Insgesamt kommt aber dem mittelständischen Betrieb ein besonderer Sympathievorsprung zu – ein Vorsprung der gezielt genutzt werden sollte.

Marketingziele des Automobil-Händlers

Auf Basis der oben dargestellten allgemeinen Strukturen (intensive Konkurrenz, Verdrängungswettbewerb zwischen den Autohäusern) erscheinen folgende Ziele generell sinnvoll

- Differenzierung von den Mitbewerbern,
- Aufbau von Händlerloyalität bei den Verbrauchern,
- Realisierung ungenutzter Absatzpotentiale.

Zur Differenzierung von den Mitbewerbern

Ein Autohaus muß sich bemühen, nicht austauschbar zu sein, sondern sich von den Mitbewerbern abzuheben. Dies gilt sowohl im Vergleich zu den Händlerkollegen, die die selbe Marke vertreiben (intrabrand competition), wie auch im Vergleich zu Händlern anderer Marken (interbrand competition). Gerade weil die Autos von den Verbrauchern als immer ähnlicher, austauschbarer erlebt werden, z. B. vor dem Hintergrund der verringerten Fertigungstiefe (und der damit gegebenen technologischen Angleichung), hat das Autohaus eine Chance, Profil über Dienstleistungsqualität zu erzielen. Dieses Profil ist dann die Grundlage dafür, dem Preiswettbewerb soweit wie möglich auszuweichen. Dies gilt nicht nur für den Werkstattbereich, sondern auch beim Neuwagenkauf, da Verbraucher beim Kauf auch sehr stark an die Betreuung bei Inspektionen und Reparaturen denken.

Zur Händlerloyalität der Verbraucher

Vor dem Hintergrund der nachlassenden Markenloyalität der Neuwagenkäufer wird es für den Händler immer wichtiger, dieser nachlassenden Markenloyalität durch eine Händlerloyalität zu begegnen, um somit die Bindung an sein Autohaus konstant zu halten. Um dieses Ziel zu erreichen, wird es insbesondere darauf ankommen, neben einer hohen technischen Qualität auch Loyalität durch persönlichen Kontakt Händlerpersonal/Verbraucher zu induzieren.

Zur Realisierung ungenutzter Absatzpotentiale

Da zum einen die Margen im Neuwagengeschäft (aufgrund der gegebenen Rezession) weiter rückläufig sind, und da ferner im Werkstattbereich pro Kunde mit rückläufigen Umsätzen zu rechnen ist (Tendenz zur niedrigeren Laufleistung der Pkw pro Jahr, geringere Reparaturanfälligkeit der Pkw) ergibt sich für das Autohaus daraus das Ziel, seinen Markt möglichst auszuweiten, d. h. bisher ungenutzte Absatzpotentiale zu realisieren. Die aus diesen Zielsetzungen resultierenden Strategien sollen im folgenden diskutiert werden.

Strategieoptionen des mittelständischen Automobil-Händlers

Für den mittelständischen Betrieb ergeben sich folgende prototypische Vorgehensweisen:

- Verfeinerung der Segmentierungsstrategie mit der Tendenz zum individuellen Marketing,
- Realisierung eines Betriebstypenportfolios,
- Präferenzstrategie, um dem Preiswettbewerb auszuweichen.

Verfeinerung der Segmentierungsstrategie

Die (potentiellen) Kunden eines mittelständischen Automobil-Händlers können auf verschiedene Arten segmentiert werden:

- nach der Stellung des Kunden: Gewerbliche/private Nachfrager,
- bei privaten Kunden: – nach dem Alter,
 – nach dem Geschlecht,
- nach der Art des gekauften Pkw: Neuwagen/Gebrauchtwagen,
- nach der Kundenbeziehung: derzeitige Kunden, Ex-Kunden, Nicht-Kunden.

Für jedes dieser Segmentierungskriterien kann eine getrennte Aufteilung des Marktes vorgenommen werden (wobei sich zwar zwangsläufig Überschneidungen ergeben, die aber hingenommen werden können).

Folgende Zielgruppen sollten in Zukunft möglichst mit einem segmentspezifischen Marketing zusätzlich – soweit nicht bereits geschehen – bearbeitet werden:

- *mittelständische gewerbliche Kunden*
  Hintergrund: – häufig ähnliche Unternehmenskultur wie im Händlerbetrieb
  – kontinuierliche, eher konjunkturunabhängige Nachfrage nach Neuwagen
  Problem: – besonders anspruchsvoll im Hinblick auf Services

- *jüngere Verbraucher*
  Hintergrund: – Kunden mit Zukunft
  – Händlerloyalität bedeutet großes langfristiges Nachfragepotential
  Problem: – zum Teil geringe Kaufkraft

- *weibliche Verbraucher*
  Hintergrund: – diese Gruppe gewinnt in Zukunft verstärkt an Bedeutung
  Problem: – besondere Art der Ansprache erforderlich

- *Gebrauchtwagenkäufer*
  Hintergrund: – von den Vertragshändlern häufig vernachlässigtes Segment
  – kein eigenständiges, segmentspezifisches Marketing
  – Potentiale auch im Werkstatt-Bereich
  Problem: – häufig preissensibel

- *Ex-Kunden*
  Hintergrund: – Abwanderung häufig nicht aus Verärgerung über den Händler, sondern aus mangelnder Markenloyalität. Modellwechsel bietet eine Chance, diese Gruppe gezielt anzusprechen
  Problem: – gegebenenfalls notorische „Wechselwähler"

Diese Segmentierung kann fast beliebig fortgeführt werden. Vor diesem Hintergrund wird deutlich, daß sich der Automobilmarkt immer weiter segmentiert. Die folgerichtige Entwicklung daraus ist ein Trend zum individuellen Marketing.

D. h. also, daß jede Zielperson individuell angesprochen wird. Hier hat gerade der Automobilhändler – mehr als andere Branchen – die Chance, ein individuelles Marketing zu praktizieren. Aufgrund ausführlicher Beratungsgespräche mit dem Neuwagenkunden kennt er in der Regel die spezifischen Anforderungen, zum Teil auch die persönlichen Hintergründe (Familiengröße, Beruf, Einsatzbereich des Pkw etc.) und kann diese Informationen für sein After-Sales-Marketing nutzen.

Eine weitere Chance zum individuellen Marketing ergibt sich dadurch, daß der Verbraucher sich in der Regel vor dem Werkstattbesuch anmeldet. Der Händler bzw. sein Personal haben somit die Möglichkeit, sich auf den entsprechenden Kunden einzustellen, sich seine speziellen Strukturen wieder ins Gedächtnis zu rufen und dem Kunden „individuell" zu begegnen. Diese Individualität wird in der Praxis dadurch erreicht, daß man

– zum einen dem Verbraucher Wahlmöglichkeiten, Optionen bietet,

– zum anderen den Verbraucher als Individuum (z. B. namentlich) anspricht, ihm eine besondere (auch emotional richtige) Ansprache zukommen läßt.

Individuelles Marketing ist sicherlich ein wichtiger Erfolgsfaktor für die Zukunft – Kennen des Kunden und seiner persönlichen Bedürfnisse und Strukturen, Ausbau der Individualität durch emotionale Aspekte wie persönliche, Ansprache und Sympathie.

Gerade das individuelle Marketing ist somit auf die Strukturen des mittelständischen Autohauses wie zugeschnitten.

Realisierung eines Betriebstypenportfolios

Der weiter zu segmentierenden Nachfrageseite wird der mittelständische Händler nur dann effizient entsprechen können, wenn er am Markt mit unterschiedlichen Betrieben auftritt. D. h., er hat zu überlegen, welche Betriebstypen den anvisierten Zielgruppen am besten entsprechen. Grundsätzlich können im Automobilbereich Betriebstypen, wie in Abbildung 8, Seite 158 dargestellt, unterschieden werden.

Das mittelständische Autohaus deckt mit seinem traditionellen Betriebstyp somit zwangsläufig nur einen Teil des Marktes ab.

```
                        oberes Preisniveau
                              │
                              │           ┌─────────────┐
                              │          Niederlassungen
                              │           der Hersteller
                              │
           High-Tech-
           Spezial-
           Werkstätten
                              │        Mittelständische
                              │         Autohäuser
                              │
                              │
  Spezialist ─────────────────┼──────────────────── Generalist
                              │
                              │
         Spezialisten                   Freie
         für Standard-                  Werkstätten
         reparaturen
                              │
                              │
                              │
                        unteres Preisniveau
```

| High-Tech-Spezial-werkstätten: | Electronic-/Elektrik-Werkstätten (Bosch), Autoradiowerkstätten etc. |

| Spezialisten für Standardreparaturen: | Auspuff-Spezialisten |

| | Etablierung neuer Betriebstypen möglich? |

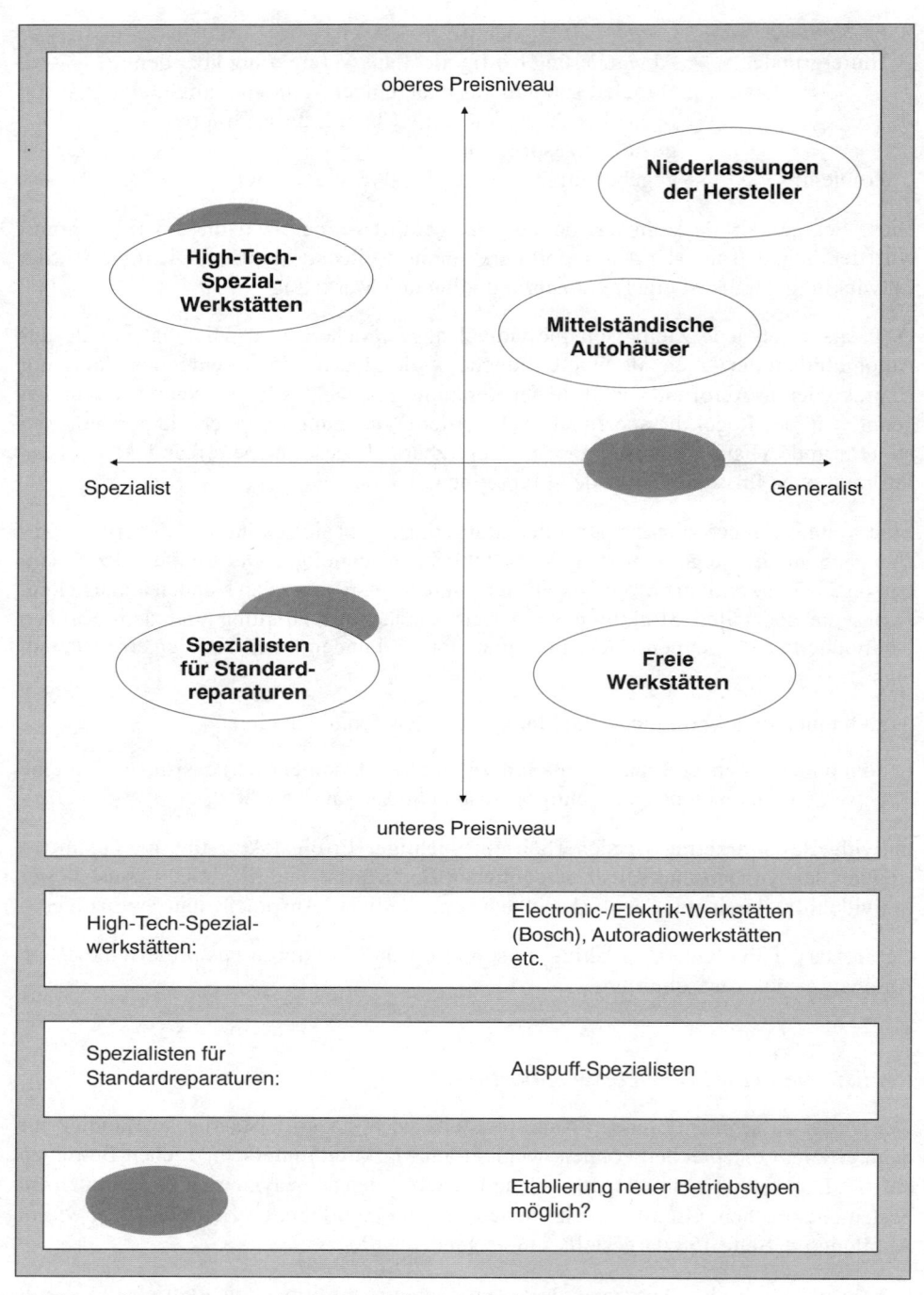

Abbildung 8: Betriebstypen im Automobilsektor (Werkstattbereich)

Sinnvoll wäre somit die Entwicklung neuer Betriebstypen insbesondere für das untere Preissegment, nicht als Nachahmer bzw. Me-too-Anbieter, sondern als Unternehmen, das kreativ neue Konzepte anbietet, getrennt und zusätzlich neben dem bisher bestehenden und weiter zu optimierenden Betriebstyp.

Präferenzstrategie für das „traditionelle" mittelständische Autohaus

Wenn auch im Bereich des Kfz-Gewerbes gilt, daß Spezialisten bzw. Großbetriebe potentiell Kostenvorteile erwirtschaften können, so heißt das für den mittelständischen Betrieb zwangsläufig: der Preiswettbewerb ist zu vermeiden, vielmehr sind Präferenzen aufzubauen, um die generelle Zahlungsbereitschaft der Verbraucher für „gute Werkstattleistung" auszunutzen. Präferenzen beim Verbraucher können dabei in erster Linie im Werkstattbereich aufgebaut werden. Im Neuwagenbereich sind die Leistungen (Rabatte) zu vergleichbar, als daß hier nachhaltig Präferenzen aufgebaut werden können. Gerade im Werkstattbereich ist aber die Bildung von Präferenzen möglich. Ein Ansatzpunkt hierfür ist die „Qualität plus ..."-Strategie.

Hintergrund: Qualität – damit ist hier die technische Qualität der Inspektions- und Reparaturarbeiten gemeint – wird für den Verbraucher immer mehr zur Selbstverständlichkeit. Vor diesem Hintergrund reicht es also nicht aus, allein gute technische Qualität zu bieten. Vielmehr ist es wichtig, zusätzlich dem Bedürfnis des Verbrauchers nach menschlichem Kontakt, Sympathie und Akzeptiertwerden zu entsprechen.

„Qualität plus" könnte also z. B. heißen, „Qualität plus Sympathie". Auch hier ergeben sich vielfältige Ansatzpunkte für kreative, neue Konzepte.

Gerade im Servicebereich gilt: High tech ist durch high touch zu ergänzen! Explorationen mit Verbrauchern zeigen immer wieder, daß „guter Service" häufig mit „menschlichen Erlebnissen" gleichgesetzt wird. Sympathie zwischen den Angestellten des Autohauses einerseits und den Kunden andererseits fördert nicht nur grundsätzlich das Verständnis füreinander, sondern produziert auch einen besonderen Good will und somit eine besondere Wettbewerbsstellung – aufgrund der Menschen, mit denen der Verbraucher (gerne) Kontakt hat, wird der Betrieb immer weniger austauschbar. Insbesondere weibliche Verbraucher weisen in Befragungen darauf hin, daß auch das „Menschliche" im Servicebereich stimmen muß.

Das Autohaus hat hier durchaus eine Möglichkeit, gestaltend einzugreifen: Bereits bei der Einstellung von Mitarbeitern kann darauf Wert gelegt werden, daß nicht nur fachliche Kriterien erfüllt werden, sondern vielmehr auch die „menschliche Seite" stimmt, daß eher „offene", extrovertierte Mitarbeiter für den Neuwagenverkauf oder auch für den Werkstattbereich eingestellt werden. Ähnlich kann eine Forcierung des Teamgeistes im Autohaus (und hierfür ist wiederum das mittelständische Autohaus besonders prädestiniert) zu einem guten Betriebsklima und somit auch zu einem guten Klima Kunde/Mitarbeiter des Autohauses führen.

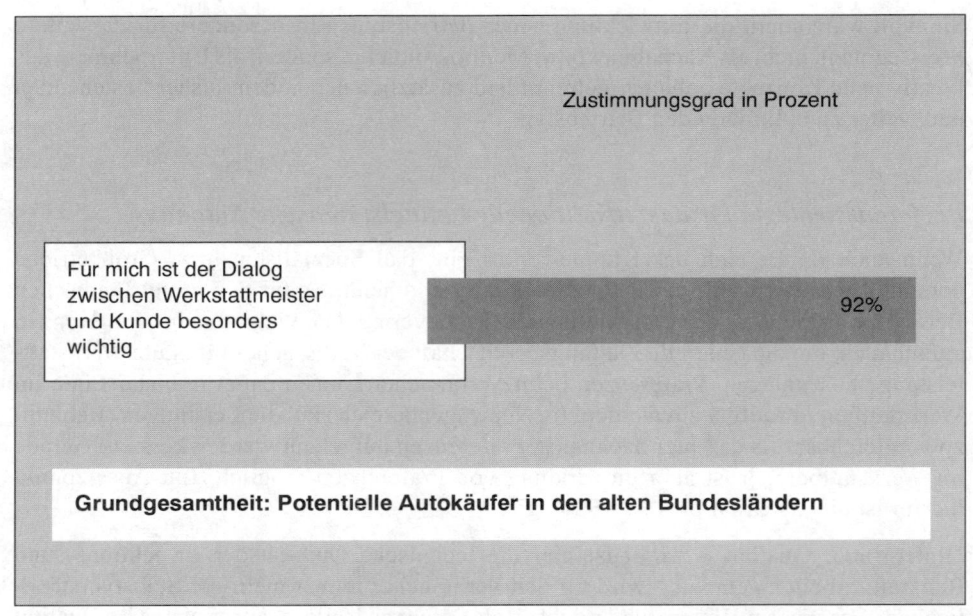

Zustimmungsgrad in Prozent

Für mich ist der Dialog zwischen Werkstattmeister und Kunde besonders wichtig — 92%

Grundgesamtheit: Potentielle Autokäufer in den alten Bundesländern

Quelle: SPIEGEL-Dokumentation „Auto, Verkehr und Umwelt", 1993

Abbildung 9: Wunsch nach Dialog

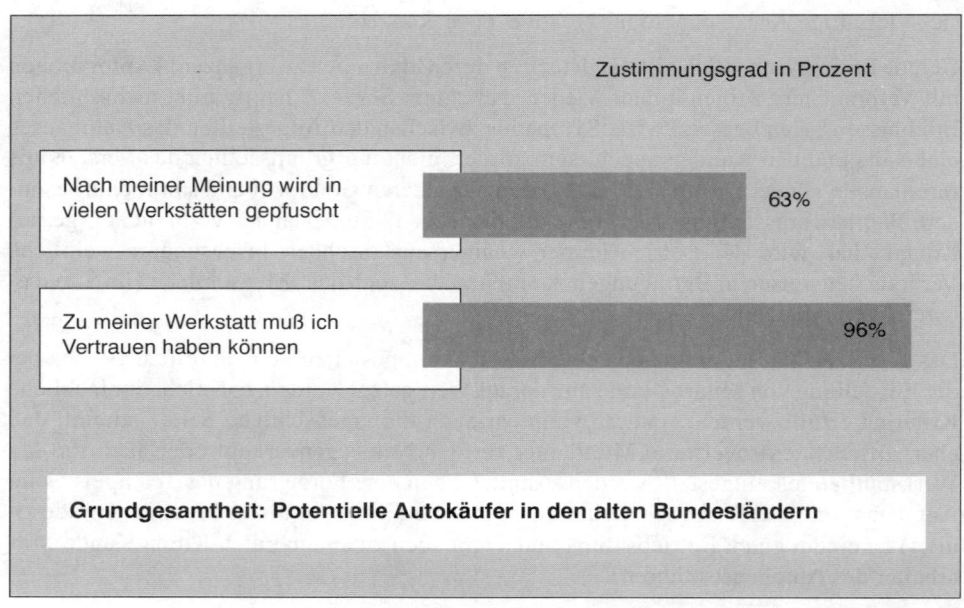

Zustimmungsgrad in Prozent

Nach meiner Meinung wird in vielen Werkstätten gepfuscht — 63%

Zu meiner Werkstatt muß ich Vertrauen haben können — 96%

Grundgesamtheit: Potentielle Autokäufer in den alten Bundesländern

Quelle: SPIEGEL-Dokumentation „Auto, Verkehr und Umwelt", 1993

Abbildung 10: Erfordernis eines Vertrauensverhältnisses Werkstatt/Kunde

Wichtiger Teil einer Präferenzstrategie ist die Kommunikation. Bei der Präferenzstrategie hat die Kommunikation insbesondere auch die Aufgabe, über die besonderen Leistungen zu informieren und zusätzlich beim Verbraucher die emotionale Positionierung durchzusetzen.

Die Voraussetzungen für eine effiziente Kommunikationspolitik sind dabei speziell im Automobilbereich sehr günstig – anders als in vielen anderen Branchen wünscht der Verbraucher im Automobilsektor den Dialog (insbesondere mit dem Werkstattmeister), z. B. um die erbrachte Leistung des Autohauses zu verstehen (vgl. Abbildung 9, Seite 160).

Ein Autohaus sollte diese große Chance nicht ungenutzt verstreichen lassen:

– Das Autohaus muß sich ja nicht erst durch einen dominanten Werbeauftritt in Medien Gehör verschaffen, der Verbraucher wünscht ohnehin, informiert zu werden.

– Die vom Verbraucher in der Regel bevorzugte Kommunikation Mensch / Mensch d. h. die persönliche Kommunikation ist der Kommunikation über Medien deutlich überlegen.

Ein wichtiger Informationsinhalt muß bei dem Dialog mit dem Verbraucher gerade im Werkstattbereich die Reduzierung des Mißtrauens und darauf aufbauend das Schaffen von Vertrauen haben. So hegen ca. 2/3 der Verbraucher gegenüber Werkstätten zunächst Mißtrauen. Fast alle Verbraucher betonen ferner, daß ein besonderes Vertrauensverhältnis Werkstatt/Kunde erforderlich ist (vgl. Abbildung 10, Seite 160).

Auch hier ergeben sich für den mittelständischen Betrieb aufgrund seiner Strukturen wiederum besondere Chancen, einen speziellen Goodwill aufzubauen.

Literatur

BECKER, J., Marketing-Konzeption, 4. Aufl., München 1992.
IRRGANG, W., Strategien im vertikalen Marketing, München 1989.
IRRGANG, W., Vertical Marketing of the Automotive Industry: The Dealer as a Customer, in: Esomar, Automotive Conference on Marketing Challenges for the 1990s, Paris 1990.
OEHME, W., Handels-Marketing, München 1983.
SPIEGEL-DOKUMENTATION Auto, Verkehr und Umwelt, Hamburg 1993.
TIETZ, B./MATHIEU, G., Das Kontraktmarketing als Kooperationsmodell in: FIW-Schriftenreihe, Heft 83, Köln, Berlin, Bonn, München 1979.
TIETZ, B., Einzelhandelsperspektiven für die Bundesrepublik Deutschland bis zum Jahre 2010, Frankfurt 1992.
TRAPP, K., Vertikales Marketing im Automobilhandel, in: Irrgang, W. (Hrsg.); Vertikales Marketing im Wandel, München 1993, S. 259–279.

Erlebnisorientierter Möbelhandel – Der Weg in die Zukunft

Wolfgang Mayer

- Situation Möbelhandel
- Kundenanalyse
- Strategieoptionen
- Umsetzung in Kommunikation, Einkauf und Präsentation

Der Beitrag zeigt auf der Basis umfangreicher Kundenstrukturanalysen, wie strategische Optionen für Möbelhandels-Unternehmen aussehen können. Darüber hinaus werden die für deren Umsetzung notwendige Präsentation, Kommunikation und der Einkauf als strategisch wichtige Bereiche herausgestellt.

Situation

„Die Zukunft hat schon begonnen" – gemeint ist hiermit die Eröffnung des neuen 40 000-Quadratmeter-Hauses der Firma Ostermann „Das Bio-Haus" – in Stuttgart entstand das erste Einrichtungshaus, das sich ganz dem natürlichen Wohnen verschrieben hat. Solche und weitere, ähnlich lautende Schlagzeilen spiegeln exemplarisch die Struktur und Entwicklung im deutschen Möbeleinzelhandel wider. Metaphorisch betrachtet kann die Distributionsstruktur in der Möbelbranche als ein wachsender Wald bezeichnet werden, in dem sich vornehmlich vier Tierarten tummeln:

– Die Bären (Großfilialisten) sind stark und beherrschend, befinden sich ständig im Kampf und versuchen, Angriffe ihresgleichen abzuwehren.

– Die Platzhirsche (große bis mittelgroße Händler, nicht in Stadtzentren angesiedelt) sind selbstbewußt und auf der Suche nach ruhigen Plätzen, um dort mit ihrer Familie zu grasen, werden aber bei Behinderung aggressiv.

– Die Füchse (kleine, beratungsintensive Betriebe, meist in Städten) sind schlau wie Meister Reineke und im ganzen Wald anzutreffen, sie gehen direkten Konfrontationen aus dem Weg (Nischenpolitik) und schlagen sich gut durchs Leben.

– Die Hasen (kleinere Betriebe) leben zwar in ständiger Angst vor größeren Tieren, bewegen sich aber hakenschlagend durch den Wald, um letztlich doch ihre saftige Wiese zu erreichen.

Gerade bei Bären und Platzhirschen ist durch Übernahme und/oder Flächenexpansion ein Drang zu „Größe" zu verzeichnen, was in Folge des daraus resultierenden überproportionalen Wachstums zu einer weiteren Konzentration von Umsatz- und Marktanteilen auf wenige Handelsunternehmen führt.

Erfolg hat bekanntlich viele Väter. Größe allein ist es nicht, was den Erfolg von Unternehmen des Möbelhandels ausmacht. Als entscheidend für den Weg in die Zukunft ist vielmehr eine optimale Abstimmung von Sortiments- und Zielgruppen-/Kundengruppenstruktur sowie eine wirtschaftliche sinnvolle Gestaltung der Wertschöpfungsstufen anzusehen.

Sortiments- und Kundenstruktur

Viele Einzelhandelsunternehmen der Möbelbranche, egal welcher Größe, interpretieren den Begriff Vollsortiment immer noch zu wörtlich. Sind sie doch der Meinung, dem Kunden ein Warenangebot zu präsentieren, das nach dem Motto „Alles für alle" zusammengestellt wird. Dabei wird häufig vergessen, daß eine Verbreiterung des Sortiments nahezu zwangsläufig mit dem Verlust an Profil einhergeht. Gefragt ist jedoch Kompetenz. Um diese zu erlangen, ist eine klare Segmentierung die Voraussetzung. Die Sortimentspolitik muß auf den Anspruch der jeweiligen Zielgruppen ausgerichtet sein.

Mit Zielgruppe ist hier nicht eine nach soziodemographischen Daten geclusterte Gruppe von Menschen gemeint, sondern sogenannte „Life-Style-Typen". Als für die Möbelbranche besonders geeignet haben sich zwölf Lebensstil-Typen herausgestellt, die das Heidelberger Meinungsforschungsinstitut SINUS in einer Studie ermittelt hat. Danach können folgende Typen unterschieden werden (die Werte in Klammer geben den prozentualen Anteil an der Gesamtbevölkerung über 14 Jahre in der alten BRD an):

- *die Arrivierten:* erfolgreiche und selbstbewußte Bildungsbürger; konservativ-liberal, leistungsorientiert, umweltbewußt (7 Prozent);
- *die Aufstiegsorientierten:* karriere- und statusbewußt, ehrgeizig, aber trotzdem genußfreudig (8 Prozent);
- *die Trendbewußten Mitmacher:* Lebensinhalt in Freizeitaktivität und Konsum, beruflich nicht sehr engagiert, Prestige wichtiger (5 Prozent);
- *die Bodenständigen:* durch harte Arbeit zu bescheidenem Wohlstand, familienorientiert (13 Prozent);
- *die Geltungsbedürftigen:* beruflich und privat resigniert, Schuldsuche bei anderen (8 Prozent);
- *die Neue Familie:* starkes partnerschaftliches und ökologisches Engagement, Kinder im Vordergrund, aber kein Verzicht auf Wohlstand und Selbstverwirklichung (7 Prozent);
- *die Jungen Individualisten:* intellektuell, kritisches Bewußtsein und genußsüchtiger Lebensstil, Trendsetter der Gegenwart (6 Prozent);
- *die Fun-Orientierten Jugendlichen:* alles, was Spaß macht, hecheln jedem Trend hinterher und sind dabei glücklich (7 Prozent);
- *die Coolen:* lieben Action und Abenteuer, Machotyp, Auto, Motor, Video (7 Prozent);
- *die Angepaßten:* lieben Mode und Kosmetik, Romanzen und neueste Hits, träumerisch (8 Prozent);
- *die Aufgeschlossenen Häuslichen:* patente Hausfrauen und Mütter, konservativ, offen fürs Neue (10 Prozent);
- *die Bescheidenen Pflichtbewußten:* tugendhafte Rentnerinnen, anspruchslos und schicksalsergeben (14 Prozent).

```
┌─────────────────────────────────────────────────────────────────┐
│           Der Kunde schafft sich durch individuellen Lebensstil und │
│           persönliches Umfeld emotional seine Wohn- und Erlebniswelt │
└─────────────────────────────────────────────────────────────────┘
```

Soziale Lage

- Die Arrivierten 7 %
- Die Neue Familie 7 %
- Die Jungen Individualisten 6 %
- Die Aufstiegsorientierten 8 %
- Die Bodenständigen 13 %
- Die Trendbewußten 5 %
- Die Fun-Orientierten Jugendlichen 7 %
- Die Coolen 7 %
- Die Angepaßten 8 %
- Die Bescheidenen 14 %
- Die Aufgeschlossenen Häuslichen 10 %
- Die Geltungsbedürftigen 8 %

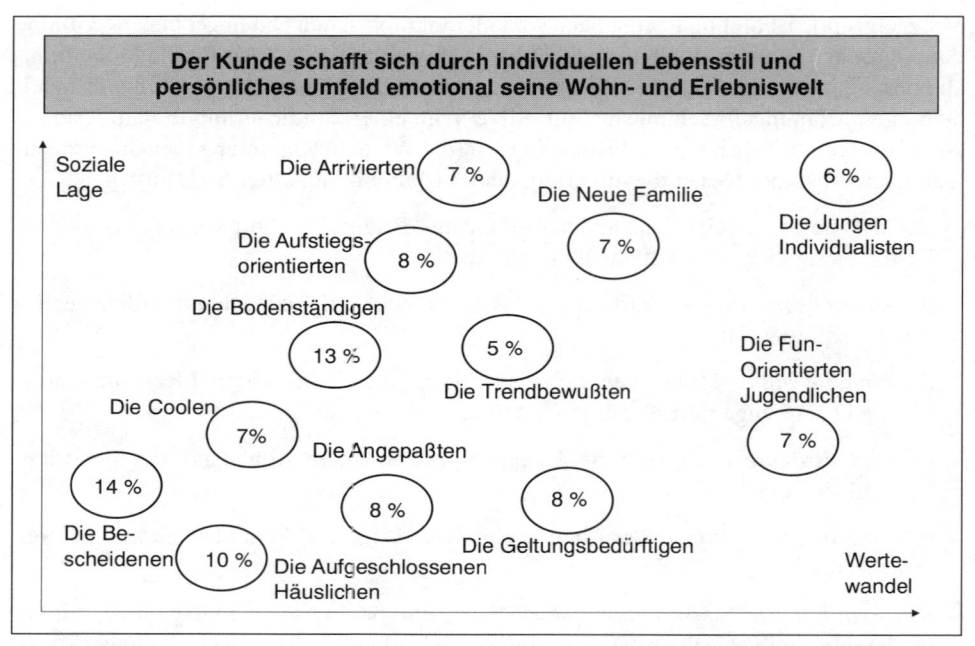

Wertewandel

Quelle: SINUS-Institut, Heidelberg 1991

Abbildung 1: Zwölf Life-Style-Typen und ihr prozentualer Anteil an der Gesamtbevölkerung über 14 Jahre (Alt-BRD)

Im Zusammenhang mit der Life-Style-Ausrichtung des Sortiments ist auf einen ausgewogenen Preisaufbau zu achten. Langfristig muß hierbei der richtige Vertriebsweg festgelegt werden. Denn die Mitte ist zum Sterben verurteilt (Verlust der Mitte-Phänomen). Ähnlich wie in anderen Branchen wird es auch in der Möbelbranche eine Polarisierung geben und die geht gegenwärtig zur Mitnahme/SB im unteren Preisbereich auf der einen Seite und zur hochwertigen, beratungsintensiven Ware auf der anderen Seite. Eine Entscheidung über den einzuschlagenden Weg hängt natürlich zwangsläufig vom vorhandenen Personal als auch von der verfügbaren Verkaufsfläche ab. Um beispielsweise heute im Mitnahmebereich einen kompetenten Marktauftritt zu gewährleisten, wird eine untere Betriebsfläche von 3 000 qm als erforderlich angesehen. Ähnlich verhält es sich im konventionellen Möbelgeschäft. Wenn man hier auf einer vergleichsweisen kleinen Fläche (z. B. 5 000 qm) alle oben genannten Life-Style-Gruppen bedienen oder verschiedene Vertriebswege integrieren möchte, ist diese Unternehmenspolitik langfristig zum Scheitern verurteilt. Was bleibt demnach zu tun? Für diesen Fall bieten sich verschiedene Möglichkeiten der Spezialisierung an:

– Konzentration auf einen Wohnbereich z. B. Küchen oder Polstermöbel;
– Konzentration auf einen bestimmten Einrichtungsstil, z. B. Massivholz oder Alpenländisches Wohnen;
– Konzentration auf einen Vertriebsweg, z. B. Mitnahme oder SB-Markt.

Auf jeden Fall kommt es zukünftig mehr denn je darauf an, einzelne Wohnthemen kompetent zu behandeln. Besonderes Augenmerk muß hierbei auf eine ganzheitliche Betrachtungsweise gelegt werden. Das Selbstverständnis des Möbeleinzelhändlers ist dahingehend zu formulieren, das Wohnproblem des Kunden zu lösen. Die Problemlösung kann durchaus im einzelnen Möbelstück liegen, was allerdings unter heutigen Erkenntnissen selten ist. Das Problem ist heute wesentlich vielschichtiger und komplexer. Im Vordergrund steht die Schaffung und Vermittlung eines Wohnerlebnisses, das der Kunde als angenehm empfindet, mit dem er sich identifizieren kann, von dem er fasziniert ist. Dies wiederum hängt in starkem Maße von seinem Lebensstil und seinen Wertvorstellungen ab. Hier ist insbesondere die Kreativität, die Intelligenz und das psychologische Einfühlungsvermögen des Einrichtungs-beraters gefordert. Der Aktivitätenschwerpunkt ist somit in der Gestaltung dieser „soft facts" zu sehen. Diese beeinflussen in entscheidender Art und Weise das Kaufentscheidungsverhalten des Kunden. Erst an zweiter Stelle rangieren damit die sogenannten „hard facts" nämlich das eigentliche Möbelstück und der Preis. Werden die „soft facts" vernachlässigt, ist es bei der heutigen Mobilität der Kunden praktisch unmöglich, sich dem Preisvergleich zu entziehen. Hier schlagen dann Größenvorteile, wie Einkaufsmacht, Kapitalausstattung etc. zu Buche.

Präsentations-Layout

Ein ganz wesentlicher Faktor neben der Personalleistung ist bei der kompetenten Behandlung von Wohnthemen die Präsentation der Ware in der Ausstellung. Auch hier spielt die Erlebnisorientierung die wesentliche Rolle. Das Laden-Layout ist dabei so zu gestalten, daß der Kunde im Markt bereits Wohnen erleben kann. Und dazu gehört eben mehr als nur das Ausstellen von Möbeln. Sicher sind sie die Hauptprodukte, denn sie lösen bestimmte Wohnfunktionen. Aber um Stimmung und Wohlbefinden beim Kunden hervorzurufen, dedarf es der Unterstützung durch bestimmte Accessoires. Spannender Einkauf aus Sicht des Kunden wird durch die Inszenierung der Kaufgegenstände realisiert. Erlebnispräsentation heißt letztendlich, die Gedanken und Vorstellungen der Kundengruppen in der Warendarbietung umzusetzen. Wenn sich durch geschickte Anordnung von Alternativen innerhalb eines Sortimentsspektrums viele Wahlmöglichkeiten für den Kunden ergeben, entsteht Kauflust.

Die Wohnraumlösungen in den Kojen oder Milieus sollen den Kunden über Gefühlsinformationen vermitteln, wie interessant, individuell und lebendig sie ihr Heim möblieren und gestalten können. Sie sollen sowohl glaubwürdig als auch spannend sein. Sie dürfen kreativ und phantasievoll sein (Neugierigmacher).

Mit dem Raum als Ausgangspunkt läßt sich die gesamte Sortimentsbreite darstellen. Kleinere Häuser müssen darauf achten, daß sie Programme mit hohen Variations- und Problemlösungsmöglichkeiten präsentieren. Dadurch sind sie mit entsprechender Leistung der Einrichtungsberater in der Lage, das zu bieten, was ein Großflächenanbieter auf einer wesentlich größeren Fläche zeigen muß. Denn je kleiner die Häuser sind, umso höhere Personalleistungen sind erforderlich, um dadurch die fehlende Fläche zu substituieren. Der Flächengigant ist darauf angewiesen, bestimmte Schwerpunktprogramme in verschiedenen Wohnbereichen und Wohnsituationen zu präsentieren, um seine Politik der Einkaufskonzentration zu verschleiern. Bei kleineren Verkaufsausstellungen muß dieser Flächenvorteil durch eine höhere beraterische Leistung des Verkaufspersonals ausgeglichen werden. Ein nicht zu unterschätzender Nebeneffekt hierbei ist der Abbau der Anonymität und die Möglichkeit, auf diese Art und Weise die Stammkundenbindung zu forcieren. Besondere Beachtung findet – wie oben bereits erwähnt – der Accessoirebereich. Neben der Gestaltungsfunktion übernehmen sie ebenso die Funktion des Frequenzbringers. Voraussetzung hierfür ist allerdings, daß die einzelnen Artikel auch in entsprechenden Abteilungen zu erwerben sind. Erfolgreiche Unternehmen realisieren heute bereits bis zu 25 Prozent des Gesamtumsatzes mit diesem Randsortiment. Dieser Erfolg resultiert letztendlich aus einem veränderten Kundenverhalten. Der Einkauf ist für den Kunden in zunehmendem Maße ein Freizeitvergnügen. Oftmals fehlt es ihm auch an pfiffigen Ideen und Einfällen. Er bevorzugt die Einkaufsstätten, in denen es ständig etwas Neues zu entdecken gibt. Die Folge ist, daß der Kunde durchschnittlich nicht nur zweimal pro Jahr, sondern je nach Umfeld bis zu achtmal im Jahr das Geschäft aufsucht.

Vor diesem Hintergrund ist es möglich, das Kundenpotential erfolgreich auszuschöpfen und ihnen dabei viele unterschiedliche Problemlösungen für unterschiedliche Geschmacksrichtungen und für viele Wohnfunktionen zu zeigen. Je mehr Kunden sich damit identifizieren, desto größer werden aufgrund des Erlebnisses das Kaufinteresse und parallel dazu die Kompetenz für Wohnen.

Einkauf/Beschaffung

Eine solche Sortiments- und Warenpräsentationspolitik hat selbstverständlich Konsequenzen für die Beschaffung. Der Einkauf von Möbel wird heute – mit dem Ziel möglichst günstiger Einkaufskonditionen – zum überwiegenden Teil über Einkaufsverbände abgewickelt. Die Aufgabe besteht nun darin, vor dem Hintergrund der Zielgruppenfokussierung das Verbandssortiment auf Verwendbarkeit zu durchleuchten, eventuelle Lücken durch verbandsfreie Herstellersortimente zu ergänzen, um auf diese Weise einen wirtschaftlich sinnvollen Beschaffungs-Mix zu gestalten.

Eine besondere Rolle kommt hierbei den Messen zu. Im Möbelbereich finden in Deutschland die namhaftesten und bedeutendsten Ausstellungen Europas statt. Eine alleinige Konzentration auf diese Messen reicht jedoch für die oben geschilderte Unternehmenspolitik und ein daraus abgeleitetes erfolgversprechendes Trendscouting nicht aus. Hier ist es notwendig, zusätzliche Messen außerhalb Deutschlands sowie anderer Branchen zu besuchen. Gerade in den letzten Jahren hat sich herausgestellt, daß beispielsweise Modemessen hinsichtlich des Farbspektrums richtungsweisend waren für Bezugs- und Dekorationsstoffe sowie Accessoires.

Um die Beschaffungsaufgabe erfolgreich zu lösen, ist es weiterhin notwendig, den Einkauf dezentral zu organisieren. Damit erweitert sich der Aufgaben- und Verantwortungsbereich der einzelnen Produktgruppen- oder Wohnthemenleiter. Neben der Nutzung von Identifikations- und Motivationspotentialen auf der einen Seite, sowie der Erlangung von Sachkompetenz auf der anderen Seite ist der entscheidende Vorteil des dezentralen Einkauf in der Nähe zum Markt und somit letztendlich zum Kunden zu sehen. Die Einkaufskoordination und -strategie, die Festlegung eigener Qualitätsstandards, sowie Budgetierung erfolgen durch den zentralen Bereichsleiter Einkauf.

Kommunikation

Viele Einzelhandelsunternehmen der Möbelbranche konzentrieren sich im Rahmen der Marktkommunikation überwiegend auf das weitgehend regelmäßige Schalten von Zeitungsannoncen. Die dort abgebildeten und angebotenen Möbelobjekte stehen hierbei meist im Zusammenhang mit einem scharf kalkulierten Preis. Auf Milieudarstellungen oder Erlebniswelten wird größtenteils verzichtet. Dieses undifferenzierte Kommunikationsverhalten hat sicherlich für eine bestimmte Zielgruppe und Vertriebsform, wie beispielsweise Discount-/SB-Geschäfte, seine Berechtigung, unterstreicht aber in keiner Weise den erlebnisorientierten Anspruch. Eine auf Ziel-/Lifestylegruppen abgestimmte Sortiments- und Unternehmenspolitik erfordert ebenso eine getrennte, mit geringen Streuverlusten behaftete Kommunikationsstrategie, wobei alle zur Verfügung stehenden Werbemittel und -träger zu berücksichtigen sind. So bieten z. B. gerade die in den letzten Jahren entstandenen, regionalen Rundfunksender neue Möglichkeiten der Marktkommunikation. Weitere Ansatzpunkte sind durch die Entwicklung der modernen Datenverarbeitung gegeben. Individuelle Anschreiben für Direct Mailings bzw. ein Sortieren des bestehenden Kundenstammes nach bestimmten Kriterien mittels relationaler Datenbanksysteme sorgen für eine gezielte Kundenansprache.

In diesem Zusammenhang ist auch das Thema „Club" zu nennen. Mittels Ausgabe von sogenannten Familien-, Firmen- oder VIP-Karten können Kunden selektiert und differenziert behandelt werden. Im Rahmen dieser Clubidee lassen sich bei entsprechender Attraktivität sogar eigene Erlebniswelten bilden.

Zielgruppenorientierte Sonderveranstaltungen oder spezielle Aktionen sorgen für einen hohen Erlebniswert beim Endverbraucher und bieten die Möglichkeiten neue Kundengruppen zu erschließen. Es muß demnach nicht immer das Bierzelt sein. Mit Kreativität und Einfallsreichtum lassen sich Veranstaltungen realisieren, die unter Kosten-/Nutzenaspekten wesentlich erfolgreicher sind.

Im Rahmen der Kommunikationspolitik kommt dem Kompetenzanspruch, den das Unternehmen verfolgt, entscheidende Bedeutung zu. Kurz, prägnant und aktiv formuliert verkörpert er das gesamte Spektrum der Alleinstellungsmerkmale eines Unternehmens. Dadurch besteht die Möglichkeit, sich aus Sicht des Endverbrauchers deutlich vom Wettbewerb abzuheben und eine eigene Identität aufzubauen. Der Kompetenzanspruch hat nicht nur Außenwirkung, sondern beeinflußt auch das Verhalten der Mitarbeiter im Innenverhältnis. Er steht ebenso für das Unternehmensleitbild und -grundsätze, sowie

Führungsgrundsätze. Und nachdem heute Mitarbeiter sämtlicher Wertschöpfungsstufen Kontakt zum Kunden bekommen, kann durch deren Verhalten Entscheidendes für die Kundenbindung getan werden.

Distribution/Service

Zu den Voraussetzungen, die der Möbeleinzelhändler für seine geschäftlichen Aktivitäten benötigt, gehört nicht nur eine ansprechende und erlebnisfördernde Verkaufsausstellung, sondern auch adäquate Lager- und Umschlagseinrichtungen. Hinzu kommt, daß die heutigen Warensortimente unterschiedlichste Eigenschaften aufweisen, wie beispielsweise verschiedene Abmessungen, unterschiedliche Gewichte, Stoßempfindlichkeit, Klimasensibilität, sowie Staub- und Schmutzempfindlichkeit. Wirtschaftliche Aspekte – Bereitstellung ausreichender Lagerkapazität, sowie einer hohen Umschlagshäufigkeit, optimale Volumenausnutzung, hohe Verfügbarkeit und geringer Personaleinsatz – stellen besondere Anforderungen an das Lager im Möbeleinzelhandel. Ihre Erfüllung gelingt dann vollständig, wenn Einrichtung, Organisation und Materialfluß optimal aufeinander abgestimmt sind. Hier im logistischen Bereich existieren für viele Unternehmen des Möbelhandels enorme Handlungsbedarfe und erhebliche Rationalisierungspotentiale, was sich letztendlich in niedrigeren Transport-, Lager- und Distributionskosten bemerkbar macht. Flexibles Kostenmanagement ist mehr denn je gefragt.

Ein entscheidender Ansatzpunkt ist in der Auslagerung von Transportleistungen und deren Erledigung durch Externe (Outsourcing) zu sehen. Hierbei kann es sich um Speditionen oder Subunternehmer handeln. Besonderes Augenmerk ist darauf zu legen, daß eine gute Lieferbereitschaft und ein zuverlässiger Lieferservice wichtiger sind als eine falsch verstandene und auch kostenintensive Schnelligkeit. Ausschlaggebend sind dabei die Qualitätsstandards des jeweiligen Unternehmens. Es muß darauf geachtet werden, daß ständig fachlich qualifizierte Mitarbeiter zur Verfügung stehen, die die Interessen des Möbelhändlers wahren und vertreten. Für Haftpflicht-Schäden muß selbstverständlich der Spediteur oder Subunternehmer eigene Haftung übernehmen. Die Entlohnung erfolgt in Abhängigkeit der einzelnen Warengruppen über variable Provisionssätze. Auch wenn dem externen Unternehmen eine bestimmte Mindestauslieferungssumme zu garantieren ist, kann doch ein ganz erheblicher Teil der Transportkosten auf diese Weise proportional zur Auliefersumme gestaltet werden.

Eine weitere Möglichkeit besteht darin, das Outsourcing nicht nur auf die Transport- und Montageleistung zu konzentrieren, sondern den gesamten logistischen Bereich auszulagern und über Speditionsunternehmen abzuwickeln. Der entscheidende Vorteil ist hierbei darin zu sehen, daß sich die beteiligten Unternehmen voll und ganz auf ihre originäre Aufgabe konzentrieren können. Das Einzelhandelsunternehmen auf den Verkauf von Möbeln, das Speditionsunternehmen auf die Distribution. Beide profitieren in diesem Fall von ihrem spezifischen Know-how, womit sich Lernkurveneffekte und „economics of scale" nutzen lassen. Im Küchenmöbel- und Gerätesektor laufen gegenwärtig die ersten Versuche, einen durchgängigen Warenfluß zu installieren. Das heißt, daß der

Traditioneller Möbelhandel

Sortiments-programm/-Gestaltung
- National/ z. T. international
- Lieferanten-abhängig

Einkauf Materialien
- Beim Hersteller

Produktion
- Beim Hersteller

Verkaufs-standorte
- Innenstadt, teilweise Peripherie

Kommuni-kation
- Aktionen
- Postwurf-sendungen

Preise
- Alle Preis-klassen

Transport/Service
- Vollservice

Moderner Möbelfachmarkt

Sortiments-programm/-Gestaltung
- International
- Stark ziel-gruppen-orientierte Programme

Einkauf Materialien
- In Eigenregie Zentral: Holz Lacke etc. Dezentral: Landes-spezifische Teile und Geräte

Produktion
- International
- Zentrale, eigene Qualitäts-standards

Verkaufs-standorte
- Peripherie mit guter Verkehrs-anbindung (meist Autobahn)
- Marktkonzept mit anderen Anbietern

Kommunikation
- Erlebnis-orientiert: unmögliches Möbelhaus
- Clubideen: Familienkarte Firmenkarte
- Katalog mit Aktionen und Spezial-kataloge
- Direct Mailings
- Anlaßorien-tierte Aktionen

Preise
- Konzentration auf Einsteiger-preise und mittlere Preise
- Jährlich gestreute Aktionspreise

Transport/Service
- Auf Kunden verlagert
- Gestaltungs-erlebnis durch Eigenaufbau des Kunden
- Transport-möglichkeit

Abbildung 2: Der traditionelle Möbelhandel zeigt im Vergleich zum modernen Möbelfachmarkt deutliche Unterschiede innerhalb der Wertschöpfungsstufen auf

Möbeltransport vom Möbelhersteller bis zum Endverbraucher von einem einzigen Speditionsunternehmen erledigt wird.

Daneben können Transport- und Montageleistungen auch auf den Kunden übertragen werden. Was im Mitnahme/SB-Bereich schon seit einigen Jahren sehr erfolgreich praktiziert wird, ist ebenso auf den konventionellen Bereich anwendbar. Aus der Sicht des Kunden spricht vor allem ein um die Serviceleistung verringerter Verkaufspreis, sowie das Gestaltungserlebnis durch den Eigenaufbau für dies Art des Outsourcings. Hier wird also der Erlebniskauf mit aller Konsequenz bis zum Endverbraucher realisiert. Unterstützung findet diese Distributionsart durch die Freizeit, über die der Einzelne verfügt, sowie ein geändertes Endverbraucherverhalten, das in hohem Maße auf Selbstverwirklichung ausgerichtet ist. Für das Einzelhandelsunternehmen stehen in erster Linie die wirtschaftlichen Überlegungen im Vordergrund, nämlich geringere Fuhrpark- und Distributionskosten, schnellere Verfügbarkeit der finanziellen Mittel, Übertragung der Transport- und Montagereklamation auf den Kunden, Erhöhung der Umschlagshäufigkeit des Lagers (vgl. Abbildung 2, Seite 171).

Fazit

Im Zeichen der Konjunkturabkühlung, des steigenden Kosten- und Wettbewerbsdrucks und einer weiteren Verschärfung des Konzentrationsprozesses sind bisherige Marktstrategien einer eingehenden Prüfung zu unterziehen. Über neue Konzepte und deren Umsetzbarkeit ist mehr denn je nachzudenken. Dabei ist es wichtig zu erkennen, daß der Mensch, sei es als Kunde oder als Mitarbeiter, im Vordergrund aller Überlegungen stehen muß. Die Pflege einer umfassenden Kommunikation mit den Erwartungen und Bedürfnissen der Kunden, die Erarbeitung einer ganzheitlichen Problemlösung und die Gestaltung der „soft facts" läßt das Einrichten zum Erlebnis werden. Darauf sind die Unternehmensprozesse und -strukturen unter Beachtung wirtschaftlicher Zielsetzungen abzustimmen. Die sich dadurch ergebenden Aktivitätenschwerpunkte in den einzelnen Wertschöpfungsstufen ermöglichen es, Wettbewerbsvorteile zu erzielen und einen erfolgreichen Marktauftritt zu gewährleisten.

Altersorientiertes Marketing bei Bettwäsche und Schlafdecken

Rainer Herding

- Situation in der Gebrauchstextilindustrie
- USP
- Dachmarke
- Markenkonzepte

Der Beitrag ist ein konsequentes Beispiel für die erfolgreiche Strategie eines mittelständischen Textilunternehmens in einem zunehmend durch preisaggressive ausländische Konkurrenz gekennzeichneten Markt. Er macht deutlich, welche Bedeutung die Ausrichtung auf ein Markenkonzept hat und wie dies in der Praxis umgesetzt werden kann.

Eine Textilfabrik im Wandel der Zeit

Die Textilfabrik HERDING ist eine GmbH & Co.KG mit Sitz im westfälischen Bocholt. Im Jahre 1992 wurde mit 165 Mitarbeitern ein Umsatz von ca. 37 Millionen DM erwirtschaftet. Schwerpunkte des Produktangebotes bilden Bettwäsche und Schlafdecken vor allem für den Kinder- und Jugendbereich. Die Bereitstellung der Ware erfolgt sowohl auf der Basis von Eigen- und Fremdfertigung. Der Produktionsbereich im Hause gliedert sich in drei Bereiche aus: Weberei, Rauherei und Konfektion. Die Ausrüstung (also z. B. das Bedrucken der Ware) wird in Lohn vergeben.

Das Unternehmen

Die Textilfabrik HERDING wurde im Jahre 1918 von Carl Herding in Bocholt gegründet. Er war der vierte Sohn des Kommerzienrates Max Herding, der bereits seit 1870 eine Weberei hatte und diese 1907 um eine Spinnerei erweiterte.

Carl Herding begann in gemieteten Räumen der väterlichen Firma mit 40 alten Webstühlen zur Produktion von Bettuchbiber, Calmuc und anderen gerauhten Textilien, für die die Textilstadt Bocholt bekannt war.

Bereits ab 1923 betrat er neue Wege, nachdem er zusammen mit Wachstuch-Herstellern in Hannover und Sachsen ein neuartiges Kunstleder entwickelt hatte, für das schwerere Grundgewebe aus Baumwolle oder auch aus Zellwolle benötigt wurden. Die Spezialität der Firma wurde bis etwa 1980 hergestellt.

Im Jahre 1930 kaufte Carl Herding die Firma Schuster & Dübigk in Bocholt, womit er seine Produktionsanlage auf ca. 150 Webstühle und einige Rauhmaschinen vergrößerte. Im Produktionsprogramm waren Biberstoffe, Calmucgewebe, Gewebe für Arbeitsbekleidung, Velveton, Genuacord, Zwischenfutter für die Schuhindustrie, Kreuzkörper für die Mühlenbetriebe sowie Mitläuferstoffe (sogenannte Dekatiertücher) für die Textil-Ausrüstungsbetriebe.

1945 wurde der Betrieb völlig zerstört, wodurch nach dem Zweiten Weltkrieg mit Klaus Herding in der zweiten Generation ein Wiederaufbau stattgefunden hatte. 1948 verstarb Carl Herding.

Im Jahre 1956 wurden die ersten Schritte in Richtung Markenpolitik unternommen, und zwar bei der Etablierung der 1. Marke: „Rauhmännchen". Das Produktionsprogramm wurde erweitert auf Schlafdecken speziell im Kindersektor, woraus 1958 die Marken „babybest" und „kidsbest" hervorgegangen sind.

Bereits ab dem Jahre 1957 begann das Zeitalter der Lizenzartikel durch die Übernahme der Disney-Lizenz.

1983 trat mit Rainer Herding die 3. Generation in den Betrieb ein.

Das aktuelle Produktions- bzw. Angebotsprogramm, welches in der Hauptsache aus Bettwäsche und Schlafdecken besteht, gliedert sich in folgende Bereiche:

a) babybest:
für den Baby- und Kleinkinderbereich mit einem Alter bis zu ca. drei Jahren

b) kidsbest:
für die Zielgruppe der 4- bis 16jährigen

c) Lizenzen:
für die jeweilige Zielgruppe der interessierten Lizenzfreaks

d) NYX:
für die Zielgruppe der etwa 15- bis 25jährigen

e) ARTAS:
hochwertige Satin-Bettwäsche und feinste Schlafdecken für Erwachsene

Textiles Umfeld

Die Textilindustrie hat in Deutschland eine sehr wechselvolle Geschichte hinter sich. Für das Gebiet der alten Bundesländer nahm die Zahl der Textilbetriebe in den vergangenen 20 Jahren um ca. die Hälfte ab (und zwar von 2 400 auf nunmehr ca. 1 200), die Beschäftigtenzahl nahm sogar um mehr als die Hälfte ab (von ca. 500 000 auf nur noch 190 000).

Aufgrund weltweit gestiegener Produktionskapazitäten für Textilien gibt es einen permanenten Strukturwandel, der in manchen Jahren – wie zur Zeit auch – in eine Textilkrise kulminiert.

Daß ein solcher Strukturwandel in der Textilindustrie stattfindet, zeigt schon die Tatsache, daß bei insgesamt wachsenden Märkten die inländische Produktion schrumpft. Hierbei ist also zu beobachten, daß es zu einer Verlagerung der Produktion ins kostengünstigere Ausland kommt, womit sich der Importüberschuß bei Textilien stark vergrößert (seit 1989 sogar mehr als verdoppelt). Bezogen auf alle Textilien kommen die meisten Einfuhren Pakistan, Indien und China an der Spitze gefolgt von Indonesien, Thailand und Brasilien.

Konzeptionelle Ausrichtung

Der Haustextilien-Bereich ist zwar für sich betrachtet schon ein sehr spezieller Wirtschaftszweig innerhalb der Textilindustrie, allerdings bedarf es auch hier einer bereits im Vorfeld ausgerichteten konzeptionellen Zielsetzung. Der Markt für Bettwäsche ist im gesamten Handelsbereich sehr heterogen strukturiert, so daß also von einem einheitlichen Marktgeschehen nicht ausgegangen werden kann. Diese Heterogenität des Bettwäschemarktes ist vor allem dadurch bestimmt, daß die Handelspartner ebenfalls eine unterschiedliche Einkaufsbasis bzw. Verkaufsbasis haben.

Der Fachhandel, der innerhalb des Bettwäschemarktes weniger als 10 Prozent des gesamten Marktvolumens abdeckt, orientiert sich sehr stark an inländischen bzw. europäischen Anbietern. Der Hauptgrund dafür ist, daß schon aus Gründen der Fachhandelsorganisation eine aktive Importpolitik nicht möglich ist.

Bei den Warenhäusern, Versendern oder C+C-Märkten sieht dieses jedoch ganz anders aus, da hier strategisch ausgerichtet eine gezielte Importpolitik betrieben wird. Somit sind die Voraussetzungen gegeben, daß sich viele internationale Anbieter (und zwar weltweite) den gesamten Markt teilen.

Etwas anders sieht es dagegen im Produktbereich der Schlafdecken aus. Die Importquote ist hier nicht ganz so hoch wie bei der Bettwäsche. Sehr deutlich wird dieses dadurch, daß der gesamte Bettwäschemarkt bereits mit über 70 Prozent aus Importware abgedeckt wird. Bei den Schlafdecken dürfte dieser Anteil bei etwa 45 Prozent liegen.

USP

Zur Etablierung des USP (Unique Selling Proposition) müssen die Konturen klar aufgezeigt werden. Es zeigt sich dabei, daß man in der Ausrichtung des Gesamtangebotes unterscheiden muß zwischen einer Partizipierung an der Billigschiene, die durch die hohen Importe bzw. einer totalen Kostenführerschaft geprägt ist oder einer klaren Differenzierung durch Herausstellung seiner Kollektion von den Mitbewerbern.

Bei der Partizipierung an der Billigschiene muß das gesamte Angebot so ausgerichtet sein, daß Preisaggressivität vorgezeigt werden kann. Diese Preisführerschaft kann aber produktionstechnisch nur so erreicht werden, daß in höchstem Maße eine Stückkostenreduzierung erreicht wird, um somit kalkulatorisch die Anfangspreislage bedienen zu können. Eine solche Minimierung der Stückkosten bedeutet gleichzeitig, daß jede Produktionsstufe in optimaler Weise maschinenorientiert sein muß, damit diese nicht durch überproportional hohe Personalkosten belastet wird.

Gerade im Textilbereich zeigt sich aber, daß eine hohe technisch-orientierte Produktion die Flexibilität innerhalb der Kollektionsgestaltung stark einschränkt. Bedingt durch die fast grenzenlose Konfektions- bzw. Gestaltungsvielfalt von Textilprodukten läßt sich durch manuelle Arbeit diese Vielfalt bei den Fertigprodukten realisieren. Um diese Vielfalt im Zusammenhang mit einer niedrigen Losgröße pro Kollektionsartikel auf den Markt bringen zu können, ist eine stark maschinenorientierte Produktion eher hinderlich.

Hier zeigt sich also, daß in der generellen konzeptionellen Ausrichtung die grundlegende Entscheidung vorgenommen werden muß, ob man sich auf die preisaggressive Schiene mit dem Anspruch einer Preisführerschaft begibt oder auf die Marktschiene der Differenzierung mit allerdings höheren Produktionskosten.

Die Textilfabrik HERDING hatte sich bereits vor vielen Jahren für den Weg der Differenzierung entschieden, so daß bei den Fertigungskosten relativ hohe Personalkosten anzusetzen sind.

Marketingaktivitäten

Fast lehrbuchmäßig läßt sich in der täglichen Praxis das Marketing-Instrumentarium anwenden. Eingeschränkt werden können diese Aktivitäten selbstverständlich durch fehlende Rentabilität bzw. fehlende Liquidität.

Kollektion

Bereits von produktionstechnischer Seite her wird innerhalb des Fertigungsprozesses klar unterschieden zwischen der Herstellung von Bettwäsche und von Schlafdecken.

Sofern es sich um bedruckte Bettwäsche handelt, ist von einer technischen Mindestauflagemenge von 500 Garnituren auszugehen. Dieses schränkt unter diesem Gesichtspunkt bereits die Vielzahl der verschiedenen Druckmotive ein. Durch verschiedene Konfektionsvarianten (wie etwa die Verwendung einer Applikation, eines Stehsaums, einer Rüsche oder einer Abseite) läßt sich allerdings bei Verwendung desselben Druckmotivs eine Produktvariation ermöglichen, so daß dadurch die Produktvielfalt ausgedehnt wird.

Die Herstellung einer Schlafdecke erfolgt dagegen auf zwei grundlegend verschiedenen Techniken. Einmal gibt es (ähnlich wie bei der Bettwäsche) eine bedruckte Schlafdecke. Auf der anderen Seite besteht auch die Möglichkeit der Herstellung einer sogenannten jacquard-gewebten Decke. Ohne an dieser Stelle auf technische Einzelheiten dieser beiden verschiedenen Techniken eingehen zu wollen, sei soviel aufgezeigt, daß bei der jacquard-gewebten Schlafdecke eine sehr große Flexibilität gegeben ist. Speziell durch den Einsatz neuester Computertechnologien kann hier bereits von einer CAD-orientierten Kollektionsgestaltung gesprochen werden. Mit einem solchen CAD-Gerät (Computer Aided Design) lassen sich sehr individuelle Motive entwickeln und auch mit relativ geringen Losgrößen pro Motiv herstellen.

Zur Differenzierung innerhalb der Produktgestaltung gegenüber den Wettbewerbern wird bei der Textilfabrik HERDING eine gezielte Lizenzproduktion gefahren. Hierbei werden von verschiedenen Lizenzagenturen bestimmte Rechte erworben, um etwa bekannte Comic-Figuren (wie z. B. Micky Maus oder Barbie) zu reproduzieren.

Da jedes Lizenzthema mit einem besonders hohen finanziellen Engagement und hohem Risiko verbunden ist, finden sich bei der Inanspruchnahme dieser Themen nicht mehr so viele Mitbewerber. Hinzu kommt, daß die Lizenzagenturen nur diejenigen Partner exklusiv aussuchen, die eine spezielle Lizenzpolitik innerhalb ihrer Produktgestaltung vorweisen können, um damit für eine optimale Marktausschöpfung garantieren zu können.

Kalkulation

Das gesamte Angebot der Kollektion ist zur Preisfindung darin zu unterscheiden, ob es sich bei den einzelnen Artikeln um bereits marktgängige und damit wettbewerbsintensive Artikel handelt, oder ob es sich um einen Artikel handelt, der entweder gar nicht oder nur zu einem geringen Teil mit Wettbewerbsartikeln konfrontiert wird.

Bedingt durch die Notwendigkeit, daß auch Artikel angeboten werden müssen, die in Konkurrenz mit denjenigen Artikeln stehen, die von sogenannten Kostenführern ebenfalls vertrieben werden, entsteht kalkulatorisch eine Unterdeckung, die sich nur bedingt über andere Artikel abwälzen läßt.

Hiermit ist eine Voraussetzung gegeben, daß verschiedene Standardartikel als Fertigware importiert werden. Dadurch wird ein Kalkulationsausgleich erreicht, der dazu beitragen soll, die zu erwirtschaftenden Deckungsbeiträge wieder den Planzahlen anzugleichen.

Bedingt durch die sehr vielfältige Kollektion mit relativ kleinen Produktionslosgrößen pro Artikel ergeben sich in der Fertigung relativ kleine Produktionszeiten mit entsprechend hohen Umrüstzeiten. Dieses hat zur Folge, daß somit die Stückkosten höher liegen als bei denjenigen Artikeln, die in einer Massenserie hergestellt werden.

Gerade aber auf dem Markt für Bettwäsche und Schlafdecken sind sehr starke Preisschwellen vorgegeben (z. B. 59 DM oder 79 DM). Die Kalkulation bzw. die Preisgestaltung muß sich danach ausrichten, damit bei den abgegebenen Einkaufspreisen an die Wiederverkäufer diese Preisschwellen unter Berücksichtigung der notwendigen Handelsspanne nicht überschritten werden. Sofern nämlich diese Schwellen überschritten werden sollten, geht entweder die Nachfrage rapide hinab, oder der Wiederverkäufer streicht diesen Artikel aus seinem Sortiment, da er diese höhere Preisschiene nicht mehr bedient.

Vertrieb

Zur flächendeckenden Betreuung der Kundschaft setzt die Textilfabrik HERDING im gesamten Bundesgebiet 18 freie Handelsvertreter ein, die speziell den Fachhandel und die Warenhäuser besuchen. Die Zentralen der Warenhauskonzerne, Versender und C+C-Märkte werden direkt vom Hause aus betreut.

Da die verschiedenen Handelsformen unter sich ebenfalls einen speziellen Marktauftritt erhalten wollen, müssen für viele dieser Kunden exklusive Kollektionen erstellt werden. Dieses bedingt, daß die Höhe der Losgrößen einzelner Artikel Beschränkungen unterliegt.

Visueller Marktauftritt

Die Haustextilien-Artikel wie Bettwäsche und Schlafdecken sind seit vielen Jahren klassische SB-Artikel. Wurden vor etwa 15 Jahren diese Artikel noch unverpackt verkauft, so forderte der Handel in zunehmendem Maße, daß diese Artikel in Selbstbedienungsform aufgemacht wurden. Dieses hatte zur Folge, daß durch die optische Darstellung der Verpackungsgestaltung gleich der Hinweis für den Endverbraucher gegeben werden mußte, für welche Zielgruppe diese Haustextilien bestimmt sind. Unter diesem Aspekt erfolgte bei der Textilfabrik HERDING die Etablierung verschiedener Marken.

Für jede einzelne Marke wurde eine eigenständige visuelle Darstellung gewählt, um eine klare Differenzierung herausstellen zu können. Innerhalb der Werbung erfolgt eine gezielte Ansprache an die Wiederverkäufer, so daß also eine klassische Endverbrauchererwerbung entfällt. Einen wesentlichen Bestandteil der Werbeaktivitäten nehmen Direct Mailings ein, da hierdurch der Streuverlust minimiert wird.

Speziell für den Bereich babybest, der geprägt ist durch eine sehr differenzierte Produkttiefe, sind verschiedene Verkaufsförderungsmittel entwickelt worden. Im Mittelpunkt dabei steht ein Display-System, mit dem es möglich ist, je nach Betriebstyp des Handels ein in sich abgestimmtes Kollektionsprogramm der babybest-Artikel zu präsentieren. Dieser Warenträger wird zum Selbstkostenpreis an den Handel weitergegeben, wodurch eine funktionale Kundenbeziehung entsteht.

Organisation

Sowohl die Produktionsstruktur als auch die Aufgabenverteilung innerhalb der Verwaltung ist ausgerichtet auf die Unterschiedlichkeit der einzelnen Artikelbereiche und Handelskanäle. Personell wird dieses gesteuert von Bereichsleitern, die als Schwerpunkttätigkeit den jeweiligen Artikel- bzw. Handelsbereich betreuen. Die gesamte Organisation ist physisch und mental ausgerichtet an der Maxime des Marketing-Denkens, daß sämtliche Aktivitäten auf den Markt ausgerichtet sein müssen.

Altersorientierung

Das gesamte Marketing-Instrumentarium gilt es abzustimmen auf die entsprechende Zielgruppe. Die Zielgruppen werden in besonderem Maße dadurch klassifiziert, daß im Rahmen der unterschiedlichen Produktgestaltung jeweils verschiedene Alters- und Interessengruppen angesprochen werden.

So zeichnet sich etwa die Produktgestaltung im Bereich der babybest-Artikel dadurch aus, daß unter Verwendung von besonders niedlichen Applikationen oder Stickereien mit sehr zarten und zurückhaltenden Farben der Kleinkinderbereich erreicht wird. Bei den etwas älteren Kindern (etwa ab vier Jahren) ändert sich sehr stark die Farbintensität, da ab diesem Altersbereich besonders deutliche Farben bevorzugt werden.

Bei der Produktgestaltung der Satin-Bettwäsche dagegen erfolgt die Verwendung von besonders modisch ausgerichteten Farbkompositionen. Hier finden zur Erreichung einer besonderen Farbeleganz sehr hochwertige Galvano-Druckschablonen Verwendung.

Die Distribution der Ware erfolgt ebenfalls Zielgruppen-orientiert. Somit findet der Absatz der babybest-Artikel hauptsächlich in speziellen Kinderfachgeschäften statt. Die Jugendbettwäsche dagegen hat ihren höchsten Distributionsgrad in den Warenhäusern und Versenderkatalogen. Die Satin-Bettwäsche wiederum wird hauptsächlich in spezialisierten Fachgeschäften geführt.

Auch bei der Preisgestaltung wird über diese Zielgruppenorientierung wegen der Unterschiedlichkeit der damit verbundenen Absatztypologie Einfluß ausgeübt. Bei Großabnehmern können wegen der zu erwartenden hohen Absatzzahlen Produktivitätsvorteile kalkulatorisch in den Preisen berücksichtigt werden. Für die Fachhändler muß eine firmeninterne Großhandelsfunktion mitberücksichtigt werden, da jeder Kollektionsartikel in kleinsten Stückzahlen sofort lieferbar sein soll.

Dementsprechend abgestimmt erfolgt auch eine differenzierte Kommunikationspolitik, um die einzelnen Elemente der zielgruppenspezifischen Kollektionen herausstellen zu können.

Gestaltungsraster des visuellen Marktauftritts

Als Ausgangsbasis dieses Gestaltungsrasters dient die Überlegung, daß die Produkte der Textilfabrik HERDING die Befriedigung eines Grundbedürfnisses des Menschen unterstützen sollen, und zwar das Bedürfnis nach Schlaf. Diese Produkte werden von Menschen für Menschen hergestellt und auf deren Ansprüche abgestimmt. Diese emotionalen Aspekte bilden – parallel zum rationalen und informellen Auftritt – einen weiteren Grundpfeiler der optischen Gesamtgestaltung.

HERDING als Dachmarke

Der Familienname HERDING steht für ein Traditionsunternehmen und für die Menschen, die dieses Unternehmen repräsentieren. Der Zusatz „Textilfabrik" schafft die Verbindung von dieser Tradition zu einem fortschrittsorientierten Industriebetrieb. So weckt der Firmenname das Vertrauen in technische Perfektion und persönliches Engagement.

HERDING

Dieses Vertrauen ist eines der wichtigsten Kommunikationsziele des Unternehmens und soll durch eine durchgehende Gestaltungslinie transportiert werden.

Der Gesamteindruck soll dabei modern, klar und selbstbewußt sein.

Eine emotionale Komponente als Gestaltungsmaßnahme kann etwa durch die Abbildung von Menschen erfolgen, z. B. als Piktogramm oder als Photo (auch Detailphotos, etwa der Hände).

Basierend auf dieser Gestaltungsphilosophie bildet in Zusammenhang mit dem speziellen HERDING-Schriftzug die stark stilisierte Abbildung einer menschlichen Figur (Piktogramm) ein Grundraster, mit der eine emotionale Komponente in den sachlichen Auftritt der Geschäftstätigkeit des Unternehmens kommt. Durch den Einsatz der Figur wird das Erscheinungsbild lebendiger. Zudem wird der Eindruck einer angenehmen und unkomplizierten Geschäftsbeziehung zwischen dem Hause HERDING und seinen Geschäftspartnern vermittelt. Da die Figur jedoch nicht Bestandteil des Firmenlogos ist, erscheint sie nicht auf jedem Objekt. Bei ausgesprochen sachlichen Papieren (z. B. Auftragsformular) wird bewußt auf ihre Anwendung verzichtet, während sie bei anderen (z. B. Reklamationsformularen) gezielt eingesetzt wird.

Der Name „HERDING Textilfabrik" steht in blau, wobei auf weißem Hintergrund dieses Blau besonders rein und klar wirken soll. Außerdem wirkt es ruhig und selbstbewußt.

Bei sortimentbezogener Werbung tritt der Name HERDING optisch immer groß auf, während bei produktbezogener Werbung der Name klein – also als Herstellernachweis – in Erscheinung tritt.

Markenkonzept für babybest

Innerhalb der Darstellung der Marke babybest kommt den Farben in ihrer Anwendung eine besondere Bedeutung zu.

Rot/blau dient als Hintergrundfarbe. Sie ist eigenwillig, tritt aber dennoch zurückhaltend auf und harmonisiert mit allen Mustern und Designs. Sie unterstützt die hochwertige Anmutung der Produkte. Die Produktsymbole sind weiß gehalten und bilden mit der rot/blauen Grundfarbe einen dezenten Hintergrund für alle schriftlichen Produktinformationen. Für das Logo babybest wurde ein kräftiges Rubinrot gewählt, für die Produktbeschreibung (z. B. Bettuch) ein leuchtendes Blau. Beide Farben sind mit der Hintergrundfarbe rot/blau verwandt und harmonieren optimal miteinander.

Die Farbkombination rot/blau/weiß strahlt Frische und Sauberkeit aus, ohne jedoch kalt und steril zu wirken. Die Verpackung hebt sich auffällig vom Konkurrenzumfeld ab, ist aber nie marktschreierisch.

Weiße, silhouettenartige Motive kennzeichnen die einzelnen Produktfamilien. Die Motive sind graphisch und abstrakt mit weichen Konturen. Das Produkt selbst wird durch das Motiv symbolisiert; die schnelle Identifizierung der Packungsinhalte ist auch im Ausland garantiert.

Die Vorderseite der Verpackung hat eine bogenförmige Stanzung. Sie bildet eine aufstrebende, als positiv empfundene Linie. Im weitesten Sinne abstrahiert die Form eine Bettdecke und strahlt Wärme sowie Gemütlichkeit aus.

Das wichtigste Gestaltungsprinzip wird auch bei der Formgebung der Verpackung deutlich: Das Produkt steht immer im Vordergrund und darf nicht durch übertrieben gestalterische Elemente überdeckt werden.

Durch diese einheitliche Linie wird Souveränität signalisiert und Vertrauen erweckt. Das Gestaltungsraster ist dabei jedoch so variabel, daß es nicht langweilig wird. Somit wird für die Wiedererkennung und Zuordnung einzelner Produkte zur Markenfamilie babybest gesorgt.

Markenkonzept für kidsbest

Die Produkte der kidsbest-Serie werden entwickelt für die Zielgruppe der Kinder und Jugendlichen ab einem Alter von etwa vier Jahren. Die Motive der Bettwäsche sind dementsprechend Themenkreisen entliehen, die diese Zielgruppe besonders stark ansprechen (Comics, Serienstars, Markenartikel etc.). Sämtliche Produkte sind von hoher Qualität und bewegen sich im mittleren bis gehobenen Preisniveau.

Die Motive der kidsbest-Bettwäsche sind beliebt und haben einen hohen Bekanntheitsgrad. Ihnen muß daher bei der Verpackungsgestaltung viel Platz eingeräumt werden, um ihren Werbeeffekt optimal zu nutzen. Die Gestaltung soll folgende Produktvorteile unterstützen und visualisieren: qualitativ hochwertig, kind- und jugendgerecht ohne jedoch kitschig zu sein, aktuell und lebhaft.

Als Hintergrundfarbe für die Verpackungsgestaltung wurde ein leuchtendes Blau gewählt, durchsetzt mit weißen Wolken. Diese Farbkombination strahlt Frische und Sauberkeit aus. Kräftige Farben dominieren auch bei der Colorierung der gestalterischen Elemente; rot, orange, gelb und blau wirken aktiv und klar. Die Farbgebung orientiert sich hier an den Motiven auf den kidsbest-Produkten.

Das Logo wurde farblich getrennt, „kids" steht wiederum in leuchtendem Blau, „best" wird schwarz gehalten. Auf eine monochrome Farbgebung des Logos wurde dabei verzichtet, da sich durch den Kontrast eine gewisse Spannung aufbaut, die sich in der Motivauswahl fortsetzen soll.

Der rechteckige Einleger schließt auf der Vorderseite am oberen Rand mit einer halbrunden Stanze ab. Diese Rundung unterstützt den Eindruck eines Himmels, der bereits durch die Farbgebung hervorgerufen wird und paßt sich dem Elefantenmotiv der Illustration an. Die eigenwillige Form macht die gesamte Verpackung prägnanter und hebt sie deutlich von Konkurrenzprodukten ab.

Durch das Zusammenspiel von Form und Farbe entsteht die Assoziation eines Labels, wie es z. B. bei Jeansmarken Verwendung findet. Kidsbest als Marke wird so optisch unterstützt und erhält einen jugendnahen Charakter.

Die Gestaltung der kidsbest-Verpackungen beruht auf der Wirkung von Gegensätzen wie z. B. Natur/Technik, Romantik/Arbeitswelt, Abenteuer/Geborgenheit, Tradition/Moderne, Chaos/Ordnung. Diese Gegensätze werden durch Elemente symbolisiert, die den Interessensbereichen von Kindern bzw. Jugendlichen entnommen wurden. Durch die Verzerrung der Größenverhältnisse einzelner Elemente wurde zusätzliche Spannung aufgebaut.

Markenkonzept spezieller Lizenzthemen

Anders als bei den firmeneigenen Marken gibt es in der optischen Gestaltung des Marktauftrittes von Lizenzthemen kein Markenkonzept. Der Grund dafür liegt darin, daß Lizenzthemen für sich betrachtet bereits eine gewisse Art von Marke darstellen. So ist etwa das Erscheinungsbild der Micky-Maus den meisten bekannt, oder aber auch der Markenname Coca-Cola ist aufgrund seines enorm hohen Bekanntheitsgrades ebenfalls als selbständig bzw. selbsttragend zu sehen.

Genau hierin liegt eben auch die Chance einer Lizenzpolitik, daß von einem Imagetransfer eines bekannten Charakters (also z. B. Micky-Maus) oder eines bekannten Logos (z. B. Coca-Cola) die Artikel Bettwäsche und Schlafdecken profitieren. Dieses zeigt sich deutlich am point-of-sale, wenn aus einem sehr breit gefächerten Programm in einer Bettwäsche-Abteilung speziell diese bekannten Charakter oder Firmennamen hervortreten.

Markenkonzept für NYX

Das Alter der Kernzielgruppe bewegt sich zwischen 17 und 25 Jahren und deckt somit auch den Bereich zwischen kidsbest und ARTAS ab.

Die Zielgruppe ist modebewußt, design- und konsumorientiert und neigt zu „Spontankäufen".

NYX

Das Produkt fällt durch sehr moderne, für den Bereich „Bettwäsche" außergewöhnliche Muster auf. Diesen muß bei der Verpackungsgestaltung besonders viel Platz eingeräumt werden. Der Sensibilität der Verbraucher bezüglich des Verpackungsmülls soll Rechnung getragen werden, indem auf eine luxuriöse Verpackungsgestaltung in Zusammenhang mit einer Minimierung des Verpackungsmaterials verzichtet wird. Die Preise für das Produkt liegen zwischen 59 DM und 69 DM pro Garnitur.

Auch für den Markennamen gilt, eine modisch interessierte Zielgruppe anzusprechen, ohne jedoch austauschbar bzw. verwechselbar zu sein. Der Name soll Markencharakter haben und die kreative Gestaltung des Produktes unterstützen.

Gemäß der Zieldefinition wurde nach einem Namen gesucht, der außergewöhnlich, jugendorientiert und unverwechselbar ist. Das Wort NYX ist der griechischen Mythologie entnommen und ist die Personifikation der Nacht. Die ungewöhnliche Buchstabenkombination „Y" und „X" fallen auf, die Kürze des Namens entspricht dem anhaltenden Trend zu Abkürzungen und dient der schnellen Erkennung und Wiedererkennbarkeit.

Eine weitere Besonderheit dieser Marke liegt darin, daß in dem Schriftzug auf das gespiegelte und gedrehte „Y" noch ein Punkt gesetzt wurde. Die entstandene Doppelbedeutung (Nix = nichts) wird wahrgenommen, aber nicht als negativ beurteilt. So ist auch eine witzig/sympathische Anwendung des Namens (z. B. in Anzeigen) denkbar und möglich. Durch den Punkt erfolgt zusätzlich eine weitere Abstraktion von Wort und Bild. Der Wortgehalt wird sekundär, und das Logo erhält eine eigenwillige Ausprägung.

Markenkonzept für ARTAS

Der Markenname ARTAS wurde nach mehreren Gesichtspunkten ausgesucht, wobei von besonderer Bedeutung die Hochwertigkeit im Vordergrund stand. So stellt der erste Teil dieses Namens „ART" eine Beziehung zu etwas Kunstvollem her. Dieses wird sich dann widerspiegeln innerhalb der Kollektionsgestaltung. Der zweite Teil des Namens „AS" deutet auf die Hochwertigkeit der eingesetzten Materialien hin.

Für die ARTAS-Bettwäsche wird eine sehr feine Satin-Qualität gewählt. Dieses hochwertige Material ermöglicht auch die Verwendung von sehr feinen Drucks mit außerordentlich sensiblen Farbtönen.

ARTAS

Bedingt durch viele Konfektionsvarianten sowohl beim Kopfkissen als auch beim Oberbettbezug besteht die Möglichkeit, wegen der einzeln verpackten Teile nach kundenindividuellen Wünschen die komplette Garnitur zusammenzustellen.

Nicht zuletzt auch aufgrund der Hochpreisigkeit dieser Ware wurde der Produktionsablauf so darauf ausgerichtet, daß kleine Losgrößen pro Dessin hergestellt werden können.

Passend bzw. ergänzend zur Bettwäsche gibt es hierzu hochwertige Schlafdecken in verschiedensten Unifarben. Diese Schlafdecken, bestehend aus der Mischung 50 Prozent Baumwolle und 50 Prozent Dolan, haben ein Einfaßband, welches aus der dazugehörigen Satin-Bettwäsche hergestellt wird. Somit ergibt sich eine einzigartige Kombinierbarkeit innerhalb der verschiedenen Einzelteile der Bettwäsche sowie der Schlafdecken.

Durch diese Konzeption soll bewerkstelligt werden, daß sich von dem mittlerweile sehr breit gefächerten Angebot an Satin-Bettwäsche in unteren bis mittleren Preislagen mit entsprechend niedrigen Deckungsbeiträgen abgehoben werden kann.

Kundenservice durch Flexibilität

Die gesamte Kollektion der Textilfabrik HERDING soll sich dadurch auszeichnen, daß für jede Zielgruppe eine spezielle Ausrichtung innerhalb der Produktgestaltung erfolgt. Die somit angestrebte Individualisierung dieses Programmes soll aber auch gleichzeitig mit einem hohen Maß an Kundenservice verbunden sein.

Um diesen Kundenservice erreichen zu können, werden besondere Anforderungen gestellt. Hierbei seien stellvertretend genannt die generelle Flexibilität, eine mögliche Just-in-time-Belieferung sowie ein ausgeklügeltes Quick-response-System, um auf aktuelle Markttendenzen möglichst schnell reagieren zu können. Einerseits wegen der Individualität und andererseits wegen der Hochpreisigkeit muß weiterhin dem Kriterium der kleinen Losgrößen entsprochen werden. Zudem ist zu berücksichtigen, daß trotz der Verschiedenartigkeit der Produkte bestimmte Komplettprogramme mit aufeinander abgestimmten Dessins angeboten werden.

Ein Service besonderer Art für die Exportaktivitäten ist die Bereitstellung des Produktionsprogrammes in den sehr eigenständigen Konfektionsgrößen eines jeden weiteren Landes.

All diese Eigenschaften der Kollektion müssen untereinander so abgestimmt werden, daß die einzelnen Produktionsstufen möglichst voll ausgelastet sind, ohne daß es im gesamten Durchlauf der einzelnen Ware zu größeren Stauungen kommt. Hierzu bedarf es der Abstimmung von verschiedenen Engpaßbereichen in der Weberei, Rauherei und Näherei. Darüber hinaus stellt die Lagerkapazität mit einer begrenzten Höhe an Lager-Kubikmeter eine rein räumliche Begrenzung dar.

Da aus Gründen der Kalkulation auf eine Fremdfertigung nicht verzichtet werden kann, ist darüber hinaus die Zukaufware mit einzuplanen. Ohnehin ist der Grad der Liquidität von ganz besonderer Bedeutung.

Kurz zusammengefaßt bleibt festzustellen, daß trotz fundamentaler Strukturkrise der deutschen Textilindustrie mit einer auf Nischenmärkte ausgerichteten Firmenaktivität die Existenz einer Textilfabrik am Standort Deutschland möglich ist. Voraussetzungen dafür sind individuelle und exklusive Sortimente im Rahmen einer hochflexiblen Textilproduktion, die sogar bei kleinsten Losgrößen in Verbindung mit einem hohen Grad an Kundenservice wirtschaftlich sein kann. Ganz besonders entscheidend sind für die Sortimentsgestaltung modische Aktualität und rechtzeitige Erkennung Zielgruppen-spezifischer Trendwerte.

Existenzgründung und Kapitalmarketing – Hinweise zur Konzeption

Felix Maria Roehl

- Existenzgründung
- Gründungskonzeptionen
- Kapitalmarketing

Die Finanzierung von Existenzgründungen ist für viele Unternehmer ein schwieriges Problem. Anhand einer Verlagsgründung wird besonderes Augenmerk auf die Konzeption der Unternehmensgründung gelegt. Dabei werden praktische Vorschläge zur Finanzierung gegeben und Wege aufgezeigt, wie man notwendiges Kapital erhält.

Eine konsequent marketingorientierte Gründungsplanung widmet dem Kapitalmarketing besonderes Augenmerk. Voraussetzung für die erfolgreiche Akquisition von Gründungskapital ist, Geschäftsideen in Investitions-, Wirtschaftlichkeits- und Liquiditätspläne zu fassen. Hilfestellung gibt dabei zunächst ein einfaches Input-Output-Modell, das entsprechend individualisiert und verfeinert werden kann. Konzeptionell gut gerüstet beginnt dann der aktive Teil des Kapitalmarketing. Gerade für mittelständische Unternehmen lohnt es sich, nicht nur bei den bekannten großen Banken, sondern auch bei kleineren und mittleren Instituten anzufragen und die Konditionen zu vergleichen. Worum allerdings kein Existenzgründer herumkommt ist die Frage nach banküblichen Sicherheiten. Doch auch hierfür gibt es Lösungen, wenn das Konzept stimmt.

Einleitung

Existenzgründer haben meist gute Ideen. Ob aus ihnen auch ein erfolgreiches Geschäft wird, hängt nicht allein von den Absatz- und Umweltbedingungen ab. Zuerst sind es Selbstverständnis und Selbstbestimmung, die aus einer schönen Vorstellung Realität werden lassen können. Vor allem hiervon handelt dieser Beitrag. Was das mit Marketing zu tun hat? Den Auftrag, diesen Bericht zu schreiben, erhielt ich in einer Zeit, in der mein Geschäftspartner und ich gerade eine formvollendete Existenzgründung durchgeführt hatten. Die größte Schwierigkeit und Herausforderung lag in der Beschaffung des Gründungskapitals. Dies um so mehr, als im Zuge der Firmengründung unter anderem ein bestehender Geschäftsbereich übernommen wurde – gegen Entrichtung eines Kaufpreises.

Mein Thema ist daher *Existenzgründungs-Kapitalmarketing*, ein klassisches Mittelstands-Problemfeld, das allerdings selten unter Marketingaspekten betrachtet wird. Den Einzelfall verallgemeinernd möchte ich in dieses Gebiet einführen, zur gründlichen Marketing-Konzeption anregen, sei die Unternehmensgründung auch noch so klein, und praktische Hinweise geben. Denn:

Gute Ideen brauchen ein Konzept

Ärger oder Muße sind Antriebskräfte für Geschäftsideen. Natürlich wird nicht jeder Angestellte, der einen offenkundigen Mißstand oder das Verpassen von Chancen in seinem Betrieb erkennt, sofort ein eigenes Unternehmen gründen (können), um die Sache selbst und vor allem besser zu machen – aber zum Glück endet nicht jede innere Kündigung im Warten auf die Rente. Und nicht alle Strandjogger im Urlaub schaffen es, das Berufliche zuhause vollends aus dem Gehirn zu verbannen und jede unternehmerische Kreativität zu unterdrücken. Hinzu kommen die hauptamtlichen Ideensucher und -sammler der beratenden oder schreibenden Zünfte. Geschäftsideen gibt es also genug, z. B. für 19,80 DM in der Bahnhofsbuchhandlung. Doch Gedanken und Papier sind geduldig, schwieriger wird es bei der tatsächlichen Umsetzung. Denn die individuelle Realität unterscheidet sich immer von der der persönlichen Berater oder gedruckten Ratgeber – diesen Beitrag mit eingeschlossen.

In unserem Fall war zunächst das *Management-Buy-Out* eines in Regensburg ansässigen, seit Jahrzehnten aber zu einer hessischen Firmengruppe gehörenden Musikverlages beabsichtigt. Die vollständige Herauslösung des Unternehmens aus der Firmengruppe gelang aufgrund unüberbrückbarer Bewertungsdifferenzen nicht. Stattdessen wurde von meinem Partner und mir ein neuer *Verlag mit integriertem Verlagsservice* gegründet. Er heißt „ConBrio Verlagsgesellschaft mbH" – der Name ist eine Anlehnung an die musikalische Vortragsbezeichnung „con brio", die das Musizieren „mit Schwung", gar „mit Feuer" vorschreibt. Gleichzeitig schloß der alte Verlag seine Pforten in der Domstadt und wird fortan am Sitz der Eigner weitergeführt. Über die Mehrheitsbeteiligung (74,9 Prozent) an einer ebenfalls neugegründeten „Verlag Neue Musikzeitung GmbH" übernahm ConBrio vom alten Verlag die gleichnamige Fachzeitung. Für fünf Jahre, solange dauern die Ratenzahlungen für den Geschäftsbereich, ist der bisherige Inhaber beteiligt (25,1 Prozent). Danach scheidet er, wie gesellschaftsvertraglich vereinbart, zugunsten der neuen Verleger endgültig aus.

Worin liegt hier das Marketing-Konzept? Mit der engen theoretischen Definition, „Marketing umfaßt alle Maßnahmen einer ziel- und wettbewerbsorientierten Ausrichtung der marktrelevanten Aktivitäten der Unternehmung an ausgewählten Problemfeldern gegenwärtiger und zukünftiger Kundenpotentiale unter Einsatz planender, steuernder, koordinierender und kontrollierender (formale Seite) sowie marketingpolitischer Instrumente (materiale Seite)" (Schneider, Dieter, in: Gablers Wirtschaftslexikon, 12. Auflage 1988), kommen wir hier nicht weiter, da sie die Prämissen nicht ausreichend berücksichtigt: Gibt es Marketing nur bei bestehenden Unternehmen? Kapitalmarketing zur Unternehmensgründung hat vorerst nur wenig mit Kundenpotentialen zu tun und ist dennoch höchst marktrelevant. Und: Gründungen basieren fast immer auf einer facettenreichen Ideenpalette, die im Gründungskonzept eine im besten Fall umfassende Marketingorientierung erhält. Fünf Aspekte aus unserem Beispiel:

Das Modell eines Verlages mit integriertem Verlagsservice entstand aus einer ganzen Reihe von Ideen und Überlegungen: Zunächst sollte mit der gleichzeitigen Gründung einer Tochtergesellschaft für die Zeitung sichergestellt werden, daß trotz der Übernahme eines seit Jahrzehnten bestehenden Geschäftes unter befristeter Beteiligung des bisherigen Eigners eine formal vollendete Existenzgründung stattfinden konnte: Idee Nummer eins – *juristisch*.

Zur Übernahme der Neuen Musikzeitung wurde ein umfangreiches Vertragswerk geschlossen, in dem neben Kaufgegenstand und Zeitpunkt der Kaufpreis und die Zahlungsmodalitäten festgelegt sind. Da ein Teil des Kaufpreises erst erwirtschaftet werden muß, wurde für den Geschäftsbereich Neue Musikzeitung ein eigener Verlag gegründet, an dem der alte Eigner für den Zeitraum der Ratenzahlung mit einer Minorität von einem Viertel beteiligt bleibt. Auf diese Weise werden die Startbedingungen der Existenzgründung im Hinblick auf den Kapitalbedarf und die Liquidität verbessert und eine Art Teil-Management-Buy-Out realisiert: Idee Nummer zwei – *finanziell*.

Die beruflichen Werdegänge und Hintergründe meines Partners Theo Geißler, Herausgeber und Chefredakteur der Neuen Musikzeitung, und mir beschränken sich nicht auf journalistischen Erfahrungen, sondern weisen viele Wochenenden und Nächte intensiver Beschäftigung mit Desktop-Publishing auf. Soviel Bücher kann ein neuer und (zunächst) kleiner Verlag gar nicht produzieren, daß uns das Verlegen ausgereicht hätte. So produziert und betreut ConBrio in seiner Verlagsservice-Abteilung für andere Verlage, Verbände und Vereine Publikationen aller Art, vom einfachen Faltblatt über die Zeitschrift (einschließlich Abonnentenbetreuung und Versand) bis hin zur Buchreihe: Idee Nummer drei – *beruflich*.

Bislang wurde die Neue Musikzeitung im Zeitungs-Klebe-Umbruch-Verfahren bei der Regensburger Tageszeitung layoutet und zuvor über 500 Manuskriptseiten zwar in die EDV, aber doch von Hand eingetippt. Die „Mittelbayerische Zeitung" druckt auch weiterhin, doch Satz und Layout erfolgen nun in der ConBrio Verlagsgesellschaft an modernen und vernetzten PC-Arbeitsplätzen mit der entsprechenden Grafik-Software. Manuskripte können teilweise gescannt werden. ConBrio hat damit von Anfang an in der Verlagsservice-Abteilung einen sicheren Dauerauftrag und ermöglicht zugleich eine kostensenkende Rationalisierung und Flexibilitätssteigerung bei der Zeitungsproduktion: Idee Nummer vier – *wirtschaftlich*.

In kaum einem anderen gesellschaftlichen Bereich gibt es so viele Organisationen wie im Musikleben. Viele von ihnen, vor allem im klassischen und pädagogischen Bereich, sind im Selbstverständnis und in der Öffentlichkeitsarbeit höchst konservativ geprägt. ConBrio hat über unsere bisherigen beruflichen Werdegänge und Aktivitäten und über die Neue Musikzeitung, die für eine ganze Reihe von Musikverbänden Mitteilungsorgan und Mitgliederzeitschrift ist, umfangreiche Kontakte zu den Vertretern dieser Organisationen. ConBrio bietet daher den Verbänden an, preiswert ihre Kommunikationsmittel zu produzieren und gleichzeitig neu und innovativ zu gestalten, um ihre Position in der kulturpolitischen Öffentlichkeit zu Zeiten kulturell schwacher öffentlicher Hände zu stärken: Idee Nummer fünf – *kulturpolitisch*.

Die fünf Beispiele deuten die mögliche Vielschichtigkeit eines Gründungskonzeptes selbst für ein kleineres mittelständisches Unternehmen an. Wichtig ist, sich über die eigenen Ziele und Fähigkeiten, das Vorhaben und die betriebswirtschaftlichen (Absatz-) Chancen im klaren zu sein. Soll aus dem Wunsch, wirtschaftlich *selbst-ständig* zu sein, Ernst werden, und wird dazu auch noch Fremdkapital benötigt, führt daher kein Weg an der gründlichen verbalen und rechnerischen Aufbereitung des erstrebten Vorhabens vorbei. Unternehmensplanung und Projektmanagement sind nicht von ungefähr nahe Verwandte.

Hilfe – ein Modell

Vielzitiert, Stoff der ersten Universitätssemester in BWL und dennoch von hohem praktischen Wert, weil individualisierbar, ist das traditionelle *Input-Output-Modell*. Gelingt es, auf der Basis dieses systemischen Ansatzes die konkrete Geschäftsidee betrieblich zu fassen, der gedachten Organisation ein Bild zu geben? Für ConBrio und die Neue Musikzeitung war die Visualisierung der geplanten betrieblichen Organisation zweiteilig, da es sich auch juristisch um zwei Firmen handelt. Bei Gründungen mit einem Hauptgeschäft wird ein einteiliges Modell ausreichen.

Input und Output eines Betriebes im Gründungszeitpunkt. Hier gibt es noch kein *Return*, sondern nur *Investment* an personellen, materiellen, finanziellen und organisatorischen Ressourcen. An dieser Stelle postulieren wir die generelle Marketingorientierung der Gründungsplanung als die erfolgversprechende Methode, ein unternehmerisches Vorhaben an die Marktbedingungen auf allen Seiten des Umsystems anzupassen: Jedes Unternehmen, ob klein oder größer, ist bekanntlich ein komplexes *soziales System*, daß mit seinem Umsystem beständig und hoffentlich intensiv kommuniziert – über den Informations-, Waren- und Leistungsaustausch. Am Anfang wird also immer beschafft: Existenzgründungsmarketing ist daher originäres Beschaffungsmarketing. Denn auch das Absatzmarketing ist solange Informations-Beschaffung, wie es Marktbeobachtung und -forschung betreibt.

Erst mit der Marktbearbeitung, die in der Regel nach der Gründung eintritt, der ersten Annonce also, dem ersten Mailing, dem ersten Kundentelefonat, wechseln die Marketingaktivitäten auch zur anderen Seite: zum Output. *Marketingorientierung* als Maxime unternehmerischen Handelns heißt also nicht, sich ausschließlich um die potentiellen und aktuellen Güterabsatz- und Güterbeschaffungsmärkte zu kümmern. Gerade in der Gründungsphase kleinerer und mittelständischer Betriebe spielen z. B. Personalmarketing – hierzu gehören auch der oder die Gründer selbst – und das uns hier besonders interessierende Kapitalmarketing eine entscheidende Rolle.

Es geht ums Geld

Wir wollen über den Normalfall reden, in dem es daran eben fehlt. Existenzgründer suchen fast immer nach einer geeigneten Finanzierung und betreiben mit ihrer Suche ein mehr oder minder planvolles Kapitalmarketing. Wie in kaum einen anderen Beschaffungsbereich, und ohne daß es einem so richtig bewußt wird, werden diesem Gebiet umfangreiche vorbereitende Tätigkeiten zugestanden, um sich und sein Vorhaben in möglichst günstiges Licht zu tauchen – der klassische Fall von Werbung. Und die ist auch notwendig.

Denn die Auswahl an potentiellen Kapitalgebern ist – trotz des verschärften Wettbewerbes im Kreditwesen – meistens nicht sehr groß. Hinzu kommt, daß Kapitalmarketing sehr

Geschäftsführer I	1/1	1/1	Geschäftsführer II
Redaktion			Lektorat
Unternehmensplanung	Sekretariat		Verwaltung
Außenkontakte			Herstellung
Öffentlichkeitsarbeit			Personalentwicklung
Personalbeschaffung			Innendienst
Werbung, Vertrieb			Kooperation

ConBrio Verlagsgesellschaft

Beschaffung:
- 1/1 Lektorat
- 1/2

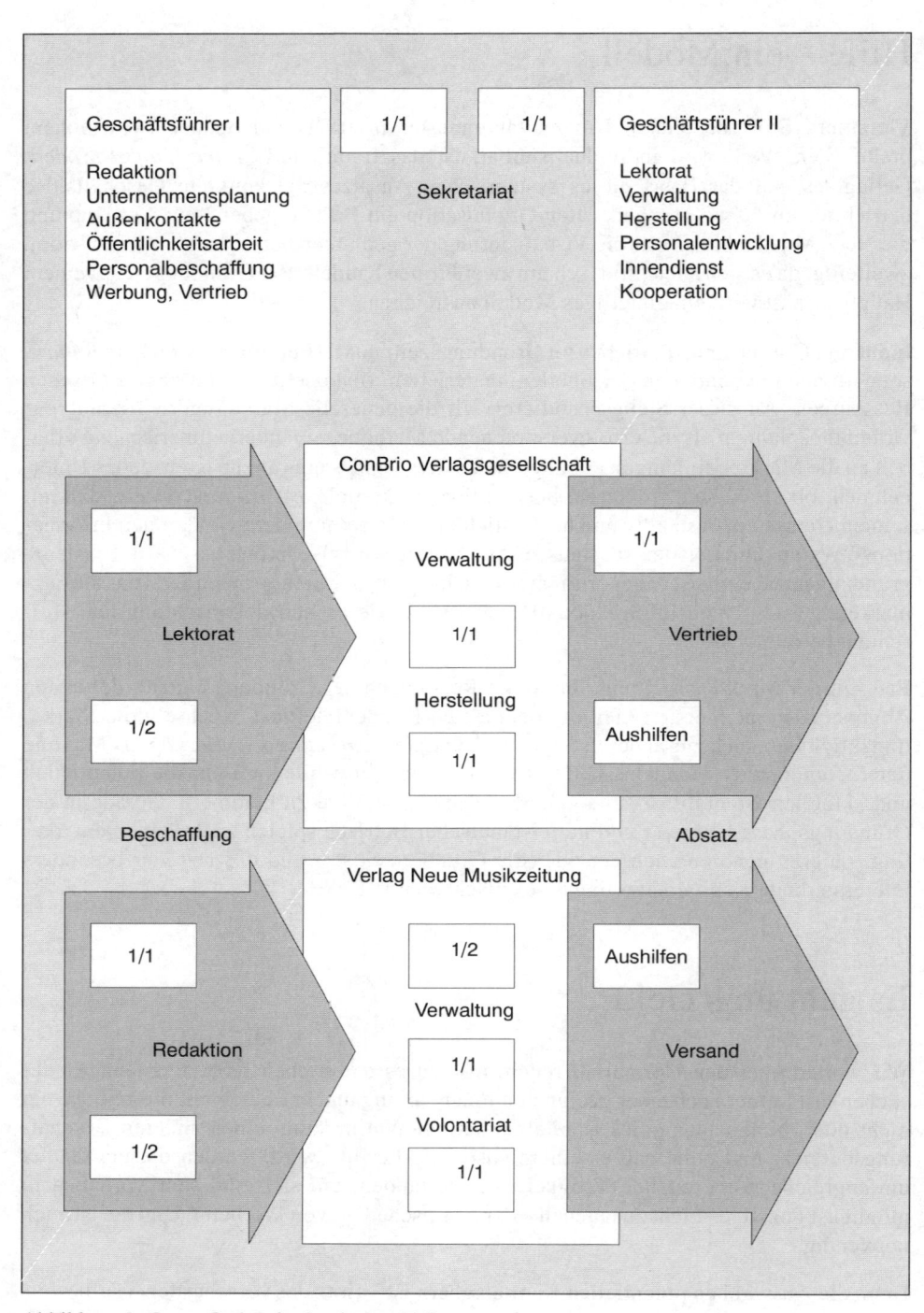

Verwaltung 1/1
Herstellung 1/1

Absatz:
- 1/1 Vertrieb
- Aushilfen

Verlag Neue Musikzeitung

Redaktion:
- 1/1
- 1/2

Verwaltung 1/2, 1/1
Volontariat 1/1

Versand:
- Aushilfen

Abbildung 1: Input-Output im konkreten Fall

zeitaufwendig und für viele Existenzgründer ungewohnt und anstrengend ist. Wer sehnt sich in einer engagierten Gründungsphase schon nach zwanzig Bankengesprächen statt Kundenterminen?

Die Hauptaktivitäten des Existenzgründungs-Kapitalmarketings liegen also weit vor dem ersten Bankengespräch. Wer seine Geschäftsidee in ein Input-Output-Modell organisatorisch grob fassen kann, kann mit einer ausführlichen *Investitionsplanung, Deckungsbeitragsrechnung* und *Liquiditätsplanung* beginnen. Die Investitionsplanung benennt z. B. über den Zeitraum der ersten zwei Jahre die einzelnen Investitionsvorhaben mit Anschaffungs- und Errichtungskosten. Die Deckungsbeitragsrechnung zeigt für einen bestimmten Zeitraum (z. B. ein Geschäftsjahr) in welcher Höhe welche Erlöse erwartet werden und welche Kosten dem in welcher Höhe gegenüber stehen. Die Liquiditätsplanung gibt detailliert (z. B. monatlich) Auskunft, wann mit den verschiedenen Kosten zu rechnen ist und – hier wird die Prognose schon schwieriger – in welcher Höhe die Erlöse wann genau zur Liquidität beitragen. Es versteht sich von selbst, daß den Grundsätzen vorsichtiger Kaufleute entsprechend die Kosten eher höher und die erwarteten Erlöse ganz nüchtern und eher niedriger angesetzt werden. Beispiele für den Aufbau der Pläne sind abgebildet (vgl. Abbildung 2, Seite 195, und 3, Seite 196).

Diese Pläne erfolgen bei Existenzgründungen in der Regel im Rahmen eines *Gesamtkonzeptes*, in dem auch die angestrebte Rechtsform, die beabsichtigte Organisation und das Gesamtmarketingkonzept ausführlich dargestellt wird. Für ConBrio und die Neue Musikzeitung umfaßte das Konzept rund dreißig Seiten und hatte folgende Gliederung:

I.   Grundlagen und Voraussetzungen

    1. Aktuelle rechtliche Situation
    2. Angestrebte rechtliche Situation
    3. Datenliste der Neuen Musikzeitung
       3.1 Produktgeschichte
       3.2 Format und Auflage
       3.3 Kooperationspartner Verbände (Absatz)
       3.4 Mitarbeiter
       3.5 Aufgabenbereiche der Verlagsmitarbeiter
       3.6 Kooperationspartner Satz, Repro, Druck (Herstellung)

II. Die Neue Musikzeitung und der Aufbau neuer Geschäftsfelder

    1. Vorbereitung der Existenzgründung
       1.1 Ziele der bisherigen Eigner
       1.2 Personen und Ziele der Existenzgründung
    2. Umsetzung der Existenzgründung
       2.1 Rechtsform und Kapitalstruktur
       2.2 Interne und externe Partner

III. ConBrio Verlagsgesellschaft mbH & Verlag Neue Musikzeitung GmbH

1. Eine Vorausschau
   1.1 Der Name
   1.2 Standort Regensburg
   1.3 Inhaltliche Kompetenz
2. Produktspektrum
   2.1 Umsatzanteile
   2.2 Datenliste ausgewählter Neuproduktionen
3. Organisation
   3.1 Stellenplan
   3.2 Stellenbesetzung und Arbeitsteilung
   3.3 Personalkosten der Mitarbeiter
4. Marketing
   4.1 Einkauf Dienstleistungen
   4.2 Preispolitik
   4.3 Kommunikation
   4.4 Distribution
5. Investition
6. Finanzierung
7. Deckungsbeitragsrechnung
8. Personalkostenplan
9. Gesamtkostenplan
10. Umlagen
11. Betriebsergebnisplan
12. Liquiditätsplan

Nützlich ist außerdem, genau zu wissen, wieviel des Gesamtbedarfes an finanziellen Mitteln für die *Investition* im engeren Sinne (Immobilien, Maschinen, Ausstattung, Fahrzeuge, Rechte und Lizenzen, das erste Material- und Warenlager), für die mit der *Gründung* im engeren Sinne zusammenhängende Ausgaben (Beratung, Fortbildung, Bürgschaftsgebühren, Kautionen z. B. für Miträume, Gestaltungsentwürfe für die Corporate Identity, Markteinführungskosten, notarielle und behördliche Gebühren), für *Anlaufverluste* (Fixkosten und variable Kosten, sonstige Zahlungsverpflichtungen, Eigenbedarf des Gründers oder Geschäftsführergehälter) und für eine ausreichende *Liquiditätsreserve* benötigt werden. Wer sein Unternehmen je nach Art und Umfang mit oder ohne Hilfe eines Unternehmensberaters soweit voraus geplant hat, ist für die Akquisition von Gründungskapital gut vorbereitet.

Neue Musikzeitung GmbH		ConBrio Verlagsgesellschaft mbH Regensburg				
Rumpf-/Geschäftsjahr 19..	NMZ Summe	CB Summe	Leitung, Verwaltung	Verlags- service	Verlag Bü- cher, Noten	Verlag Periodika
Verkauf						
Anzeigen						
Versand						
Rechte, Lizenzen						
Sonstiges, Zinsen						
Rohertrag						
Satz, Layout, Filme, Druck						
= **Herstellung extern**						
Deckungsbeitrag 1						
Gehälter, Sozialleistungen						
Löhne Aushilfen						
Honorare, Rechte						
= **Personal**						
Mieten, Nebenkosten						
Büromaterial						
Büroausstattung						
Telekom						
Reisen, Erstattungen						
EDV						
= **Büro, Technik**						
KFZ						
Versand (Porto)						
Vertriebsprovisionen						
Werbung, Aktionen						
= **Werbung, Vertrieb**						
Umlage						
Deckungsbeitrag II						
Zinsen						
Beiträge, Gebühren						
(KFZ–) Steuern						
Versicherungen						
Gründungskosten						
= **Zinsen, Sonstiges**						
Umlage						
Liquiditätswirksa- mer Periodenerfolg						
Afa auf 3 Jahre						
Afa auf 5 Jahre						
Afa auf 15 Jahre						
Nettoergebnis (vor Steuern)						

Abbildung 2: Deckungsbeitragsrechnung (Schema)

Liquiditätsplan	Januar	Februar	März	April	Mai	Juni	Juli	August	September	Oktober	November	Dezember	Summe
Eigenkapital	50 000,00	–	–										
Fremdkapital	200 000,00	–	–										
Verkauf (Abo)	40 000,00												
Anzeigen	45 000,00												
Versandgebühren	18 000,00												
Sonstiges	1 000,00												
= Einzahlung	419 000,00	135 000,00	167 000,00										
Investition	250 000,00	–	–										
Herstellung, extern	29 000,00												
Personal	27 000,00												
Büro, Technik	14 000,00												
Werbung, Vertrieb	26 000,00												
Zinsen, Sonstiges	8 000,00												
Saldo Umlage	3 000,00												
= Auszahlung	357 000,00	112 000,00	175 000,00										
Monatsdifferenz	62 000,00	23 000,00	– 8 000,00										
Liquidität	62 000,00	85 000,00	77 000,00										

Vereinfachtes Zahlenbeispiel für Erstliquiditäts-Planung

Abbildung 3: Liquiditätsplanung (Schema)

Auch Finanzierung ist Marketing

Eine konsequent marketingorientierte Unternehmensplanung widmet gerade der Kapitalbeschaffung besonderen Augenmerk. Hier läßt sich viel richtig und noch mehr falsch machen, vor allem dann, wenn der Umgang mit den Firmenkundenabteilungen der Kreditinstitute noch etwas besonderes ist. Einer Existenzgründung werden auch dadurch entscheidende Wettbewerbsvorteile gegeben, wenn die Finanzierung des neuen Betriebes sorgfältig geplant ist, nach eingehendem Konditionenvergleich auf dem Kapitalmarkt günstig gewählt und möglichst aus mehreren Finanzierungsformen zu einem geeigneten *Finanzierungsmix* zusammengestellt ist. Gutes Kapitalmarketing hat nicht nur den Bankkredit, sondern alle Formen der Mittelbeschaffung im Blickfeld, und das ständig neu prüfend. Zu ihnen zählen neben der Finanzierung aus Eigenkapital – die ja meistens bei weitem nicht ausreicht, sonst gäbe es diesen Artikel und in ferner Konseqenz die Banken als Kreditgeber nicht ... – die Fremdfinanzierung aus Bankkrediten, aber z. B. auch die Mittelbeschaffung aus Darlehen und stillen Einlagen anderer Unternehmen oder Privatpersonen und aus Lieferantenkrediten. Die wichtigste Rolle spielt bei Existenzgründungen nach wie vor die klassische *langfristige Kreditaufnahme*, wobei in der Regel die Beantragung von *Existenzgründungsdarlehen* hinzukommt.

Bei unseren Firmengründungen, um es nicht zu spannend zu machen, spielte der Langfrist-Kredit nicht die alleinige Rolle. Hinzu kam die Bildung einer *stillen Gesellschaft* mit einem Zulieferer, mit dem wir schon während unserer Tätigkeiten für den alten Verlag intensiv zusammengearbeitet hatten und der an der Fortsetzung unserer verlegerischen Aktivitäten interessiert ist. Der größere Teil der Finanzierung erfolgte schließlich nicht über eine der bekannten Großbanken, sondern über das in Bayern und Sachsen seit einigen Jahren sehr aktive private Institut SchmidtBank. Von der Aura vornehmer und teurer Privatbankiers ist die SchmidtBank genauso weit entfernt, wie die Deutsche Bank von der Öko-Bank. Es lohnt sich also, die Kapitalmarkterkundung nicht nur auf die Häuser mit allfälligem Namen zu beschränken, sondern auch auf mittlere und kleinere Institute auszudehnen.

Und der Haifisch, der hat Zähne ...

Der Markt an Kapitaldiensten wird auch für den täglich den Wirtschaftsteil der Tageszeitung studierenden Interessenten immer unübersichtlicher. Schon die Fülle an Finanzdienstleistungen der großen Banken vermag zu erschrecken, von ihrer anscheinenden Kompliziertheit abgesehen. Zu den alten Bekannten der meisten Menschen gehört dagegen der dreimonatliche Ärger über die hohen Dispositionskredit-Zinsen und Überziehungsprovisionen, nur weil man für ein paar tausend DM sein Gehaltskonto überziehen mußte. Wie soll dann erst eine umfangreichere Gründungsfinanzierung zu bezahlen sein? Doch jene Art von Respekt, die den Schritt in das Filialgebäude verhindert, ist unberechtigt. Banken, von Kredithaien reden wir hier natürlich nicht, sind zunächst nichts weiter als Verkäufer einer Dienstleistung. Die Preise und Bedingungen sind genauso zu vergleichen, wie die für neue Computer oder Haareschneiden. Allerdings gelten für Banken einige Spielregeln, denen man sich unterwerfen muß. Zumindest solange, wie man mehr Geld braucht als bringt, und das ist im Zeitpunkt einer Existenzgründung fast immer der Fall.

Wer ohne eigenes Geld, aber mit seinem Konzept unter dem Arm zum Kreditberater kommt, sollte ein wenig über die Psychologie dieser Spezies beraten sein. Sie sind getarnte Verkäufer und dennoch zuverlässige und meist auch kompetente Geschäftspartner, die – wie fast alle Unternehmer –, wenn möglich ohne großes Risiko an viel Geld kommen wollen. Leider haben fast nur die Banken das Glück, damit einigermaßen durchzukommen: Damit weder den Geldgebern, die der Bank ihr Geld anvertraut haben, noch der Bank etwas passiert, leiht sie ihr Geld nur gegen *Sicherheiten* aus. Selbst wenn sich der Existenzgründer seiner Sache noch so sicher ist – gute Ideen und Kreativität, nicht einmal Fleiß werden hier als Garantien anerkannt dafür, daß das Geld irgendwann auch zurückgezahlt werden kann und zwischenzeitlich ordentlich die Zinsen entrichtet werden. Vor dem Bankenbesuch sollte also auch über diese Frage schon ausführlich nachgedacht werden. Wer also (noch) kein (hypothekenfreies) Grundstückseigentum geerbt, keine verpfändbare Geldanlagen in Luxemburg besitzt und auch noch keine abtretbare hohe Kapitalversicherung angespart hat, wird um das Vertrauen von Mitmenschen nicht herum kommen, die gegenüber der Bank für die Existenzgründung selbstschuldnerisch bürgen. Doch auch das kann, wenn auch nicht immer, vermieden werden: Gegen eine Gebühr können Bürgschaften auch von *Bürgschaftsbanken* und von *Kreditgarantiegemeinschaften der Länder* bereitgestellt werden.

Gerade bei Existenzgründungen ist die Bereitstellung von im banküblichen Sinne werthaltigen Sicherheiten oft genug ein Problem. Wenn hier Spielraum besteht, sollte man aber dennoch versuchen, nur so wenig Sicherheiten wie möglich der Bank anzubieten. Umso mehr wird die Bank mit ihrem betriebswirtschaftlichen Know-how das Konzept prüfen und mit dem Kunden besprechen. Überhaupt bergen Banken betriebswirtschaftlichen Sachverstand, den Existenzgründer intensiv nutzen sollten, anstatt vor ihm zurückzuschrecken. Fragen, auch die, von denen man meint, sie würden Unwissenheit entlarven, schaden nicht, sondern nützen. Ausführliches Einarbeiten in die unterschiedlichen Angebote und vertraglichen Bestimmungen sollte selbstverständlich sein. Die Bank wird schon deutlich zu erkennen geben, wenn sie ihren *Verhandlungsspielraum* auch und gerade bei Standardformulierungen erschöpft sieht. Im Prinzip ist zunächst alles verhandelbar.

Eine Möglichkeit, den zu besichernden und möglicherweise zu verbürgenden Kreditbedarf zu verringern, liegt in der Aufnahme von aktiven oder stillen Mitgesellschaftern. Denn auch die Beantragung von öffentlichen Existenzgründungsdarlehen befreit nicht von der Besicherung: Die einschlägigen Darlehen werden über die Hausbank beantragt, die, da sie auch gegenüber den öffentlichen Stellen in der Primärhaftung bleibt, unabhängig davon über die gesamte Kredithöhe ihren Kreditausschuß entscheiden läßt. Denn Anträge auf Förderung können auch abgelehnt werden, und dann ist ein Stop der Gründung meist nicht mehr möglich und auch nicht sinnvoll. Grundsätzlich gilt: Wer sich selbständig machen will, sollte in seinem Konzept von üblichen Bankzinsen ausgehen und nicht auf die unvergleichlich günstigeren, weil subventionierten Kreditzinsen der öffentlichen Programme hoffen.

Der Staat hilft?

Ausnahmsweise – aber ja. Zwar geht ein Großteil der wertvollen Zeit von Existenzgründern noch immer mit Behördengängen und Formularen verloren, bevor überhaupt die erste DM verdient ist. Doch es liegt im ureigensten Interesse des Gemeinwesens, wenn die Wirtschaft ständig neue Ideen hervorbringt und diese auch umgesetzt werden können. Auch wenn die öffentlichen Kapitalhilfen als Antrieb bei weitem nicht all die staatlicherseits aufgestellten Bremsen kompensieren können und sich volkswirtschaftlich betrachtet über die Steuern und Gebühren der neuen Unternehmen für den Staat auf jeden Fall bezahlt machen: Erst einmal bewilligt bringen sie dem neuen Betrieb zum einen viele Jahre erhebliche *Zinsvorteile*, die der Liquidität des neuen Unternehmens zugute kommen, zum anderen werden in einigen Programmen von den bereitgestellten Geldern *Eigenkapitalfunktionen* übernommen, die die Haftungsbasis des neuen Unternehmens verbreitern.

Es liegt übrigens auch im Interesse der Hausbank, die Beantragung von Geldern aus öffentlichen Programmen zu betreiben, da auf diese Weise dem neuen Kunden für seine Anlaufphase günstige Konditionen eingeräumt werden können. Die Banken informieren daher zumeist sehr gründlich und ausführlich über diese Möglichkeit, die Bedingungen einer Existenzgründung im Hinblick auf die Kapitalbeschaffung zu verbessern. Lange vor dem konkreten Gründungskonzept können also unverbindliche Informationsgespräche mit Kreditberatern verschiedener Banken geführt werden. Die wichtigsten Programme und jeweils zuständigen Institutionen sind:

- *Aufbauprogramm* (ERP) – Berliner Industriebank,
- *Beteiligungsprogramm* (ERP) – Kreditanstalt für Wiederaufbau,
- *Energiesparprogramm* (ERP) – Deutsche Ausgleichsbank,
- *Existenzgründungsprogramm* (ERP) – Deutsche Ausgleichsbank,
- *Investitionskreditprogramm* – Kreditanstalt für Wiederaufbau,
- *Ergänzungsprogramm* – Deutsche Ausgleichsbank,
- *Mittelstandsprogramm* – Kreditanstalt für Wiederaufbau,
- *Technologie-Beteiligungsprogramm* – Kreditanstalt für Wiederaufbau,
- *KfW-Umweltprogramm* – Kreditanstalt für Wiederaufbau,
- *ERP-Programme* – Kreditanstalt für Wiederaufbau,
- *Wohnraum-Modernisierung* – Kreditanstalt für Wiederaufbau.

Die Anschriften der Anstalten und der zuständigen Stellen bei Bund und Ländern für weitere Programme können Sie bei den Geschäftsbanken erfragen. Mehrere Institute haben zudem ein umfangreiches Informationssystem zu diesem Thema aufgebaut. Für von Anfang an grenzüberschreitend arbeitende Unternehmen gibt es zudem Förderungsprogramme der Europäischen Gemeinschaft.

Literatur

DIETERLE, W. K. M./WINCKLER, E. M. (Hrsg.), Gründungsfinanzierung, München 1991.

JASPER, L. Th./KORN, H./MEHRMANN, E., Die GmbH. Gründung und Führung, Düsseldorf 1993.

WÖHE, G./BILSTEIN, J., Grundzüge der Unternehmensfinanzierung, 5. Aufl., München 1988.

Wege aus der Krise – Marketing im Landmaschinenhandel

Wilhelm von Boddien

- Situation im Landmaschinenhandel
- Marktforschung
- Ableitung strategischer Optionen
- Diversifizierung

Der Beitrag hebt besonders die Bedeutung der Marktforschung für die Erstellung einer geschlossenen Marketingkonzeption hervor. Dabei wird gezeigt, daß Marktforschung nicht nur für Großunternehmen geeignet ist. Erst bei entsprechend konsequenter Umsetzung der Ergebnisse können Schwachstellen gefunden und neue Möglichkeiten entdeckt werden, um die Wettbewerbsposition nachhaltig zu festigen.

Jüngsten Ifo-Umfrageergebnissen zufolge befinden sich die landtechnischen Unternehmen in einem konjunkturellen Tief: Mehr als drei Viertel aller Betriebe bezeichnen ihre aktuelle Geschäftslage und auch ihre Zukunftsaussichten als schlecht. Folgt man den Aussagen der berufsständischen Organisationen der Landwirtschaft, so ist mit einem überproportionalen Höfesterben in den alten Bundesländern zu rechnen. In den neuen Bundesländern wird es die Betriebe vor allem aufgrund mangelnder Kapitalausstattung treffen.

Dennoch: „Optimismus ist Pflicht" – dieser Maxime des Philosophen Karl Popper sollten die Landmaschinenhändler auch angesichts der EG-Beschlüsse zur Umsteuerung der Subventionen und der zu erwartenden GATT-Beschlüsse folgen. Es entspricht der geschichtlichen Erfahrung, daß die Instabilität, die sich im Übergang zu neuen Ordnungen ergibt, oft als negativer empfunden wird als die – wenn auch nur scheinbare – Stabilität der vergangenen Ordnungen. Gleichzeitig wird allzu leicht verdrängt, daß die bisherige Agrarpolitik zwangsläufig auf das heutige Dilemma hinsteuern mußte. Sie wurde schlichtweg unbezahlbar.

Die Führungsspitzen der Industrie in Deutschland reklamieren, daß sie mit den von ihren Unternehmungen gerade im Export erwirtschafteten Steuern letztlich auch die Landwirtschaft subventionieren. Zudem erzeugen 3 Prozent der Bevölkerung nur annähernd 2 Prozent des Bruttosozialproduktes und werden fast 50 Prozent des landwirtschaftlichen Einkommens aus Transferleistungen und nicht im Markt erzielt. Die bisherige Stabilität war eben nur scheinbar vorhanden. Die verbreitete Unsicherheit in unserer Branche ist vermutlich auch eine Folge davon, daß die Erwartung der Menschen und praktischen Ergebnisse der Politik oftmals weit auseinanderklaffen, und daß die Kompetenz der Politik zu Konfliktlösungen insgesamt in Zweifel gerät.

Zurück zu Karl Popper. „Optimismus" ist keineswegs gleichbedeutend damit, die Welt in rosaroten Farben zu betrachten. Da zu ihm Hoffnung und Klarheit gehören, besteht demnach kein Anlaß, „trotz" Optimismus die aktuellen und potentiellen Probleme, Gefahren und Risiken zu übersehen: Die Landmaschinenhändler befinden sich in einer Schere, ihre Betriebe sind von zwei Seiten her gefährdet. Sie müssen damit rechnen, daß ihnen, je nach Region, teilweise bis zur Hälfte ihrer bisherigen Kunden durch Betriebsaufgabe wegbrechen werden sowie auch damit, daß die dramatische Stückzahlverringerung manchen Hersteller ins Wanken bringt.

Marketing – eine Philosophie?

Landmaschinenhändler und Landmaschinenhersteller sind häufig traditionsreiche Unternehmen. Ihr unternehmerisches Kapital stützt sich auf die Erfahrung ihrer Mitarbeiter und deren Fachkenntnisse sowie auf die Finanzausstattung, die verfügbaren Gebäude und selbstverständlich auch auf die Produkte. Der über Jahre aufgebaute Kundenstamm lenkt dabei die Ausrichtung und Intensität der betrieblichen Maßnahmen.

Geradezu magische Kräfte werden besonders in Krisenzeiten einem Begriff zugesprochen, den wir aus dem angelsächsischen Sprachraum her kennen – ein Begriff, der den eben beschriebenen pragmatischen Optimismus voraussetzt: Marketing.

Der Begriff Marketing ist heute einer der in der Wirtschaft meist benutzten und bei vielen, speziell denjenigen, die sich nicht studienhalber damit auseinandergesetzt haben, einer, der am meisten mißverstandenen: Einige verstehen darunter Werbung, andere Verkaufssteuerung, wieder andere verstehen unter Marketing nur Meinungsumfrage und Marktforschung. Marketing umfaßt jedoch die Gesamtheit der Maßnahmen, die unmittelbar auf Verkauf, Vertrieb und Distribution von Gütern, also Produkten und Dienstleistungen, gerichtet sind. Im Regelfall geht man heute bei Marketing davon aus, daß es sich dabei um eine unternehmerische Konzeption handelt, in der sich alle Unternehmensaktivitäten zur optimalen Erfüllung der Unternehmensziele am Markt zu orientieren haben. Wie bei vielen neuen Wirtschaftsbegriffen, einen exakten deutschen Terminus für dieses Wort gibt es nicht. Dennoch: Kurz gesagt ist Marketing das unternehmerische Handeln in der Summe aus Marktnachfrage, Produkt, Absatz und Planerfüllung der aufgrund von Marktuntersuchungen entstandenen Absatzpläne.

Eine der wichtigsten Voraussetzungen für ein erfolgreiches Marketingkonzept ist die Marktforschung. Die Möglichkeiten der Informationsbeschaffung sind dabei zahlreich. Einige Beispiele sollen dies unterstreichen: Informationen des Außendienstes – ein Berichtswesen, das EDV-gestützt und auswertbar sein sollte –, eine intensive Wettbewerbsbeobachtung – beispielsweise Trends in Zulassungsstatistiken, in PS-Klassen, auf Messen – und schließlich auch Informationen aus dem Ersatzteillager und den Werkstätten. Last not least sind die berufsständischen Gruppen der Kunden – bäuerliche Vereinigungen und ähnliche – sowie natürlich die Kunden selbst wichtige Informationsträger bzw. Informationsquellen.

Auf einen konkreten Ansatz sei an dieser Stelle verwiesen, da er zahlreiche Aspekte, die in diesem und in den anderen Beiträgen immer wieder Erwähnung finden, verarbeiten hilft: Das Berichtswesen. Ein straffes Berichtswesen, das sich – EDV-gestützt – einfach erstellen und verdichten läßt, muß auch für diejenigen, die berichten sollen, in seinem Aufbau und seiner Aussagekraft verständlich sein. Der Bericht eines einzelnen Reisenden über seine Tätigkeit ist nur dann wertvoll, wenn er bzw. der innerbetriebliche Entscheidungsträger ihn mit den Berichten der anderen Reisenden und Handelsvertreter vergleichen kann. Erst aufgrund der Vergleichbarkeit untereinander kann ein Leistungsprofil der Mitarbeiter erstellt werden.

Reichen die Möglichkeiten nicht aus, um eine vollständige Basis für das Vertriebskonzept zu finden, sollten selbst kleinere Landmaschinenhändler die Geldausgabe riskieren und ein professionelles Marktforschungsinstitut einschalten. Dabei ist es einerseits keineswegs immer erforderlich, eine komplette Umfrage in Auftrag geben zu müssen. Sogenannte „Omnibus-Befragungen" erlauben es Händlern, sich an eine bevorstehende Umfrage anzuhängen und beispielsweise drei bis fünf eigene Fragen zu kaufen. Andererseits bietet sich für die Untersuchung eine Kooperation mit den Herstellern der Landmaschinen an. Schließlich sind die Händler die Speerspitze der Produzenten auf den relevanten Märkten.

Wie eine Binsenweisheit klingt nun die Aufforderung, permanent alles, was an Informationen eingeht, zu hinterfragen, zu überprüfen und fortzuschreiben. Die Erkenntnisse von heute sind morgen bekanntlich bereits veraltet. Dennoch bleiben oft genug selbst Binsenweisheiten – bewußt oder unbewußt – unbeachtet. Denn insbesondere kleinere Händler können dieser Aufforderung aus organisatorischen Engpässen nicht problemlos Folge leisten. Allerdings führt dennoch kein Weg daran vorbei und so sollten sie ihre innerbetrieblichen Prioritäten entsprechend verlagern.

Die Aussagen, die über die Marktbefragung ermittelt werden, helfen den Händlern, sich selbst aus einer möglichen Betriebsblindheit zu befreien. Greifen wir uns beispielsweise zwei Ergebnisse bzw. Erkenntnisse aus durchgeführten Marktforschungen heraus:

1. Die Landwirte beschäftigen sich heute sehr viel länger heimlich mit einem Produktkauf. Sie meiden lange Zeit die Öffentlichkeit, weil ihnen die sofort einsetzenden Besuche der Reisenden bzw. der Handelsvertreter lästig sind. Zwischen dem Öffentlichwerden des Investitionswunsches und der Kaufentscheidung vergehen häufig nur noch vier Wochen.

2. In fast 90 Prozent der Fälle wurde die Investitionsentscheidung schon vorher zugunsten eines bestimmten Fabrikates getroffen. Nur außerordentliche Bemühungen der Wettbewerber, auf dem preislichen Sektor oder durch Vermittlung neuer Erkenntnisse im technischen Bereich können dazu führen, den Kunden möglicherweise doch noch umzustimmen. Jeder Kunde holt im Schnitt drei Angebote ein, um sich der Preiswürdigkeit des von ihm vorgewählten Produktes zu versichern. Daran zeigt sich erneut die Bedeutung von Preisverhandlungen. Chancen hat eigentlich nur das Produkt, für das sich der Landwirt bereits im Vorfeld entschieden hat. Die Konkurrenten müssen nun versuchen, über den Preis ins Geschäft zu kommen, ein Umstand, der wiederum der ursprünglich vorgesehenen Kaufmarke das Geschäft deutlich erschwert.

Innovation statt Imitation – strategisch und instrumentell

Insbesondere die Landtechnik-Marktentwicklung in den neuen Bundesländern hat den Wettbewerbsdruck eindrucksvoll dokumentiert. Während dort im Jahr 1991 die Landmaschinenhändler noch ausreichend Umsatz und Gewinn gemacht haben, konnte 1992 nur noch wenig im Verhältnis zu 1991 verdient werden. Zum einen war es die dramatisch sinkende Nachfrage aufgrund der finanziellen Situation der Betriebe, zum anderen waren es die inzwischen auf den Plan gerufenen weiteren Wettbewerber, die sich das Geschäft gegenseitig erschwerten. Dies wird jedoch eines Tages wieder dazu führen, daß sich der derzeitige Überbesatz durch Ausscheiden von Anbietern der Nachfrage anpassen und somit ein Marktausgleich geschaffen wird. Da aber gleichzeitig in den landwirtschaftlichen Märkten das Ausscheiden von Betrieben nicht abrupt eintritt, können die übrigbleibenden Anbieter sogar mit dann besseren Renditen rechnen – insbesonere wenn der Markt sich in seiner Nachfrage wieder im Turn-around befindet.

Es zeigt sich, daß es erfolgversprechender – zugegebenermaßen aber auch deutlich aufwendiger – ist, einer Imitationsstrategie die innovative Strategie vorzuziehen. Diejenigen Landmaschinenhändler, die jetzt in den östlichen Bundesländern ihre Betriebe eröffnen, sind Imitatoren. Sie würden denjenigen, die die Gunst der ersten Stunde genutzt haben, nur nachfolgen. Sie können einen Return on Investment wohl kaum noch erwarten, weil sie sich aufgrund von historischen Daten und nicht hinsichtlich zukünftiger Entwicklungen in einen begrenzten Markt hineinwagen. Es kann nicht funktionieren, wenn beispielsweise im Kreis Schwerin in Mecklenburg-Vorpommern inzwischen acht Landmaschinenhändler etwa 50 landwirtschaftliche Betriebe versorgen wollen, auch wenn diese wesentlich größer sind als in den alten Bundesländern. Denn Größe im landwirtschaftlichen Betrieb heißt zugleich auch mehr Autonomie und damit für die Werkstätten nur Auslastung in Arbeitsspitzenzeiten, da solche Betriebe die arbeitsschwachen Zeiten zur Pflege ihres Maschinenparks selbst nutzen.

Will man nun die Strategie in ein greifbares Konzept umwandeln, dann kennt die Theorie eine Vielzahl von Marketing-Instrumenten. Aber nur wenige davon sind für den Landmaschinenhändler relevant, zumal seine Kunden – vor allem Landwirte – keineswegs zu der Kategorie von Abnehmern zählen, die sich durch ein massives Marketing beeindrucken lassen. Der Händler muß also aus den begrenzten Möglichkeiten das Beste machen. Die Wirtschaftssprache verwendet in diesem Zusammenhang gern den Begriff „Optimierung". Zunächst einmal gilt es, den eigenen Betrieb in seiner Gesamtheit zu optimieren und auf das unternehmerische Kernziel einzustellen: Verkauf von Produkten und Dienstleistungen.

Der Verkauf wiederum ist jedoch keineswegs das Privileg der Reisenden bzw. Handelsvertreter. Auch die Werkstatt-Mitarbeiter, die Mitarbeiter im Ersatzteillager, ja selbst im Innendienst und in der Verwaltung müssen sich ihrer Bedeutung und ihrer Möglichkeiten als „Verkäufer" bewußt sein. Die traditionellen Landmaschinenhändler haben dabei durch ihre enge Kunden-/Verkäuferbindung größere Chancen als diejenigen, die in einem Ladengeschäft sitzen und auf ihre Kunden warten müssen. Und dennoch bleibt festzustellen, daß kaum ein Unternehmen von überregionaler Marktbedeutung mehr als 40 Prozent der potentiellen Kunden erreicht. Ein Grund ist zweifellos darin zu erkennen, daß z. B. in Schleswig-Holstein auf einen Markt von 1 000 Landwirten nur noch ca. 80 Kunden im Jahr einen Traktor kaufen. Ein Reisender hat in der Regel eine jährliche Betreuungskapazität von etwa 250 bis 300 Kunden, die er mit Mehrfachbesuchen beaufschlagen muß. Wir erkennen allein schon daran, daß sein Potential, in das Feld des Wettbewerbes einzudringen, außerordentlich klein ist. Dazu geht er aus durchaus verständlichen – wenn auch nicht immer aus akzeptablen – Gründen den Weg des geringsten Widerstandes, indem er diejenigen Kunden am häufigsten besucht, bei denen er die besten Absatzchancen sieht. Stammkunden des Wettbewerbes werden kaum angegangen, zumal sie selbst durch ihr Verhalten auch bewiesen haben, daß sie einen Wechsel des Lieferanten nur dann vornehmen, wenn dieser ein außerordentlich günstiges oder technisch völlig innovatives Angebot gemacht hat.

Die Marktanteile blieben somit in dem vergangenen Jahrzehnt relativ konstant. Mit Abweichung von plus/minus 2 bis 3 Prozent können wir feststellen, daß die Kundschaft beim jeweiligen Produkt allenfalls bereit ist, im Jahreszyklus zu ein bis 2 Prozent vom Gesamtmarkt Markenwechsel vorzunehmen. Wenn man dann die Gewinner im Markt nachträglich etwas stärker beleuchtet, stellt man erneut fest, daß diese Veränderung zumeist auf außerordentlichen Anstrengungen auf dem preislichen Sektor beruht. Häufig sind geringe Ertragsergebnisse die umgehende Konsequenz dieser Unternehmenspolitik.

Welche Lehre können wir daraus ziehen? Es gilt, die Frequenz der aktuellen Geschäfte zu erhöhen. Demzufolge könnten einerseits absolut betrachtet mehr Geschäfte verloren werden, andererseits aber haben die Unternehmen die große Chance, überproportional in Rentabilität zuzulegen.

Insgesamt stellen wir fest, daß die Instrumente zur Erschließung, Beeinflussung und Gestaltung des relevanten Marktes heute anders und wesentlich flexibler aussehen müssen als es die traditionellen Methoden bislang zulassen. Ein kleiner Blick zurück auf die Umfragen gibt uns in diesem Zusammenhang den interessanten Hinweis, daß der Bauer zwar wünscht, auf seinem Hof besucht zu werden, wenn es um die Endverhandlungen geht, daß er sich aber grundsätzlich von Vertreterbesuchen zu unmöglichen Tageszeiten belästigt fühlt. Insbesondere am Abend wollen die Kunden, ebenso wie in der Stadt auch, ihre Ruhe haben.

Das wiederum bedeutet, daß das Schwert „Außendienst" noch stumpfer wird. Die Tageskapazität in der Akquisition hängt nun nicht mehr allein vom Leistungswillen des Verkäufers ab, sondern von der Erreichbarkeit seiner Kunden. Das Marketing-Instrument „Persönlicher Verkauf" darf also nicht mehr als entscheidendes oder gar exklusives Marketing-Instrument eingesetzt werden. Weitere, gleichrangige Instrumente müssen die Verkäufertätigkeiten begleiten, unterstützen, ergänzen. Da nun bekanntlich der landwirtschaftliche Bereich noch konservative Züge trägt, ist dabei nicht die Wahl des geeigneten Instruments entscheidend, sondern seine Inhalte und Botschaften. So können grundsätzlich auch hier Händler mit einer Anzeige, einem Mailing oder der Vorführung vor Ort Aufmerksamkeit bei ihren potentiellen und bei ihren aktuellen Kunden erreichen.

Ein kurzer Blick zurück sei erneut erlaubt: Die Landwirtschaft der DDR befand sich 1989 noch technisch auf dem Stand der frühen achtziger Jahre, wenn man von den PS-Klassen einmal absieht. Die ersten Firmen, die sich im Osten um die Betriebe bemühten, haben ihre Produktvorstellungen im Regelfall mit groß herausgestellten Vorführungen begonnen. Eine erste Traktorvorführung in der Nähe von Schwerin beispielsweise fand bereits im Frühjahr 1990 statt und brachte über 2000 Leute auf den Acker. Die Präsentation der gleichen Produkte im Westen hätte vielleicht gerade einmal 100 Interessenten angelockt. Eine Begründung für das große Interesse liegt auf der Hand: Es ist der Neugiereffekt – etwas sehen zu können, von dem man bislang nur gehört hat und um sich nun darüber zu informieren, wie es funktioniert. Mittlerweile kennen wir den rasanten Wandel vom Verkäufer- zum Käufermarkt, der sich in den neuen Bundesländern binnen zwei Jahren vollzogen hat. Inzwischen kommen auch dort kaum noch Menschen zu überregional angesetzten Firmenvorführungen, weil sie wissen, daß erstens das Wünschbare technisch weitgehend möglich ist, zweitens sie das gleiche Angebot auch morgen oder übermorgen bekommen und drittens sie als Käufer inzwischen so umworben sind, daß sie nur „mit dem Finger zu schnippen" brauchen und schon gibt sich der gesamte Landmaschinenhandel auf dem Hof ein Stelldichein.

Im Zeitalter der Kommunikationssysteme gibt es weitere zahlreiche Möglichkeiten. Allerdings sollten Landmaschinenhändler entgegen möglichen Empfehlungen aus anderen Wirtschaftsbereichen auf ein bestimmtes Kommunikationsinstrument verzichten: Das Telefonmarketing. Das bisweilen hochgelobte Instrument erlebte nur eine sehr kurze Blütezeit, in manchen Feldern war es sogar vollkommen wirkungslos. Im landwirtschaftlichen Sektor beispielsweise ist das Telefonmarketing gar als kontraproduktiv einzuschätzen. Es wird von den meisten Landwirten als sehr störend und als Belästigung empfunden. Eine unangemeldete und hartnäckige Bewerbung von Produkten und Dienstleistungen über das Telefon kann schlimmstenfalls sogar zur Kundenabwanderung führen. Ausdrücklich ausnehmen möchte ich jedoch die Kundenpflege über das Instrument Telefon. So ist es selbstverständlich auch weiterhin empfehlenswert, beispielsweise im Anschluß an die Auslieferung der Maschine nach einem gewissen Zeitabstand die Kunden anzurufen und sich zu erkundigen, ob sie zufrieden sind oder Probleme haben und ob man etwas für sie tun kann. Dies wird allgemein als angenehme und erwünschte Betreuung empfunden.

Die Erschließung und Beeinflussung der individuell relevanten Märkte erfordert auch vom Landmaschinenhändler mehr denn je umfassendes, unternehmerisches Geschick. In schrumpfenden Märkten wie dem Landmaschinen-Markt können Handelsunternehmen nur überleben, wenn sie eine klare Marktanteilsstrategie mit Trend nach oben verfolgen. Die Stückkosten sind bei sinkenden Stückzahlen auch im Vertrieb hoch. Die erfolgreiche Suche nach dem individuell relevanten Marktsegment, der individuell attraktiven Marktlücke sowie nach aktuellen und potentiellen Marktnischen erst ermöglicht den Landmaschinenhändlern ihre Alleinstellung über entsprechende Qualitäts- und Preisangebote. Legen wir zugrunde, daß bekanntlich jedes Produkt seine eigene Wachstumsperiode, seinen eigenen Zenit und auch seine eigene Abfallperiode erlebt, dann kann – auch das erscheint uns wiederum als Binsenweisheit, die dennoch überraschend häufig genug mißachtet wird – das Unternehmen nur überleben, wenn die Summe seiner Produkte es immer in der Nähe des Zenits hält. Demzufolge müssen eigene Produkte bzw. Dienstleistungen wachsen, wenn andere bereits wieder an Bedeutung verlieren.

Marketing und Management

Ein Landmaschinenhändler ist auf die Wettbewerbsfähigkeit der angebotenen Produkte, die er vom Hersteller bezieht, abhängig. Und dennoch darf er sich keineswegs darauf allein verlassen. Andere betriebliche Merkmale erst bilden das wahre Profil eines konkurrenzfähigen Handelsunternehmens im Landtechnik-Bereich. Erfahrungen zeigen, daß jedoch insbesondere den hauseigenen Dienstleistungen noch zu selten kaufentscheidende Impulse zugetraut werden. Dabei bieten hervorragender Service, Tag- und Nachtdienst, volle Verfügbarkeit von Ersatzteilen, billige Preise usw. dem Landmaschinenhändler erst die erwünschten Gestaltungsspielräume.

Da nun der Absatz von Produkten und Dienstleistungen nicht nur im Landmaschinenbereich häufig den Charakter der Marketingprozesse, nämlich den Austausch von Werten zwischen Verkäufer und Käufer, weitgehend unberücksichtigt läßt, wird die Bedeutung eines systematischen, auf Rationalität und Effizienz ausgerichteten Verhaltens noch deutlich zunehmen. Neben der Erschließung und der Beeinflussung des Marktes kommen wir damit zu einer weiteren Basiskomponente des Marketing.

Haus- bzw. betriebsintern umfaßt sie sämtliche Möglichkeiten der Planung, der Organisation und der Kontrolle, um die einzelnen Marketingprozesse zielbewußt steuern zu können. Demzufolge erfordert ein aktives Marketing-Management nicht nur die Kenntnis über strategische und konzeptionelle Anforderungen, sondern ganz fundamental auch entsprechendes Geschick und Einfühlungsvermögen gegenüber den eigenen Mitarbeitern. Diese müssen in die von Betriebs- und Bereichsleitern definierten strategischen Geschäftsfelder – selbstverständlich in einem realistischen Maß – aktiv eingebunden werden. Die dafür erforderliche zeitliche Investition erscheint auf den ersten Blick als sehr umfangreich. Doch im Vergleich dazu erkennen wir schnell, daß Korrekturen von Mitarbeiterfehlern, die diese aus Unkenntnis der Situation gemacht haben, ungleich zeitaufwendiger sind.

Ein Marketing-Management basiert also auf der Erkenntnis, daß nicht nur das Produkt, sondern in vielen Fällen eher noch die persönliche Dienstleistung eines Verkäufers, eines Meisters, eines Monteurs und auch des Unternehmers im Zentrum der Kundenwahrnehmung stehen. Ein Wettbewerber kann ein vergleichbares Produkt haben; das ist austauschbar. Aber die persönlichen Beziehungen zum Kunden erst geben den Ausschlag für seine Entscheidung. Das gilt selbstverständlich für viele Dienstleistungsbereiche, trifft aber besonders auf den landwirtschaftlichen Sektor zu, da hier noch großer Nachholbedarf besteht. Denn Landmaschinen werden periodisch gekauft; die Kunden sind häufig Dauerkäufer. Selbstverständlich ist somit gerade der Bereich des Services von immenser Bedeutung. Ein vernachlässigter Service wiederum nimmt den Händlern einen wichtigen Baustein ihres Alleinstellungs-Profils.

Neue Geschäftsfelder als Ausgleich und Ergänzung

Die Diversifikation ist auch in unserer Branche ein häufig gebrauchtes Wort und wird ebenfalls von vielen mißverstanden. Der alte Grundsatz „Schuster bleib bei deinem Leisten" gilt auch hier insofern als wichtiger Leitgedanke, als daß eine Diversifikation maßhaltend betrieben werden sollte. Es hat zweifellos keinen Sinn, sich mit Produkten und Dienstleistungen zu beschäftigen, die völlig artfremd für den Händler sind und die eine Nutzung des bisherigen Potentials nur begrenzt erlauben.

Diversifikation hat demnach nur Sinn, wenn man unter Wahrung seines Know-hows mit neuen Produkten in Märkte eintauchen kann, um neue Kundengruppen anzusprechen.

Dieser Hinweis erfordert einen kleinen Seitenblick auf das Know-how eines Landmaschinenhändlers: Er ist Motorenreparateur, versteht etwas von Getrieben, von Hydraulik, von Elektrik und von Elektronik. Nicht zuletzt verfügt er über umfangreiche Vertriebserfahrung. Das heißt, er kann also Maschinen vertreiben, in denen diese vier Komponenten eingebaut sind, gleich, welche Arbeit diese Maschinen verrichten. Zu diesem Maschinenkreis gehören beispielsweise Baumaschinen, Kraftfahrzeuge, Kommunalmaschinen oder Gabelstapler.

Die Maschinenbezeichnungen deuten es bereits an, daß sie mit Landwirtschaft nichts oder nur am Rande zu tun haben. Zugleich erfordert es nur eine gewisse Zusatzschulung der Mitarbeiter, um den Service, von dem auch diese Produkte abhängen, zu gewährleisten. Natürlich muß sich ein Landmaschinenhändler vertrieblich entsprechend neu orientieren. Die vorhandene Mannschaft, die an die Landwirtschaft verkauft hat, wird nur schwer in neue Kundengruppen eindringen können. Das Beharrungsvermögen der Menschen ist bekanntlich groß, davon können auch die Verkäufer nicht ausgenommen werden. Auch sie halten gern an einmal eingeschlagenen Wegen fest, solange sie Hoffnung auf Erfolg haben.

Sollte der landwirtschaftliche Handelsbetrieb über ein gutes handwerkliches Potential verfügen, dann wird ihm der Weg im – allerdings auch schon gut besetzten – Bereich der Schlosserei, Heizungsbau, Sanitär und Metallbau offenstehen. Allerdings bedarf es auch hier einer längeren Aufbauzeit, es sei denn – und darauf sei an dieser Stelle wieder einmal eindringlich hingewiesen –, die Handelsbetriebe sind tatsächlich innovativ und imitieren nicht nur.

Hier und auch anderswo sind alle bekannten Märkte eng und nirgendwo warten die Anbieter auf neu hinzukommende Teilnehmer, es sei denn, sie sind Nachfrager. Im Grunde kann man erfolgreiches Marketing eines Unternehmers daher folgendermaßen zusammenfassen und charakterisieren:

- er muß etwas wacher sein als seine Konkurrenten,
- er muß etwas weiter denken als seine Konkurrenten,
- er muß neugieriger sein als seine Konkurrenten,
- er muß besser informiert sein als diese,
- er muß konzeptioneller denken als seine Konkurrenten,
- er muß in der Lage sein, nicht von heute auf morgen, sondern von heute auf Jahre zu denken,
- er muß phantasievoll Innovationen machen können.

Dies gilt selbstverständlich nicht exklusiv für Landmaschinenhändler; für sie aber in besonderem Maße.

Der vagabundierende Konsument als Herausforderung an ein modernes Zielgruppen- und Ressourcen-Management

Alexander Mario Pfleger/Andreas Wild

- Zielgruppen-Management
- „Hybrider Konsum"
- Premiumkonzepte
- Kompetenz-Bausteine

Die schwindende Berechenbarkeit der Konsumenten ist heute eines der großen Probleme bei der Klärung der strategischen Ausrichtung. Gerade mittelständische Unternehmen können hier mit der reinen Adaption von Strategien der Großindustrie wenig ausrichten. Der Beitrag zeigt, wie eine Konzentration auf bestimmte, unternehmensoriginäre Kompetenz-Bausteine in Kombination mit einer Zielgruppen-Fokussierung die Wettbewerbsposition im Mittelstand stärken kann.

Der „Konsument 2000" als Indikator für ein sich wandelndes Segmentierungsverhalten der Premiumanbieter

Zu den interessantesten Erlebnisbereichen unserer Gesellschaft gehört die Accessoire- und Bekleidungsmode. Sie prägt wesentlich unser Erscheinungsbild und ist Ausdruck von Werthaltungen.

Allerdings sind derzeit in der Modebranche dynamische Entwicklungen wie auf vielen anderen konsumorientierten Märkten erkennbar: Sättigungstendenzen, Bedarfsverschiebungen, Internationalisierung und generell eine zunehmende Wettbewerbsintensität.

Deshalb wird es für Unternehmen dieser Branche in Zukunft wichtig sein, zielgruppenspezifische Strategien zu entwickeln, um die immer komplexeren marktlichen Anforderungen bewältigen zu können. Gerade im zielgruppenstrategischen Bereich ergaben sich in der Vergangenheit neue Ansatzpunkte, deren Konsequenzen sich heute zeigen.

Das zurückliegende Jahrzehnt im Zeichen einer signifikanten Hochkonjunktur induzierte im Konsumgüterbereich völlig neue Erkenntnisse der Zielgruppensegmentierung.

Während bis Ende der siebziger Jahre nationale, meßbare Kriterien wie Alter, Geschlecht, Einkommen und Bildungsgrad das Konsumverhalten bestimmten, gewannen Anfang der achziger Jahre emotionale Einflußfaktoren an Bedeutung.

Soziodemographie	Zukünftig bedeutsame Beurteilungskriterien	
	Psychographie	Beobachtbares Konsumentenverhalten
– Alter – Geschlecht – Bildung – ...	– Charakter – Milieu – ...	– Preisbewußtsein – Spontankäufe – ...

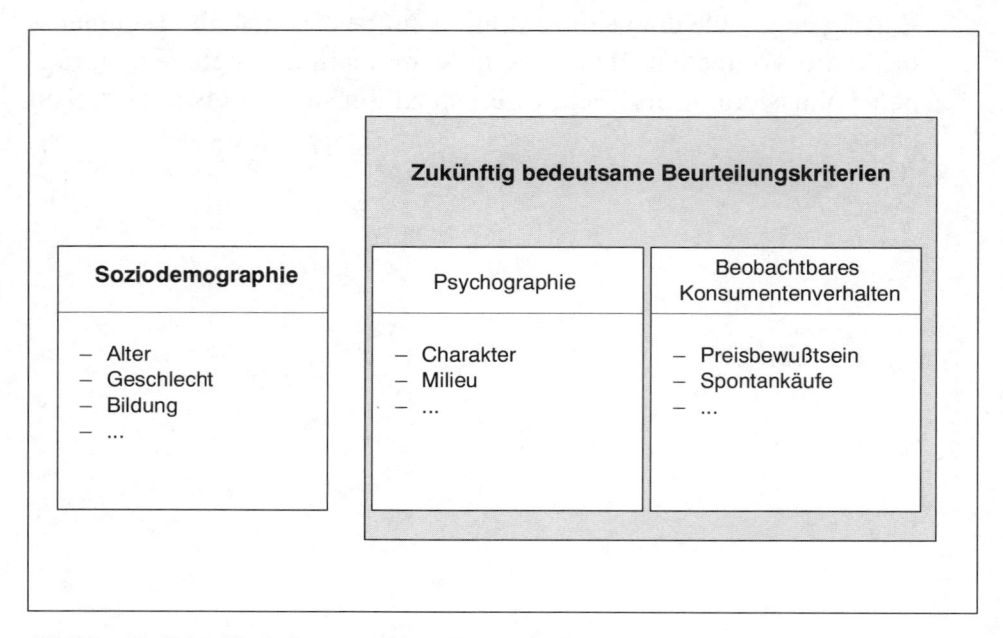

Abbildung 1: Zukünftig bedeutsame Beurteilungskriterien

... wertorientiert

→ Segment des Prestigekäufers
→ Qualität-, Wert-, Image-orientierung
→ selektives Wachstum

künftig bedeutsame Kaufentscheidungs-kriterien

... voll sortimentorientiert

→ Segment der undifferenziert Einkaufenden und Gelegenheits-käufer
→ Multi-Zielgruppen und Voll-Sortimentsorientierung
→ kein Wachstum

Der „hybride" Konsument kauft ...

... lifestyle-orientiert

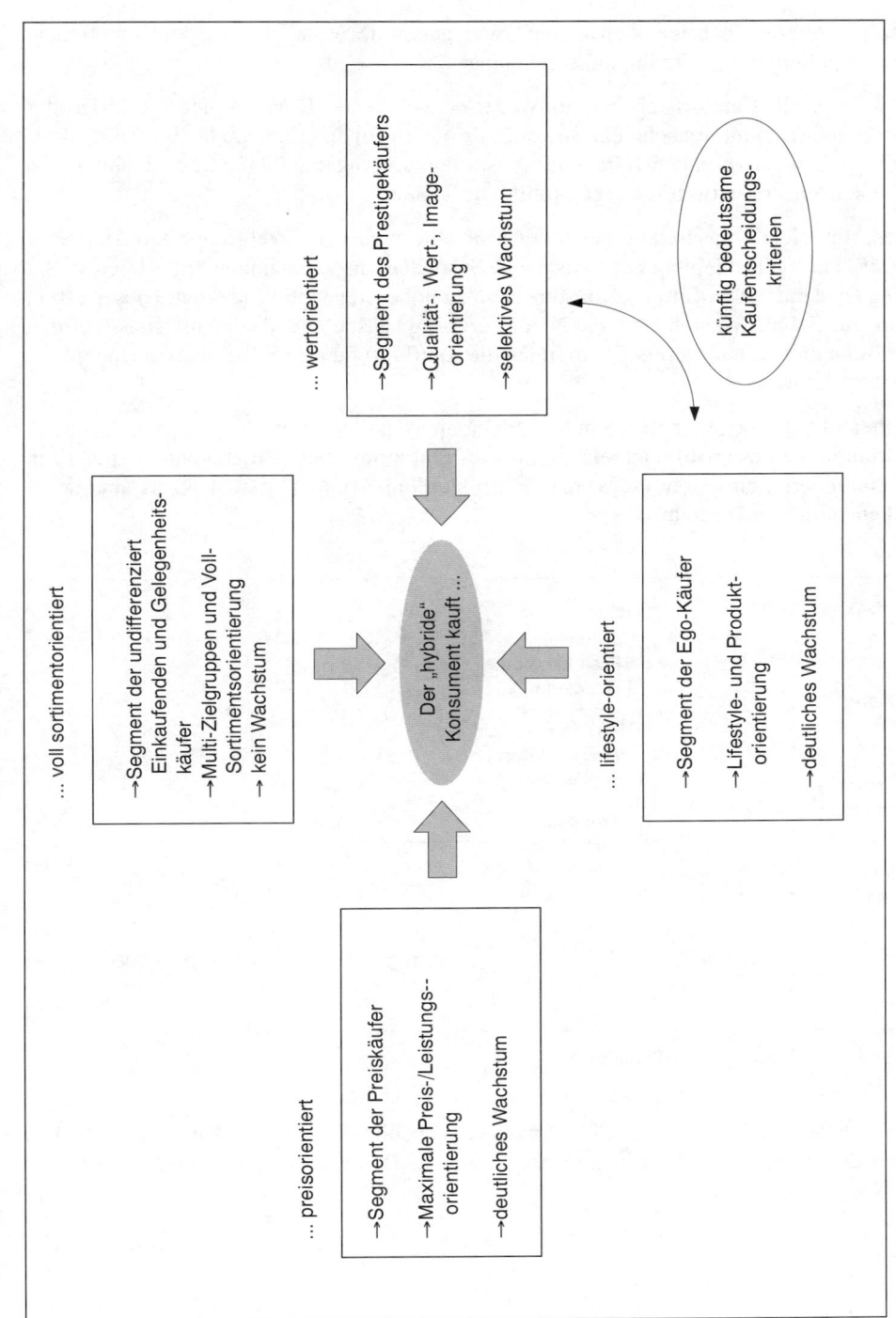

→ Segment der Ego-Käufer
→ Lifestyle- und Produkt-orientierung
→ deutliches Wachstum

... preisorientiert

→ Segment der Preiskäufer
→ Maximale Preis-/Leistungs--orientierung
→ deutliches Wachstum

Abbildung 2: Der „hybride Konsument"

Der vielzitierte „hybride Konsument" war geboren. Seine überwiegend emotionale Kauforientierung machte ihn unberechenbar.

Er handelt nicht mehr nach dem Entweder-oder-Schema (Konsum niedrigpreisig oder hochpreisig), sondern nach dem Sowohl-Als-auch-Prinzip (Konsum hoch- und niedrigpreisig), d. h., er verhält sich im Konsum sprunghaft (vagabundierend), unabhängig von bestehenden Preisstrukturen (vgl. Abbildung 2, Seite 213).

Diese für viele Konsumgüterhersteller sehr attraktive neue Zielgruppe induziert eine signifikante Verschiebung der Preislagen. Besonders im sogenannten High-interest-Bereich entstand ein gewaltiger Konsumschub zu höherpreisigen Produkten. Dieser Effekt hatte zur Folge, daß sich auch die Niedrigpreislage ausdehnte, da den meisten hybriden Konsumenten mit mittlerem Einkommen die Kaufkraft für einen dauerhaften Hochpreiskonsum fehlt.

Er bemüht das sogenannte „Sanduhr-Phänomen" (Abbildung 3), d. h., um in einem bestimmten Konsum-Bereich ein subjektives Optimum erreichen zu können, muß er in einem anderen einsparen (z. B. man kauft sich ein Armani-Kostüm, kauft aber seine Lebensmittel im Discount).

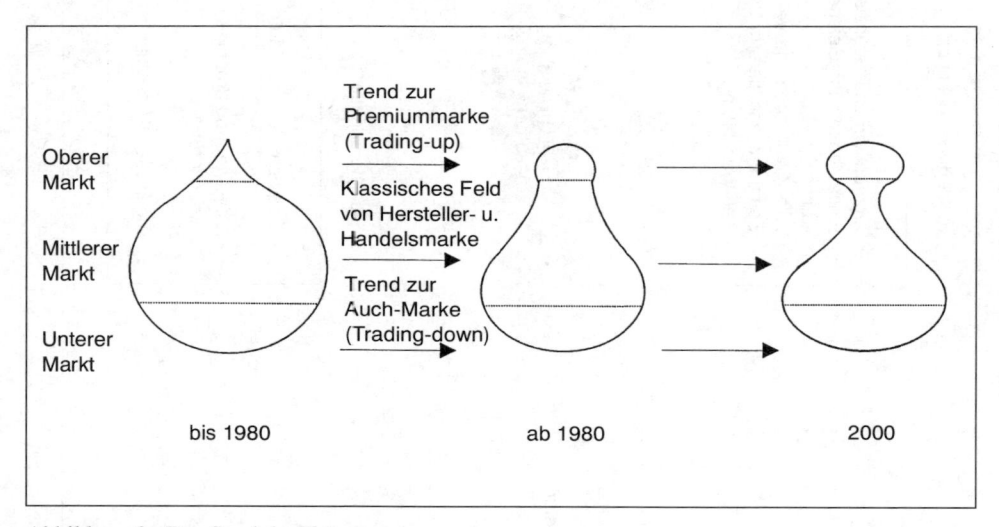

Abbildung 3: Das Sanduhr-Phänomen

Den Wunsch nach größtmöglichem Luxus oder absolutem Optimum kann man sich aber auch durch geringere Kaufintensität erfüllen (z. B. ein Armani-Kostüm anstatt fünf No-Name-Outfits).

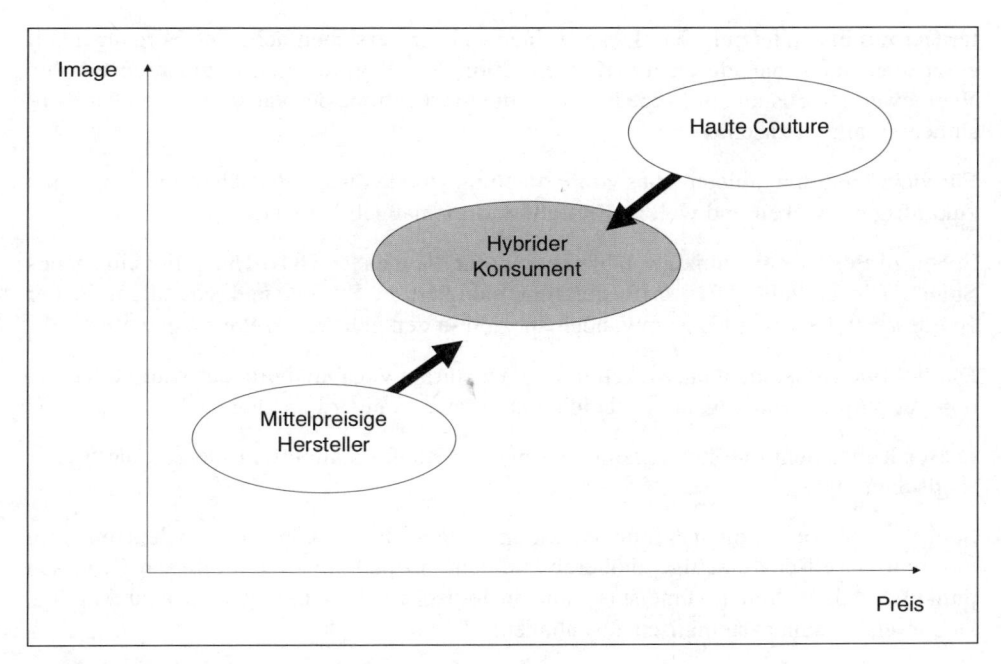

Abbildung 4: Preis-Image-Relation

Für den Modemarkt ergab sich nun die Notwendigkeit, sich diesen Konsumentwicklungen anzupassen. Speziell im Bereich des mittleren Preissegments versuchten sich Modehersteller durch einen Trading-up-Prozeß neu zu positionieren. Dieser Neu-Positionierungsversuch war meist nur mit hohem Ressourcenaufwand im Kommunikations- und Distributionsbereich darzustellen und nur selten erfolgreich. Andere Unternehmen verfolgten Zweit- oder Mehrmarkenkonzepte, um am Hochpreissegment zu partizipieren. Auch hier waren nur die Unternehmen erfolgreich, die es geschafft haben, die Premiummarke deutlich vom Stammsegment abzuheben und das Mittel- bzw. Niedrig-Preisimage abzustreifen und zu anonymisieren.

Die Haute-couture-Hersteller verfolgten eine gegensätzliche Zielgruppenstrategie, um dem hybriden Konsumenten Rechnung zu tragen. Hier versuchten die Unternehmen mit einem Trading-down-Konzept die luxusorientierten Verbraucher mit geringer Kaufkraft zu erreichen. Die Strategie wurde vor allem durch Lizenzvergabe an Volumenhersteller (wie z. B. Lagerfeld-Steilmann, Louis-Ferrand-Fink-Gruppe, Joop-Jobis) realisiert (vgl. Abbildung 4).

Die vierte und letzte Möglichkeit für sogenannte Premiumanbieter, den hybriden Konsumenten aktiv zu erreichen, war das Konzept des Marken-Relaunches.

Die unterschiedlichen Reaktionen der Premiumanbieter auf die Nachfrageverschiebungen verdeutlichen, wie sehr der neue Konsumententyp den Fokus der Marketinginstrumente beeinflußt hat. So hat z. B. der französische Leder- und Textil-Accessoire-Anbieter Hermes in den letzten zehn Jahren seinen Umsatz versiebenfacht. Die Vergangenheit zeigt aber auch, daß durch die Konzentration in höherpreisigen Segmenten erhöhte Wettbewerbsintensität zur Folge hat; auch die Markentreue des vagabundierenden Konsumenten nimmt zusehens ab.

Für viele Premiumanbieter ist es von Bedeutung zu erkennen, wie sich diese Zielgruppe zukünftig entwickelt und welche Einflußfaktoren maßgeblich sind.

Schon zu Beginn der neunziger Jahre beginnt für die meisten DOB-Hersteller ein „neues Spiel". Die aktuelle Wirtschaftssituation induziert in Europa und vor allem in der Bundesrepublik einen Konsumwandel, speziell in den gehobenen Preissegmenten.

Der hybride Konsument entwickelt ein immer stärker vagabundierendes Kaufverhalten, d. h., er wird in seinen Kaufentscheidungen immer weniger berechenbar.

Dieser Konsument und mit seinem heterogenen Kaufverhalten wird derzeit häufig zur tragischen Figur.

Seine Hauptmotivation war und ist es, in ausgewählten Konsumbereichen einer in unserem Gesellschaftsgefüge „höheren" Schicht anzugehören und an diesen Genüssen punktuell teilzunehmen. Zumeist ist dann die logische Folgereaktion, diesen punktuellen Hochpreiskonsum systematisch auszubauen;

Da dieser Kauftypus den Kaufkraftschranken „begrenztes Einkommen" unterliegt, hält er eine Konsumausweitung im hochpreisigen Segment meist nicht durch. Die Folge dieser Entwicklung ist der derzeitige Verschuldungsgrad vor allem in den Hochburgen des hybriden Konsumenten, den Großstädten.

Für ihn ergibt sich daraus die Notwendigkeit, zukünftig wieder fokussierbar zu konsumieren und sich bei Ausgaben im Hochpreissegment zu disziplinieren.

Die derzeitige Rezession in Deutschland verstärkt diesen Trend, was die Umsatzeinbrüche in fast allen Konsumgüterbereichen deutlich belegen. Vor allem die Modeunternehmen, die ihr gesamtes Marketing-Instrumentarium auf diese Zielgruppe konzentriert haben und dadurch in der Vergangenheit signifikante Wachstumsraten erzielt haben, sind von dieser Entwicklung betroffen.

Bedeutende Hersteller wie Giorgio Armani, Moschino, Jean Paul Gaultier und G. Versace versuchen diese Entwicklung durch preiswertere Zweitmarken (f/x-Armani, cheap & chick Moschino, Junior Gaultier und Versus Versace) zu begegnen; allerdings ist diese Markenstrategie nur für Unternehmen geeignet, die jüngere Zielgruppen anvisieren. Für Hersteller wie Givenchy, Chanel oder Christian Dior stellt sich aufgrund ihrer Zielgruppen diese Alternative nicht.

Zwischenfazit

Der hybride Konsument wird sich zukünftig konsumptiv nicht mehr in der Intensität in höherpreisigen Segmenten bewegen, wie das in der Vergangenheit der Fall war. Für viele

Modehersteller hat dies, gerade in der derzeitigen rezessiven Phase, zur Folge, daß bei einer Nichtberücksichtigung dieser sozio-kulturellen Entwicklung signifikante Umsatzeinbrüche zu erwarten sind. Nur die Unternehmen, die auch zukünftig ihr Marketing-Instrumentarium gezielt auf Konsumverhaltensänderungen ausrichten, werden langfristig ihre Wettbewerbsposition halten und ausbauen können. Des weiteren ist vor allem die Optimierung der internen Ressourcen in Zukunft von bedeutender strategischer Relevanz.

Internes Ressourcen-Management als strategischer Erfolgsfaktor

- Kopieren vor Innovieren – ein Bermuda-Dreieck für den deutschen Mittelstand

Verändertes, rückläufiges Nachfrageverhalten führt in der Regel bei Großunternehmen der Mode-Branche zu folgenden drei strategischen Alternativen/Handlungsbedarfen – in den oben dargestellten strategischen Optionen liegt für den deutschen Mittelstand jedoch keine Lösung mit Patentrezept-Charakter begründet:

– *Kapazitätsabbau.* Aufgrund der hohen Kapitalintensität in der Textilproduktion lassen sich Kapazitäten im Maschinen- und Ausrüstungsbereich nicht kurzfristig abbauen. Auch bei Personalressourcen erschweren Sozialplan-Regularien häufig eine flexible Reaktion.

– *Auslastungssicherung durch Lohnaufträge.* Lohnaufträge im Textil-Sektor können in der Regel nur von Großunternehmen/Konzernen vergeben werden. Häufig ist jedoch ein mittelständischer Hersteller nicht in der Lage zentrale Erfolgsfaktoren eine Lohnfertigung für Großabnehmer wie TQM (Total Quality Management), Just-in-Time-Produktion, Integration in die Logistik des Großabnehmers zu erfüllen. Hinzu kommt, daß – gerade in konjunkturell schwachen Perioden – Lohnproduktion in der Regel nur zu, für den Fertiger nicht befriedigenden Preisen realisiert werden kann. Die mit Lohnfertigung einhergehende Abhängigkeit sowie das Auftreten neuer Wettbewerber aus den ehemaligen Ostblock-Staaten läßt diese frühere Alternative heute in einem generell für den Mittelstand negativen Licht erscheinen.

– *Aufbau einer Zweitmarke.* Als „Flucht nach vorne" im Mittelstand wird häufig der Aufbau einer Zweitmarke gesehen. Neben der Verwässerung der originaren Kompetenz der Eigenmarke überfordern sich mittelständische Textilproduzenten was Kapitalkraft, Vertriebs- und Logistikressourcen sowie den Umgang mit neuen Geschäftsstrukturen generell angeht; dies wird häufig im Vorfeld nicht ausreichend untersucht. Wie gezeigt, liegt im Adaptieren von Großunternehmens-Strategien für den Mittelstand in deutschen Textilsektor in der Regel keine befriedigende Lösung. Vielmehr wird es darauf ankommen, sich auf die eigene, originäre Kernkompetenz zu konzentrieren und diese sukzessive zu vermarkten und intern zu optimieren.

Daher fungiert heute richtig verstandenes Kompetenz-Marketing als „strategischer Hebel" für den deutschen Mittelstand.

Im Vorfeld der eigentlichen Kompetenz-Vermarktung ist es nach unserer Erfahrung notwendig, die originäre Kompetenz des mittelständischen Unternehmens in seine Bestandteile zu zerlegen und diese dann in den wesentlichen Wertschöpfungsblöcken zu definieren.

Weiterhin ist es unabdingbar, zentrale Kompetenz-Bausteine des Marketing-Mix festzulegen. Für einen mittelständischen Mode-Hersteller kann dies beispielsweise bedeuten:

- Kompetenz-Baustein Produktpolitik
  - Aufbrechen historisch gewachsener Strukturen im Bereich Design und Entwicklung durch Ergänzung von Inhouse-Lösungen mit externen, kreativen Dienstleistungen.
  - Fokussierung des Leistungsspektrums/Sortimentes auf gewachsene, originare Kompetenz-Bereiche zur Demonstration von Zielgruppen-Kenntnis sowie zur Verhinderung ausufernder, nicht handlebarer Sortimente. In einem Nebeneffekt wird hierdurch einer Verzettelung in der Sortimentspolitik von vorne herein Vorschub geleistet.

- Kompetenz-Baustein Preispolitik
  - Berücksichtigung sozio-demographischer Kriterien bei der preislichen Positionierung einer Marke.
  - Anwendung/Analyse psychologischer Preisschwellen zur Sicherstellung einer zielgruppenadäquaten Preispositionierung. (Trading-Down verunsichert in der Regel die Kernzeilgruppe indem Identifikaionsmerkmale verwässert werden.)

- Kompetenz-Baustein Distribution
  - Kritisches Überprüfen der Vertriebsorganisation unter den Aspekten
    - Ausschöpfung von Marktpotentialen
    - Ertragsstärke
    - Ziel- und Erfolgsorientierung des Entlohnungssystems
  - Analyse und Bewertung der aktuellen Distributionsstruktur
    - „Paßgenauigkeit" der momentan belieferten Handelspartner zum Zielgruppen-Anspruch
    - Marktanteilsentwicklung der aktuellen Distributeure an Gesamt-Handelsumsatz im jeweiligen Segment

- Statusbewertung eigener Handelsmarketing-Aktivitäten
  • Angemessenheit aktueller Budgets nach Inhalten, Umfang, Zielorientiertheit
  • Zieldefinition einzelner Handelsmarketing-Aktivitäten, Erarbeitung von Kundenbindungsprogrammen
  • Kritische Kosten-/Nutzen-Reflexion

Fazit

Veränderte Zielgruppen-Verhaltensmuster (der vagabundierende Konsument) verstärken die voranschreitende Marktsegmentierung, Nachfragestagnation in Teilsegmenten sowie damit einhergehende knapper werdende Ressourcen zwingen mittelständische Unternehmen der Textilindustrie zum Umdenken. Mehr denn je liegen zentrale Erfolgsfaktoren in der Zielgruppen-Fokussierung, die einhergeht mit der Definition und Profilierung der originären Unternehmenskompetenz sowie der darauf abgestimmten Ausrichtung der einzelnen Unternehmensressourcen. In den neunziger Jahren werden daher klassische Branchenkonjunkturen verstärkt von individuellen Unternehmenskonjunkturen abgelöst werden.

Ein Ausblick

Wir haben mit dem vorliegenden Buch den Anfang gemacht. Zahlreiche wissenschaftliche Theorien zu „Mittelstand und Marketing" warten noch auf ihre praxisgerechte Interpretation und Umsetzung. Auch viele weitere erfolgreiche und weniger erfolgreiche Fallstudien sind es wert, vorgestellt und öffentlich diskutiert zu werden.

Die ausgewählten Beispiele dieses Readers haben Stärken und Schwächen mittelständischer Unternehmen aufgezeigt. Ein gemeinsames Fazit zu ziehen, das fällt angesichts der komplexen und zugleich sehr individuellen Problematik schwer. Unternehmensübergreifend aber bleibt eine Erkenntnis bemerkenswert: Die mittelständischen Unternehmen sollten eine deutlich höhere Bereitschaft als bisher zeigen, Kooperationen mit anderen Unternehmen aus dem In- und Ausland einzugehen.

Der europäische Binnenmarkt hat, Beispielen aus den USA und Japans folgend, einen verhängnisvollen Glauben an Größe gefestigt: Internationale Wettbewerbsfähigkeit könne allein über die Fusion großer Unternehmen gehalten werden. Die Steuerzahler spüren schmerzlich die Problematik eines großen Konzernes. Das Bild von einem Großtanker liegt nahe: Befindet er sich auf geradem Kurs, dann ist er kleineren Schiffen gegenüber im Vorteil. Sind jedoch Kurskorrekturen erforderlich, so rächt sich seine Unbeweglichkeit. Der Glaube an Großkonzerne als wirtschaftliches Bollwerk gegenüber internationaler Konkurrenz kann demnach volkswirtschaftlich gesehen tragische Folgen haben.

Hingegen ist Größe durch inhaltlich verbundene Unternehmen, beispielsweise in Form von Kooperationen und Interessengemeinschaften mittelständischer Unternehmen, betriebswirtschaftlich und volkswirtschaftlich wünschenswert. Die Marktfähigkeit derartiger Zweckgemeinschaften und der darin organisatorisch eingebundenen selbständigen Unternehmen ist ungleich größer als die großer Einzelunternehmen, da diese Gemeinschaft trotz ihrer Größe flexibel bleibt. Selbst der zu erwartende organisatorische Mehraufwand und Abstimmungsbedarf rechtfertigen sich durch die internationalen Marktchancen.

Zum anderen ist es notwendig und sinnvoll, das Tun und Handeln strategisch auszurichten. Die Gefahr, sich zu „verzetteln", ist in mittelständischen Unternehmen groß. Planvolles Vorgehen im Sinne einer langfristig angelegten strategischen Planung scheint eher eine Ausnahme zu sein. Gerade die strategische Ausrichtung aber hilft bei der Bündelung der Kräfte, um langfristig im Wettbewerb bestehen zu können.

Somit möchten wir dieses Buch schließen mit einem dringenden Appell: Mittelständische Unternehmer sollten umgehend ihre Scheu überwinden, mit anderen Unternehmen im In- und Ausland zusammenzuarbeiten und dabei langfristig und strategisch denkend vorzugehen. Dann haben sie ausgezeichnete Chancen auf bekannten und unbekannten Märkten im In- und Ausland.

Die Herausgeber

Die Autoren

OLIVER ALBRECHT, Jahrgang 1960, Diplom-Kaufmann, 1979–1982 Inhaber einer Musikagentur; 1982–1984 Lehre als Farblithograph; 1984–1988 Studium der Betriebswirtschaftslehre in Nürnberg; 1985–1991 Verlagsrepräsentant für den vde-Verlag in Berlin für drei Fachzeitschriften; 1988–1990 Objektleiter EuroMagazin, E. Albrecht Verlags-KG; 1990–1992 Wirtschaftsredakteur bei „Forbes", Burda Verlag; 1992–1993 Berater der Geschäftsführung „Die Woche", Hoffmann und Campe Verlag, Hamburg; Organisator des 4. MTP Alumni Förderpreises 1992.

PROF. DR. THOMAS BAAKEN, Jahrgang 1954, Lehre zum Maschinenschlosser, Studium des Maschinenbaus und der Betriebswirtschaftslehre in Aachen und Berlin, Abschluß als Diplom-Kaufmann; 1981–1983 Wissenschaftlicher Mitarbeiter am Lehrstuhl für Investitionsgüter-Marketing der Freien Universtät Berlin, Promotion zum Dr. rer. pol. 1986; 1987–1990 Geschäftsstellen- und Abteilungsleiter „Technologie-Marketing" der VDI/VDE Informationstechnik GmbH Berlin/Kassel; 1990 Professor für Marketing, insbesondere Industrial Marketing, an der FH Düsseldorf, 1991 Professor für Marketing, insbesondere Investitionsgüter-, Technologie- und Softwaremarketing, an der FH Münster; Experte für die Europäische Gemeinschaft DG XIII Luxemburg und Mitglied im Ausschuß ACE/SIAP 1992–1997 der DG XIII F Brüssel.

KAI BETHKE, Jahrgang 1963, Diplom-Kaufmann, Studium der Betriebswirtschaftslehre an der Universität Erlangen-Nürnberg; 1988–1989 Exportberatung bei der Deutsch-Kolumbianischen Industrie- und Handelskammer in Bogotá/Kolumbien; 1990–1992 verantwortlich für EDV-gestützte Informationssysteme bei der E. Albrecht Verlags-KG in Gräfelfing/München; seit 1992 freiberuflich tätig; Organisator des 4. MTP Alumni Förderpreises 1992.

DR. WALTER BICKEL, Jahrgang 1959, Mitglied der Geschäftsleitung der DGM, Studium der Betriebswirtschaftslehre mit Abschluß als Diplom-Kaufmann und anschließender Promotion in Köln; 1985–1988 Assistent am Lehrstuhl für Allgemeine Betriebswirtschaftslehre und Besondere der Banken; seit 1990 bei der Deutsche Gesellschaft für Mittelstandsberatung mbH, München.

WILHELM VON BODDIEN, Jahrgang 1942, persönlich haftender Gesellschafter eines Landmaschinen-Fachbetriebes mit 150 Beschäftigten und sieben Niederlassungen, Stammsitz: Bargteheide bei Hamburg; ehrenamtliche Funktionen in der Wirtschaft, unter anderem 1981–1990 Vorsitzender Gesamtverband Landmaschinen Schleswig-Holstein und Hamburg; seit 1992 Vizepräses der Industrie- und Handelskammer zu Lübeck.

Rainer Herding (geb. Loock), Jahrgang 1957, Diplom-Kaufmann, Studium in Münster und München; längere Praktikumszeit bei BMW in Nordamerika; nach textilorientierten Praktika 1983 Einstieg in das Familienunternehmen Carl Herding GmbH & Co. KG; 1985 übernahm er die Marketing- und Verkaufsleitung; im Rahmen der Unternehmensnachfolge wurde er von seinem Onkel Kaus Herding adoptiert und übernahm nach einem frühzeitig festgelegten Plan schrittweise die Geschäftsführung, die er seit 1988 voll verantwortlich innehat.

Prof. Dr. Wolfgang Irrgang, Jahrgang 1944, Studium der Betriebswirtschaftslehre in Hamburg, Aix-en-Provence und München; Promotion in München, Dozent an der Fachhochschule München.

Bernhard P. Lepsius, Jahrgang 1966, Diplom-Kaufmann, Studium der Volkswirtschafts- und Betriebswirtschaftslehre in Bonn und Mannheim, Schwerpunkte: Marketing, Organisation und Wirtschaftsinformatik; neben dem Studium betreute er in der Investitionsgüter- und Lebensmittelservice-Branche Marketing- und IT-Projekte in Deutschland, Schweden, Großbritannien und den USA; währenddessen tätig als Vice President der AIESEC Bonn; seit Anfang 1993 tätig bei einem schwedischen Hersteller medizinischer Diagnosegeräte in den USA und Europa; 1. Preisträger beim 4. MTP Alumni Förderpreis 1992.

Dr. Friedrich Loock, Jahrgang 1959, Diplom-Kaufmann, Studium der Betriebswirtschaftslehre und Publizistik in Bielefeld und Berlin, anschließend Training-on-the-job in Berliner Unternehmensberatungen, Promotion in Betriebswirtschaftslehre, Referent Public Affairs bei der Deutschen Lufthansa AG, Frankfurt; seit Anfang 1991 Geschäftsführer der Loock & Partner Beratungsgesellschaft für Marketing und Betriebsführung, Hamburg, sowie Dozent für Marketing und Wirtschaftslehre in Köln und Hamburg; Organisator des 4. MTP Alumni Förderpreises 1992.

Wolfgang Mayer, Jahrgang 1961, Diplom-Kaufmann, Studium der Betriebswirtschaftslehre an den Universitäten Regensburg und München; 1989–1992 Deutsche Gesellschaft für Mittelstandsberatung mbH, Berater im Bereich Strategie und Marketing; seit 1993 Geschäftsführer R+S Mayer Wohnzentrum, Kempten.

Michael G. Oehl, Jahrgang 1962, Diplom-Kaufmann, Studium der Betriebswirtschaftslehre in Münster und Frankfurt am Main mit dem Schwerpunkt Industriebetriebslehre; tätig bei der Zentralstelle für Arbeitsvermittlung in Frankfurt am Main; 4. Preisträger bei 4. MTP Alumni Förderpreis 1992.

Siegfried Peiker, Jahrgang 1958, Studium der Betriebswirtschaftslehre an der FH Nürnberg, Schwerpunkt Marketing; 1985–1988 Koordinator für internationale Werbung bei adidas in Herzogenaurach; 1988–1991 Referatsleiter Werbung bei der AEG Hausgeräte mbH in Nürnberg; seit 1991 Leiter Marketing bei V. Fraas AG & Co. in Wüstenselbitz.

ALEXANDER MARIO PFLEGER, Jahrgang 1959, Mitglied der Geschäftsleitung der DGM, München; Studium der Betriebswirtschaft an der Fachhochschule München; 1983– 1987 Berater bei Roland Berger & Partner GmbH, seit 1988 bei der Deutsche Gesellschaft für Mittelstandsberatung mbH.

MICHAEL R. RICHTER, Jahrgang 1961, Diplom-Kommunikationswirt, Studium am Institut für Gesellschafts- und Wirtschaftskommunikation der Hochschule der Künste Berlin; 1989–1992 PR-Referent des Berliner Unternehmens TommySoftware; 1992 Mitarbeit beim Raabe-Verlag Stuttgart (Projekt „Handbuch KulturManagement"); seit Sommer 1993 bei der Hoechst AG (Abteilung Zentrale Werbung); Autor zahlreicher Fach- und Buchartikel über Umweltmarketing und Umweltsponsoring; 5. Preisträger beim 4. MTP Alumni Föderpreis 1992.

FELIX MARIA ROEHL, Jahrgang 1963, Diplom-Ökonom, Studium der Wirtschaftswissenschaften und Musikwissenschaft an der Universität Gießen; während des Studiums erteilte er Klavierunterricht an Musikschulen, war journalistisch für die Feuilleton-Redaktionen von Tageszeitungen und für den WDR tätig und baute die Öffentlichkeitsarbeit des Verbandes deutscher Musikschulen in Hessen auf; nach Beendigung seines Studiums leitete er zwei Jahre die Redaktion des Magazins „MusE – Zeitschrift für Musik und Eltern"; im März 1993 gründete er in Regensburg zusammen mit seinem Geschäftspartner Theo Geißler die ConBrio Verlagsgesellschaft mbH und die Verlag Neue Musikzeitung GmbH.

DR. THOMAS SCHILDHAUER, Jahrgang 1959, Diplom-Informatiker, Studium der Imformatik an der TU Berlin, anschließend Promotion in Wirtschaftsinformatik zum Dr. oec. im Themenbereich Softwaremarketing; zunächst Softwareentwickler und Händlerbetreuer bei der Bertelsmann AG; danach Tätigkeit bei ACTIS, einem Softwareunternehmen der SLIGOS-Gruppe, dort zuletzt als Geschäftsführer für Marketing und Vertrieb von PPS-Systemen und Kommunikationssoftware; seit 1990 Geschäftsführer bei der Lufthansa Informationstechnik und Software GmbH Berlin zuständig für die marktorientierte Entwicklung des Unternehmens; Dozent für Strategisches Marketing an der Europäischen Wirtschaftshochschule (EAP) sowie an der Fachhochschule für Technik und Wirtschaft (FHTW) Berlin.

SEBASTIAN SCHMIDT, Jahrgang 1964, Diplom-Kaufmann, Studium der Betriebswirtschaftslehre an der TU Berlin; seit 1992 bei der Lufthansa Informationstechnik und Software GmbH Berlin, zuständig für das Strategische Marketing; Dozent für Strategisches Marketing an der Europäischen Wirtschaftshochschule Berlin (EAP) sowie an der Fachhochschule für Technik und Wirtschaft (FHTW) Berlin.

UWE VELTRUP, Jahrgang 1964, Ausbildung zum Speditions-Kaufmann, Studium der Betriebswirtschaftslehre an der FH Münster mit den Schwerpunkten Datenverarbeitung/Organisation und Marketing; Initiator der Studentenorganisation Team für individuelle Marketingleistungen (T.i.M.); nach einem Praktikum bei der Commerzbank in London arbeitet er bei einem Münsteraner Marketingdienstleistungs-Unternehmen in der Beratung mittelständischer Unternehmungen; 2. Preisträger beim 4. MTP Alumni Förderpreis 1992.

THOMAS VÖLCKER, Jahrgang 1967, Diplom-Kaufmann; 1987–1992 Studium der Betriebswirtschaftslehre an der Westfälischen Wilhelms-Universität zu Münster, Studienschwerpunkte: Marketing, Distribution und Handel; studienbegleitende Praktika bei Mobil Oil London, Young & Rubicam Frankfurt und GfK Nürnberg; Mitglied und Projektleiter bei der Geschäftsstelle MTP e. V. Münster; seit Dezember 1992 Assistant Brand Manager bei Jacobs Suchard Bremen; 3. Preisträger beim 4. MTP Alumni Förderpreis 1992.

ANDREAS WILD, Jahrgang 1964, Managementberater bei der DGM, München; Studium der Betriebswirtschaftslehre an der Fachhochschule, München; seit 1990 Berater bei der Deutschen Gesellschaft für Mittelstandsberatung mbH in den Bereichen Strategie- und Organisationsentwicklung und Marketing.

PETER G. KUALES VON WINDAU, Jahrgang 1944, Geschäftsführer der Deutsche Gesellschaft für Mittelstandsberatung, München; Maschinenbaustudium an der Technischen Universität München; 1980–1987 Mitglied der Geschäftsleitung und Partner bei Roland Berger & Partner GmbH; seit 1987 bei der Deutschen Gesellschaft für Mittelstandsberatung mbH.

Stichwortverzeichnis

A
After-Sales-Service 48, 55
altersorientiertes Marketing 173 ff.
Automobilzulieferer 26

B
Beschaffung 168
Beschaffungsentscheidungen 29
Beziehungs-Management 52

C
Co-Sponsoring 94
CWWS 77 f.

D
Dachmarke 180
Deckungsbeitragsrechnung 193 ff.
Differenzierungsmöglichkeiten 28
direkte Produkt-Rentabilität (DPR) 78
Distribution 117 ff.
Diversifikation 208
DPR 78

E
Einkauf 168
Endgeräteherstellung 22 f.
Existenzgründung 187 ff.

F
F & E 32
F & E-Kooperation 33
Fehlermöglichkeits- und Einflußanalyse (FMEA) 30
Finanzierung 142, 197
Finanzierungsprogramme 199
Flexibilität 9 ff., 12, 185

G
Geschäftsfelder 208
Global Sourcing 23

H
Händler 143 ff., 164 ff.
Handel 74 ff.
Handelsmarketing 143 ff.
hybrider Konsument 213

I
Imageanalysen 48
Imitation 204
Informationsmanagement 73 ff.
Informationsquellen 75
Innovation 204 f.
Input-Output-Modell 191
Integrationsleistungen 29
interbrand competition 155
intrabrand competition 155
Investition 194
Investitionsplanung 193 ff.

J
just-in-time (JIT) 31 f.
Just-in Time-Produktion 217

K
Kapitalmarketing 187 ff.
Kernkompetenz 44, 50
Kernkompetenzen 23
Klein- und Mittelbetriebe 62 f.
Kommunikation 119
Kommunikationsinstrument 87
Kompetenz 42 ff., 211
Kompetenz-Anspruch 169
Kompetenz-Baustein 218 f.
Kompetenz-Kette 43
Kompetenz-Kommunikation 55 f.
Kompetenz-Kriterien 49
Kompetenz-Marketing 41 ff.
Komplexitätskosten 11, 14 f., 16
Kosten 12
Kostenführerschaft 27
Kostensenkungspotential 149
Kreditwesen 191
Kundennutzen 16
Kundenservice 185

L
Landmaschinenhandel 201 ff.
lean dealership 149
Leistungskompetenz 53 f.
Life-Style-Typen 165 f.

Liquiditätsplanung 193 ff.
Logistik 31

M
Marke 114 ff.
Markenkonzept 181 ff.
Markenrelaunch 215
Marketing für Standardteile 26
Marketing-Mix 130
Marktattraktivität 126
Marktforschung 203 f.
Marktkommunikation 86, 169
Marktnische 64
Mehrkosten 12
mehrstufiges Marketing 36
Merchandising Matrix 79
Mitarbeiterqualifikation 30
Mittelstand
– Chancen 7
– Problemfelder 4 f.
Modular-Sourcing 23 f.
Modullösung 35
Möbelhandel 163

N
Nischenpolitik 61 ff., 109 ff.
Nischenprodukte 109

O
Organisationsanpassung 30
Outsourcing 170

P
Positionierung 110
Preis-Image-Relation 215
Preispolitik 26 ff., 29
Produktinnovation 66 f.
Produktpolitik 65 ff.

Q
Qualität 159
Qualitätsorientierung 65
Qualitätssicherung 30

R
Relationship-Management 102, 106
Ressourcen-Management 217 ff.
Review-Meetings 131

S
Sanduhr-Phänomen 214
Segmentierungsstrategie 156
Service 170
Servicequalität 153
soft facts 167
Sortimentspolitik 165
Spezialisierung 65
Sponsoring 85 ff.
Sponsoring-Strategien 88 ff.
Systemkosten 30

T
Total Quality Management 217
Trading-down 215
Trading-up 215

U
Umweltanalyse 64 f.
Umweltmarketing 135 ff.
Unique Selling Proposition (USP) 32, 176 f.
Unternehmenskompetenz 43
USP 32, 173 ff.

V
Verhältnis Hersteller/Handel 145

W
Warenwirtschaftssysteme 76 ff.
Werkzeugmaschinenbau 102 ff.
Wettbewerbsvorteile 12, 127

Z
Zielgruppe 165
Zielgruppenmanagement 211 ff.
Zielgruppenwerkstatt 121 ff.
Zielkonflikt 145, 147
Zulieferer-Mix 103
Zulieferindustrie 22 f., 101 ff.
Zuliefermarketing 21 ff.
Zuliefermarkt 22
Zweitmarke 217